LES MARTYRS D'AUBENAS

MARTYRS DE L'EUCHARISTIE

7 Février 1593.

JULES BLANC

LES MARTYRS D'AUBENAS

Le Père Jacques SALÈS

ET

le Frère Guillaume SAULTEMOUCHE

les deux premiers Martyrs de la Compagnie de Jésus en France.

7 Février 1593

CHEZ L'AUTEUR

2, Place de l'Ancien Tribunal,

VALENCE

1906

DÉCLARATION DE L'AUTEUR

Pour se conformer aux décrets d'Urbain VIII de sainte mémoire, l'auteur déclare qu'il n'attribue et ne veut voir attribuer qu'une autorité purement humaine aux faits rapportés dans ce livre, ainsi qu'à certaines qualifications qui s'y rencontrent.

CUM SUPERIORUM PERMISSU

IMPRIMATUR :

Valentiæ, die 25 Augusti 1906.

† JOANNES ÆMILIUS,

episcopus Valentinensis.

ces pages qui retracent la vie de ces Martyrs dont la Cause vous est chère.

De Votre Grandeur le très humble serviteur,

Jules BLANC,

vice-postulateur de la Cause des Martyrs d'Aubenas.

En la fête de saint Jacques, patron du Père Salès.

Valence, le 25 juillet 1906.

LETTRE DE SA GRANDEUR

MONSEIGNEUR FRÉDÉRIC BONNET

Évêque de Viviers,

A L'AUTEUR

Mon Révérend Père.

Avant l'apparition de votre livre, nous vénérions le Père Jacques Salès comme un vaillant confesseur de la foi. Nous ne pouvions ignorer de quelle respectueuse vénération et de quelle gloire il a plu à la divine Providence d'environner sa tombe. Mais nous savions bien peu de chose de son origine, de sa pieuse enfance, de sa trop courte et très sainte vie.

Vos recherches si précises et si documentées nous permettent aujourd'hui d'admirer dans l'illustre martyr d'Aubenas, le studieux et brillant élève des premières universités de France, le novice fervent, le professeur éminent, l'ardent apôtre, l'irréfutable apologiste du dogme eucharistique si audacieusement nié par les hérétiques de son temps, et à la défense duquel il a apporté les plus victorieux témoignages : ceux de la science, du talent, de l'éloquence, et de tous le plus énergique, l'héroïque et suprême témoignage du sang.

Tout, dans votre récit si simple et si vrai, donne

l'impression que le Père Salès a été prédestiné, par les attraits les plus constants de son âme, à être l'apôtre de la Présence réelle, pour en devenir un jour le témoin et le martyr.

Et, jusque dans la description de ce martyre, de ce meurtre sauvage qui met en si manifeste évidence et en si flagrante opposition la haine brutale des réformés et l'angélique douceur du missionnaire martyr, il n'est pas un fait si minime, pas une circonstance si accessoire que votre patient labeur n'ait dérobé à l'oubli et n'ait fixé dans l'histoire avec un caractère d'indéniable véracité.

Vous avez beaucoup travaillé, et vous avez bien travaillé pour nos chers martyrs. Ils sont assez puissants pour rémunérer largement vos efforts et vos fatigues. Et la meilleure de toutes les récompenses, celle que votre cœur souhaite le plus ardemment, et qui ne saurait lui être longtemps refusée, sera la glorification par l'Église des deux héros auxquels vous avez voué une si légitime admiration et un culte si justifié.

Veuillez agréer, mon Révérend Père, l'assurance de mon sincère et bien respectueux dévouement.

† J.-M. FRÉDÉRIC,

Évêque de Viviers.

Viviers, le 2 août 1906.

PRÉFACE

Il est intéressant de rechercher ce qui a pu valoir au Père Salès et au Frère Guillaume Saultemouche l'honneur d'avoir été choisis de Dieu, les premiers de la Compagnie de Jésus en France, pour Lui donner la plus grande marque d'amour par l'effusion de leur sang. La tâche sera facile. Si notre attention se porte principalement sur le Père Salès, tout dans sa carrière nous préparera au dénouement; et, dans la vie de son compagnon, bien qu'elle nous soit moins connue, nous retrouverons cependant une semblable disposition providentielle.

Un même attrait les anima au cours de leur existence; et, en les suivant pas à pas, dans leur vie d'immolation, rien ne nous rappellera les chemins battus. Ils soupiraient, comme leur Maître, après un baptême de sang, et ne pouvaient trouver de repos tant qu'ils ne l'auraient reçu. Les désirs enflammés du Père Salès devinrent incessants, après que Dieu lui eut fait connaître qu'il serait un jour exaucé; et les exhortations à souffrir que s'adressait le Frère Guillaume avaient fait pressentir et annoncer le sort qui lui était réservé. Voilà qui est bien propre à nous faire sortir des mesquines préoccupations de bien-être et de sen-

sualité : le spectacle de deux âmes pour qui la vie n'est rien, si elle ne leur offre le moyen de témoigner leur amour envers leur Dieu, en souffrant et en mourant pour Lui.

Ce désir du martyre, ils l'ont puisé dans la sainte Eucharistie. Il est au milieu de nous une source d'eaux vives qui reste comme scellée pour le plus grand nombre des hommes. En vain retentit sans cesse cette invitation du Sauveur : « Si quelqu'un a soif, qu'il vienne à moi et qu'il boive », bien peu répondent à l'appel divin, et dans ce petit nombre, combien rares sont ceux qui goûtent ces eaux salutaires et savent s'y abreuver.

A ce point de vue surtout, la vie du Père Salès nous paraît digne d'être mieux connue. Elle nous offrira le spectacle d'une âme toujours altérée, d'un cœur que l'amour ramène sans cesse à son Dieu. Quelles que soient les occupations auxquelles il se livre, elles ne sauraient le retenir longtemps. A toute heure du jour, il faut qu'il aille apaiser la soif ardente qui le consume et rendre à son Dieu amour pour amour. A le voir passer dans la maison, chacun savait où il portait ses pas ; on le retrouvait au pied de l'autel, parlant à son Bien-Aimé cœur à cœur. C'était un spectacle que n'oublièrent jamais ceux qui en furent témoins.

Nous voudrions faire partager cette édification à nos lecteurs, et leur montrer comment il convient de répondre aux avances de la divine Victime, par une vie toute d'amour et de sacrifice. C'est ainsi que cette vie s'est révélée un jour au fondateur de l'Association de la Communion réparatrice. Après avoir lu une ancienne notice du Père

*Salès, ravi d'avoir trouvé en lui un si beau modèle de
dévotion envers la sainte Eucharistie, il n'hésita pas à
rééditer cette notice pour l'offrir à ses associés* (1).

*Le moment est venu de présenter au public, d'une ma-
nière plus complète, une vie qui répond si bien aux besoins
du temps présent, temps d'épreuves extrêmes pour l'Eglise,
hélas ! et de faiblesse et de pusillanimité dans le plus
grand nombre de ses enfants. La vie du Père Salès nous
apprendra à prêter l'oreille à la douce voix qui nous dit :
« Venez à moi, vous tous qui êtes dans la peine » ; et
auprès de la divine Victime, nous puiserons comme lui la
force de combattre, de souffrir et de mourir, s'il le faut,
pour la cause de Dieu* (2).

*A ces titres qui autorisaient déjà suffisamment à rappe-
ler le souvenir des deux martyrs, est venu s'ajouter un
fait nouveau qui rend cette entreprise indispensable. Depuis trois siècles, leurs reliques reposaient en paix dans
l'église de l'ancien collège de la Compagnie à Aubenas ;
et voici qu'en l'année 1898, elles étaient menacées d'un
danger de profanation. Plus d'autel, plus de Saint-Sacri-
fice, plus de tabernacle dans cette chapelle enlevée au*

(1) Celle du Père de Gissey.

(2) Dans un décret récent — 20 décembre 1905 — la Sacrée Congrégation du Concile, après avoir rappelé que la communion fréquente et
quotidienne est vivement désirée de Notre-Seigneur et de l'Eglise catholique, a fait des déclarations nettes, précises qui ne laissent aucun pré-
texte à la crainte excessive qui retient encore tant d'âmes et les empêche
d'approcher souvent de la sainte Table. Et comme les curés, confesseurs
et prédicateurs devront exhorter, avec grand zèle, le peuple chrétien à la
réception fréquente et quotidienne de la sainte Eucharistie, on peut espérer que l'appel du Sauveur sera bientôt universellement entendu.

culte. Le Dieu de l'Eucharistie n'y pouvait laisser ceux qui avaient si vaillamment défendu le dogme de la présence réelle et l'avaient scellé de leur sang. La translation eut lieu la veille de la sacrilège prise de possession, le dimanche 26 juin, et ce jour qui devait être tout à la tristesse donna plutôt le pressentiment d'un prochain triomphe. Les reliques des Martyrs furent escortées de toute la population chrétienne dans la chapelle de Saint-Clair (1), et un cri d'espérance exprima bien le sentiment intime de tous ceux qui avaient pris part à la cérémonie. S'adressant aux Martyrs, à la fin de son discours, l'orateur avait terminé par ces mots : « Ah ! puissent vos restes précieux, maintenant qu'ils se sont mis en marche, ne plus s'arrêter que lorsqu'ils auront gravi les saints autels ».

C'était un vœu que Dieu seul pouvait exaucer. Et déjà Il s'est plu à montrer qu'Il l'avait entendu. A peine la Cause des martyrs (2) avait-elle été reprise à la suite de cette translation, qu'un secours inattendu lui vint par la découverte la plus précieuse qui pût être faite en sa faveur : on venait de retrouver un procès informatif fait autrefois avec beaucoup de soin, et qui avait disparu sans avoir été utilisé. Après examen attentif de ce procès, la Cause a paru suffisamment instruite en ce qui concerne le passé. Les procès subsidiaires de 1901 (3) ont apporté des témoignages non moins satisfaisants de la tradition présente, puisque déjà les presses romaines ont donné les

(1) N. 1.
(2) A. 5.
(3) N. 2 et D. 4.

premiers documents préparatoires à l'introduction de la
Cause (1).

En perspective de cet heureux événement, il devenait
urgent de publier la vie des deux premiers martyrs de la
Compagnie de Jésus, en France. Nous désirons qu'elle
puisse présenter convenablement les titres qu'ils ont acquis
à recevoir les honneurs que l'Eglise décerne à ceux de ses
enfants qui se sont le plus distingués dans leur vie, et dans
leur mort, au service de Dieu. Puisse-t-elle encore contribuer à augmenter la dévotion envers la sainte Eucharistie, que les deux martyrs ont aimée si ardemment pendant
leur vie, et pour laquelle ils ont souffert la mort.

Un mot, en finissant, sur l'ordre et la distribution de
l'ouvrage. Ayant dû tenir compte des exigences de la Cause,
nous devions donner certains éclaircissements utiles et
reproduire des documents nécessaires. Pour ne pas interrompre le cours du récit par des digressions et des citations, nous le ferons suivre d'un appendice accompagné de
notes et de documents. Des indications sommaires renver-
ront à chacune de ces parties (2).

(1) Le 12 mai 1905, le *Summarium*, et le 25 mai l'*Informatio super dubio
an sit signanda commissio introductionis causæ*.

(2) A = Appendice, N = Note, D = Document.

SOURCES

Le P. Odo de Gissey, *Vie et martyre du Père Jacques Salez et du Frère Guillaume Saultemouche, son compagnon.* Toulouse, 1627 et 1642 ; Avignon. 1869.

Anonyme, *Synopsis vitæ ac mortis P. Jacobi Salesii et Guillelmi Saltamochii.* Parisiis, 1658.

Historiens et biographes de la Compagnie.

Le P. Abram, *Historia Universitatis et collegii Mussipontani ab origine ad a. 1650.*

L'abbé Eugène Martin, *L'Université de Pont-à-Mousson, 1572-1768.* Nancy, 1891.

L'Enquête judiciaire de Bourg-Saint-Andéol et Largentière, 1593 (1).

Le Procès informatif de 1627 (2).

Les deux premiers de la Compagnie de Jésus qui ont esté massacrés en France pour la Religion Chrestienne, par les Hérétiques, dans la Ville d'Albenas, au bas païs du Vivarez. Lyon, Jan Pillehotte, 1594 (3).

L'abbé Durand, *Les Martyrs d'Aubenas,* 1898.

Le Dr Francus (4), *Notes et Documents historiques sur les Huguenots du Vivarais.* Privas, 1904 (5).

Manuscrits du P. Martaux, de M. Delichères et de M. Henry Deydier.

Nombreuses lettres inédites (6).

---

(1) D. 1.
(2) Heureusement retrouvé par le R. P. Ferdinand Tournier (D. 3).
(3) D. 9. 1.
(4) Pseudonyme de M. A. Mazon.
(5) Ouvrage couronné par l'Académie française.
(6) Arch. dom.

LES MARTYRS D'AUBENAS

CHAPITRE PREMIER

Naissance et première éducation de Jacques Salès
(1556-1568).

Au milieu du xvi⁰ siècle, vivait à Lezoux, en Auvergne, un humble ménage dont le foyer était resté silencieux et vide. Laurent Salès ne voyait pas sans peine décliner la santé de son épouse, Catherine Trible, sans qu'elle lui eût donné un fils. Aussi, la joie fut grande quand il plut à Dieu d'exaucer le désir des deux époux. Ce fut un samedi, le 21 mars 1556, et l'enfant reçut au baptême le nom de Jacques.

Sur ces entrefaites, Laurent Salès était mandé à Beauregard par le Seigneur Evêque de Clermont, qui, voulant y fixer sa résidence habituelle, cherchait un homme de confiance pour tenir sa maison. Beauregard n'étant qu'à une faible distance de Lezoux, rien n'empêchait d'accepter les propositions avantageuses qui furent faites. C'était un nouveau bienfait de la Providence, qui permettra plus tard de donner à l'enfant une éducation plus relevée.

En attendant, c'était la mère qui restait en quelque sorte exclusivement chargée de prendre soin de son fils. Elle sut lui inspirer dès le plus bas âge des sentiments et des actes qui laissèrent dans le pays de profondes impressions, puisque, après plus d'un demi-siècle, les mères qui en avaient été témoins se plaisaient encore à les raconter à leurs enfants. C'est ce que nous apprend une religieuse carmélite, sœur Elisabeth, qui vivait au milieu du xvii\ siècle. On s'occupait alors activement de la cause de béatification des Martyrs d'Aubenas, et un Père du collège de la Trinité, à Lyon, le P. Ferrand, qui savait qu'elle était de Lezoux, la pria de mettre par écrit ce qu'elle avait appris de l'enfance du Père Salès.

« Mon Très Révérend Père,

« Voicy ce peu dont je me peux souvenir du bienheu-
« reux Jacques Salès :
1. « Estant à l'âge de quatre à cinq ans, il assemblait
« les enfans de la ville de Lexou d'où il est natif, pour les
« prêcher des choses de Dieu ; ce qu'il faisait avec tant
« de bonne grâce qu'il arrêtait même les passans, qui pre-
« naient grand plaisir de l'entendre, et admiraient son
« zèle. S'il avait ouy une prédication, il la retenait si
« bien et la redisait si parfaitement à ses compagnons
« que tous en estaient ravis. Pour l'ordinaire il se met-

« tait sur un tonneau pour lui servir de chaire, ou sur
« la banque d'une boutique.

2. « Estant arrivé à l'âge de sept à huit ans, il demeu-
« rait toute la matinée dans l'Eglise à y servir les mes-
« ses; il estait si dévot et affectionné au service de Dieu
« qu'on ne le voyait jamais sans un livre ou ses heures
« entre les mains.

3. « Au temps des vacances, qu'il revenait du collège
« de Billom où ses parens l'avaient mis, il se levait
« toujours à quatre heures pour dire l'office de la Sainte
« Vierge à laquelle il avait grande dévotion, et pour
« cet effet il se retirait en un lieu écarté pour estre
« moins distrait.

4. « Sa modestie estait si grande qu'il ne voulait regar-
« der personne en face, et on voyait tousjours sur son
« visage une sainte pudeur, de sorte que on ne le
« voyait jamais jouer ny prendre aucun plaisir avec
« qui que ce soit, mais il s'adonnait fort à la retraite.
« Tous ceux de nostre ville admiraient sa sagesse, et on
« concevait de luy une haute estime. Un chacun disait
« que c'estait un enfant choisy de Dieu.

« Que ce Bienheureux Martyr me soit propice, par
« l'entremise de vos saints sacrifices, dont je vous prie
« me faire part, vous assurant que je suis et serai toute
.« ma vie

« Vostre très humble et très obéissante fille et ser-
« vante, Sœur

« ELISABETH DE NOSTRE-DAME. R. J.

« Ce 28 janvier 1650. » (1)

(1) Copiée sur l'original (Arch. dom.).

Le jeune apôtre qui trouvait ses délices au service de l'autel et auprès de la Vierge Marie, n'avait pas encore appris à se connaître. Jusque-là, Jacques avait échappé à la contradiction, caressé, choyé par la tendresse maternelle. Le moment venu de fréquenter l'école du village, son caractère réservé indisposa contre lui ; il fut délaissé ou persécuté par ses jeunes compagnons, et alors se manifestèrent des saillies que rien n'avait fait remarquer auparavant : susceptibilité, colère, résistance obstinée. Les mères ont des instincts qui ne les trompent pas. Catherine Trible prit un détour : elle évita de provoquer les confidences de son enfant, et lui gagna secrètement quelques camarades qui entourèrent leur jeune condisciple et l'amenèrent à se prêter à leurs jeux. Sous cette douce influence, Jacques apprit dès lors l'art de se vaincre et de se faire tout à tous. Ce ne fut pas sans effort. Il avait à triompher d'un naturel bilieux et mélancolique ; souvent, il se trouvait en proie à des crises de tristesse qu'il ne pouvait surmonter. Le moment vint bientôt d'une autre épreuve qui lui apprit de bonne heure le détachement parfait que Dieu lui demandera plus tard. A l'âge de dix ans, il perdit sa mère. Il restait seul à ce foyer désert, où tout ravivait sa douleur. Laurent Salès comprit bien vite que personne dans la parenté ne pourrait lui faire oublier celle qu'il avait perdue ; et il décida que l'enfant quitterait Lezoux et habiterait désormais avec son père.

Il y avait à Beauregard une chapellenie fondée par Mgr Guillaume du Prat (1), dont le titulaire avait la

(1) N. 3.

charge d'instruire les enfants du village. C'est à lui que
Salès confia son fils. Maître Antoine Chevalier trouva
aussitôt le moyen infaillible de faire diversion au pro-
fond chagrin de Jacques. Il lui parla de la première
communion : ce fut un baume sur sa douleur. Les
pensées de cet enfant prirent dès lors un autre cours,
et il fut tout entier à la préparation de cette fête. Le
Dieu consolateur qu'il recevait pour la première fois
l'attira tellement à Lui par les attraits de sa charité,
qu'Il lui fit oublier le premier grand chagrin de son
enfance. Ce ne fut pas assez. Il alluma dans son cœur
ce feu de l'amour divin qui dirigera désormais ses
pensées et ses affections vers la sainte Eucharistie,
source de toute grâce.

CHAPITRE DEUXIÈME

Le collège de Billom (1568-1572).

En fondant le collège de Billom, Mgr Guillaume du
Prat avait stipulé, par une clause spéciale du 19 novembre 1558, qu'on y élèverait gratuitement dix-huit
enfants pauvres, tous choisis dans le diocèse de Clermont. Quoique les compétitions fussent nombreuses (1), les dispositions que Jacques montrait pour les
études et la situation de son père attaché au service de
l'évêque lui assurèrent une des premières places. Cette
petite communauté, dès son origine, se fit remarquer
par sa ferveur.

Voici, en effet, ce que nous lisons dans le compte-
rendu de cette année qui fut celle de l'entrée de Jacques
Salès : « Les élèves pauvres se font remarquer par leur
parfaite modestie, leurs bonnes mœurs, leurs succès
dans les études et leur zèle à s'approcher des sacrements
de Pénitence et d'Eucharistie » (2).

Au collège de Billom, Jacques Salès trouva un au-

(1) N. 4.
(2) D. 14 I. a.

tre secours précieux pour la pratique de la vertu. Le Père Jean de Léon venait d'y établir la congrégation de la sainte Vierge, comme il l'avait fait à Rome et à Paris ; et déjà quarante élèves avaient mérité d'être reçus à divers degrés (1). Jacques aspira à partager leur bonheur, et jamais, dans la suite, aucun des nombreux diplômes qu'il obtint ne lui causa autant de joie que celui qui lui conféra le titre d'enfant de Marie.

Du reste, cette année fut marquée par des événements bien propres à exciter la ferveur. Des bandes de religionnaires sillonnaient le pays. A deux reprises, le collège fut menacé d'être incendié, et chaque fois, le péril fut éloigné par le recours à Dieu. Une chronique rapporte que le jour même où les prières furent commencées, à la Saint-Michel 1568, un chef hérétique qui s'avançait avec 6.000 hommes pour s'emparer de la ville et incendier le collège, prit subitement une autre direction et cessa de troubler le pays. Trois mois après, nouvelle alerte plus vive encore que la première. L'armée de Morat revenait de la Gaule narbonnaise ; elle s'avançait vers Billom, et ce chef hérétique avait juré, en parlant des Jésuites, de « chasser les renards et de détruire leurs tanières ». On redoubla de prières, et une force invisible écarta encore ce fléau.

Encouragé par ces succès, le Recteur (2) prit l'initiative de prières publiques dans la ville entière, pour le salut de la France. Pendant plus d'une année, il y eut, presque tous les huit jours, une procession publique

(1) D. 14. 1. b.
(2) Le Père Guy Roillet.

qui se terminait une fois sur deux à l'église du collège.
Ces processions solennelles furent inaugurées le troisième dimanche du Carême, 13 mars 1569, à la collé-
giale, et se poursuivirent tour à tour au collège ou dans
l'une des églises de la ville, avec d'autant plus d'ardeur
que Dieu s'était montré favorable dès le jour où on les
avait commencées. C'est le 13 mars, en effet, que fut
remportée la célèbre victoire de Jarnac, rendue plus
décisive par la mort du prince de Condé, principal appui des réformés. Aussi, la seconde procession, fixée
pour le collège à la fête de l'Annonciation de la Sainte
Vierge, fut transformée en action de grâces et célébrée
avec un éclat extraordinaire.

Après la messe chantée par les élèves, elle se déroula
à travers la ville au chant des litanies et des cantiques.
Les dix-huit pauvres du collège, et parmi eux Jacques
Salès, avaient leur place marquée dans le cortège ; ils
s'avançaient pieds nus, revêtus de robes de lin et portant des torches ardentes, ornées de deux cartels : sur
l'un, le chiffre de la Compagnie ; sur l'autre, les armes
de Mgr du Prat (1).

> Voilà donc quels vengeurs s'arment pour ta querelle !
> Des prêtres, des enfants ! O sagesse éternelle !...

Ces paroles d'un poète reviennent à la mémoire,
quand on lit ces naïfs récits du temps, où le chroni-
queur se plaît à opposer le déploiement de cette paci-
fique armée de la prière aux bandes des hérétiques dé-

___
(1) D. 14. 1. c. et d.

vastateurs. Ainsi autrefois la Pucelle s'était avancée vers Orléans, précédée de la croix et d'un groupe de prêtres et de moines chantant des cantiques.

Si on se souvient qu'au xvie siècle, la guerre est engagée de nouveau *pro aris et focis*, et que les ennemis ont juré la ruine de la France et de la religion catholique, on ne s'étonnera pas de ce recours incessant à la prière et de cette confiance dans les secours surnaturels, qui ne fut jamais déçue dans son attente.

Ces grandes leçons de foi pratique restèrent gravées dans l'âme tendre de Jacques Salès. La fin de cette narration nous fait pressentir une autre influence qui fut prédominante dans sa vie.

Le Saint-Sacrement resta toute la semaine exposé à l'adoration des élèves et des fidèles, et la ferveur ne fit que croître chaque jour. Le Père Olivier Manare profita de circonstances si favorables pour répandre avec fruit la divine semence (1). Sa parole ardente embrasa tous les cœurs, et les hommages à la divine Hostie se succédèrent sans interruption; la nuit comme le jour, elle ne cessa d'être entourée d'adorateurs.

Ces hommages publics, rendus avec tant de pompe à la sainte Eucharistie, laissèrent une impression ineffaçable dans l'esprit de Jacques Salès. Nous le verrons, dans les missions qu'il donnera plus tard, organiser lui-même de semblables cérémonies, et grouper les fidèles autour de leur Dieu dans la célébration des fêtes chrétiennes.

(1) Billomæi, Provincialis Oliverius in quadragesima divini verbi semen multiplici respondens fruge spargebat. Hist. S. I. p. 3. l. 5. n. 126.

Pendant les années suivantes qui furent moins agitées, nous n'avons à signaler que le souvenir de la bonne édification que Jacques Salès ne cessa de donner à l'époque des vacances, soit à Lezoux, soit à Beauregard. Recueilli, laborieux, assidu au service des autels, dévot envers la Très Sainte Vierge : tel on le vit sans cesse pendant ces mois d'intervalle. En l'entendant parler avec ferveur des choses de Dieu, on se disait avec plus de certitude encore qu'autrefois, que les vœux de sa mère seraient exaucés, et que son fils serait un jour un saint prêtre. Cette sublime vocation avait toujours été dans la pensée de Jacques Salès, et pendant sa quatrième année au collège de Billom, elle avait pris une forme plus précise : Dieu le voulait prêtre dans la Compagnie de Jésus.

Mais, en même temps qu'il entendait l'appel de Dieu, Jacques voyait un obstacle se dresser devant lui : il était fils unique, et son père, esprit positif et peu ouvert à l'idéal, fondait sur lui ses plus solides espérances. Il lui sembla qu'il réaliserait plus facilement ses pieux projets, s'il pouvait s'éloigner quelque temps du pays natal ; et il tournait ses regards vers le collège de Clermont, à Paris, où Mgr Guillaume du Prat avait également fondé des bourses en faveur de quelques enfants pauvres de l'Auvergne. Mais, pourrait-il solliciter son admission sans éveiller la défiance de son père et sans paraître ingrat envers ses maîtres de Billom ? Il chercha lumière et force en prolongeant ses visites au pied du Tabernacle et à l'autel de la Très Sainte Vierge ; il invoqua encore le jeune Stanislas de Kostka qui avait triomphé de plus grands obstacles, et à la fin de l'année, avant de quitter Billom, il manifesta son désir au Père Odon Pigenat, Recteur du collège. Aussitôt, toutes ses appréhensions s'évanouirent : le Père Pigenat approuvait son dessein, se chargeait d'en préparer l'exécution, et dès ce moment, il disposa si bien toutes choses, qu'on ne vit dans cette admission qu'une distinction méritée. Le départ de Jacques Salès, étant ainsi motivé, son père fut des premiers à manifester son contentement. Pour lui, c'était, dès lors, chose certaine : son fils réussirait dans le monde et y trouverait une brillante carrière.

Jacques, se voyant libre, s'abandonnait aussi à l'espérance, mais avec des vues bien différentes sur son avenir ; dans sa pensée, le collège de Clermont était une première étape vers le noviciat, et il partit, plein de confiance en Dieu.

CHAPITRE TROISIÈME

Le Collège de Clermont à Paris (1572-1573).
Le Noviciat à Verdun et à Billom (1573-1575).

Quoique de fondation plus récente, le collège de Clermont était déjà plus important que celui de Billom. En cette année, qui était la huitième de son existence, près de 3.000 élèves affluaient à ses cours. A lui seul, le cours de rhétorique, que Jacques allait suivre, réunissait 5oo étudiants. Mais il n'eut pas à se perdre au milieu de cette jeunesse turbulente. Il était attendu au sein même du collège, où il occuperait une des six places réservées à des enfants pauvres de l'Auvergne, et les bons témoignages qui l'avaient précédé, lui valurent l'accueil le plus sympathique. Jacques retrouvait ce qu'il venait de quitter ; c'était le même esprit de famille, à peu près le même règlement et les mêmes méthodes d'enseignement. Il n'eut donc aucune peine à s'habituer à son nouveau séjour, et dès le premier moment, il fut à ses devoirs d'écolier, comme les meilleurs des anciens. Rien ne manquait, car il retrouvait aussi sa chère congrégation. Grâce à son diplôme, les épreuves lui furent abrégées, et il ne tarda pas à prendre rang dans cette phalange qui exerçait déjà dans le collège la plus heureuse influence par les bons exemples de ses membres (1).

Mais on n'a pas oublié que Jacques aspirait à s'enrôler dans une autre milice. C'est pour rompre peu à peu les liens qui le retenaient captif, qu'il n'a pas hésité à faire le sacrifice de ses plus chères affections, en s'éloignant de son pays ; et, quand il écrit à Beauregard, on comprend, à son langage, qu'il a élevé son esprit et son cœur au-dessus des préoccupations de la vie présente. Plein de confiance en Dieu, il se livre avec ardeur à tous les exercices d'éloquence alors en usage dans la classe de rhétorique, et son biographe nous apprend qu'à la fin de l'année, les lettres latines et grecques lui étaient familières à l'égal du français.

C'était le moment de réaliser son dessein. Jacques Salès s'y prépara par la prière et demanda à Dieu de faire tomber les obstacles qui s'opposaient à sa vocation. De son côté, Laurent Salès n'avait pas tardé à concevoir des inquiétudes. En relisant les lettres qu'il recevait de Paris, il ne pouvait se méprendre sur le travail qui s'opérait dans son fils, et il avait dû envisager une détermination qui lui imposerait un douloureux renoncement. Aussi, quand arriva la lettre définitive, quand lui furent révélées la grandeur et la beauté du sacrifice que son enfant voulait offrir à Dieu, il était déjà préparé et à moitié convaincu. Comme, au

____

(1) D. 14. 2.

fond, il n'avait jamais voulu que le bonheur de son fils, dès qu'il eut compris qu'il le trouverait là où Dieu l'appelait, il se résigna et donna son consentement.

Jacques avait 17 ans 1/2, quand il se mit en route pour aller commencer son noviciat à Verdun, dans un collège fondé depuis peu par l'évêque de cette ville (1). Il y arriva pour la fête de tous les Saints. Le jour était propice pour rendre encore plus ardent le désir qu'il avait de devenir un saint lui-même. Libre enfin de se donner tout à Dieu, il se donna si bien qu'il semble avoir franchi, sans être arrêté, les difficultés qu'on rencontre d'ordinaire avant d'atteindre les sommets.

Trois vers latins, heureusement échappés à la destruction, nous donnent quelque idée de son bonheur d'être tout à Dieu :

Gusto Deum, Cupio, Zelor, Gratusque Revolvo,
Offero, Depono, Atque Resigno, Mortificorque,
Confero, Magnifico, Admiror, Congratulor Ipsi.

Tels furent les sentiments et les pieuses pensées auxquels son âme s'abandonnait tour à tour. « *Je goûte Dieu* ». Il commence par où les autres ont peine à finir. Il goûte Dieu dans l'oraison, dans la sainte Eucharistie surtout ; et, dans ses rapports avec la divine Victime sans cesse immolée, il offre lui même ce qu'il a de plus précieux : sa liberté tout entière, et, avec elle, pensées,

____

(1) N. 5.

affections, désirs, tout sans réserve : *Offero*. Il goûte Dieu dans la résignation la plus absolue à son bon plaisir : *Depono Atque Resigno*. Il Le goûte même dans ce qui coûte le plus au jeune âge. Il résiste à tous les entraînements naturels et se comporte en toutes choses de manière à pouvoir ajouter : et je me mortifie, *Mortificorque*. Pour goûter Dieu ainsi, il faut bien que Dieu soit son tout ; et nous pouvons l'en croire, quand il nous dit qu'il Le désire uniquement, *Cupio*. Mais pour lui ce n'est pas assez. Il se plaît à Le comparer à tout le reste, *Confero*, pour mieux Le glorifier, L'admirer et Le féliciter : *Magnifico, Admiror, Congratulor Ipsi*. Et il brûle de Le faire connaître : *Zelor*. Déjà, petit enfant. il avait senti cette flamme du zèle ; maintenant elle s'avive et se communique à ceux qui, avec lui, se préparent dans la prière aux travaux de l'apostolat. Ainsi, dans ce jeune cœur, tous les plus nobles sentiments se succèdent, se mêlent, se confondent dans la plus suave harmonie. Mais il en est un qui l'accompagne partout : c'est celui de la plus vive reconnaissance. A aucun moment, il n'oublie ce qu'il doit à son Dieu : *Gratusque Revolvo*. Ces sentiments qui sont tout autant de formes de l'amour divin le plus pur, ne feront que croître et s'affermir avec l'âge, au contact de la divine Eucharistie, et se trahiront sans cesse par la piété de ses discours et par le désir du martyre.

Pour ne jamais se relâcher dans la voie où il est entré, pour se mieux garder contre les illusions et les défaillances même involontaires, il prit dès lors l'habitude de se choisir un moniteur spécial chargé de le reprendre en toute liberté(1), et il retira tant de profit de cette pratique, qu'il la conserva fidèlement toute sa vie. On le sut après sa glorieuse mort. Dans toutes les maisons où il avait passé, on rappelait à l'envi les actes de vertu dont on avait gardé le souvenir. Ses fidèles moniteurs furent, on peut le dire, ses premiers historiens, en léguant à la tradition les traits édifiants, recueillis plus tard par les biographes.

« De son humilité, écrit l'un d'eux, plus encore que du soin de se faire reprendre, naquit le modeste maintien qui paraissait en lui, lequel je souhaiterais pouvoir aussi vivement exprimer de ma plume que quelques pinceaux l'ont exprimé avec les couleurs ».

Et nous pouvons ajouter que ce travail de formation qui règle le dedans et le dehors du religieux, dut paraître bien avancé dès la première année de ce temps d'épreuve, pour que le retour à Billom du jeune candidat ne présentât aucune difficulté. C'est à Billom en effet qu'il vint achever son noviciat (2). Et ce fait nous confirme dans la persuasion qu'il avait réussi à amener son père à unir généreusement son sacrifice au sien.

(1) D. 13. 3. b.
(2) Catalogue de Billom, 1574.

CHAPITRE QUATRIÈME

Jacques Salès, étudiant de Philosophie et de Théologie (1575-1580).

L'Université de Pont-à-Mousson venait d'être fondée par le Cardinal de Lorraine, et Jacques y fut envoyé pour suivre le cours de philosophie qui s'ouvrit le 9 octobre 1575. Le Père Jean-Baptiste Gonzalez n'eut pas à stimuler l'ardeur de son élève. Ces études semblaient faites pour son esprit à la fois pénétrant et sûr. C'était, en effet, chez lui la qualité maîtresse, celle que ses professeurs ont toujours signalée, en premier lieu, dans leurs appréciations : *ingenium sublile, judicium bonum.* Deux choses peuvent nous faire juger de ses progrès pendant les deux premières années qu'il consacra à ces études : le rang qui lui fut décerné dans la première collation des grades universitaires, et la détermination que ses Supérieurs prirent à son sujet, à la suite de cette promotion.

C'était la première qui avait lieu dans la jeune Université. On voulut, en conséquence, lui donner la plus

grande solennité (1) ; et ce fut Salès le premier nommé
qui eut à prononcer le discours d'usage et à lire la profession de foi, au nom des dix récipiendaires. L'historien de l'Université, le P. Abram, termine le récit de
cette fête par un vœu : « Nous avons bon espoir, dit-il,
que celui qui figure le premier sur les registres de notre
Université, sera un jour inscrit sur les registres des
bienheureux parmi les Martyrs » (2).

Les Supérieurs de Salès qui ne pouvaient prévoir
alors une si haute destinée, pressentirent du moins
qu'il serait bientôt un professeur éminent et l'envoyèrent à Paris pour y achever ses études de philosophie.

Au collège de Clermont, Jacques reçut l'accueil dû à
un enfant de la maison. Quoiqu'il n'y eût que quatre
ans qu'il en était parti pour le noviciat, on fut frappé
de la transformation accomplie. Mais ce qu'on remarqua peut-être le plus, ce fut le don qu'il avait de parler
des choses de Dieu, avec tant d'à-propos et de grâce,
qu'on ne se lassait pas de l'entendre et de rechercher
sa compagnie. C'est que la bouche parlait de l'abondance du cœur, et comme il voyait Dieu en toutes choses, tout lui servait à donner libre cours à ses sentiments. Il n'y avait pas jusqu'aux matières les plus
arides de la philosophie, d'où il ne sût à l'occasion tirer
des rapprochements inattendus qui élevaient l'âme bien
au-dessus des plus hautes considérations métaphysi-
ques. C'était surtout dans les promenades à la campagne qu'il s'abandonnait à ces effusions pieuses. « Il

(1) N. 6.
(2) D. 9. 4. a.

connaissait, nous dit son biographe, la nature des diverses plantes, leurs vertus et leurs propriétés, et de la vue et considération d'icelles, il élevait son âme en Dieu, et, dans un saint transport, il lui arrivait de s'écrier : « *Gratias agimus tibi propter magnam gloriam tuam* ». Il savait, néanmoins, se prêter aux conversations ordinaires qui n'en devenaient que plus animées, et insensiblement, sans qu'elles perdissent rien de leur gaîté, s'élevaient et laissaient l'esprit charmé, et le cœur ému.

Une circonstance montra jusqu'à quel point il savait se faire tout à tous. Depuis le temps de son séjour dans la petite communauté des pensionnaires, l'esprit avait beaucoup changé, et en dépit d'avertissements demeurés sans effet, le Recteur avait résolu de renvoyer quelques indisciplinés. L'idée vint de charger Jacques Salès de faire une dernière tentative. A peine informé de ce qu'on attendait de lui, il accepta sans hésiter, et le lendemain, il alla passer la récréation avec ses chers compatriotes. On parla du pays, thème intéressant. Jacques Salès gagna ses jeunes auditeurs par son affabilité, et la récréation fut trop courte ; il fallut promettre de revenir. Il revint en effet et sut rappeler avec tant de charme et de reconnaissance les plus heureux souvenirs de l'année qu'il avait passée peu auparavant dans cette même maison, que ces étudiants se trouvèrent changés à leur insu. Il n'y eut plus ni plaintes ni révoltes ; la petite communauté était transformée.

Ce fut cette victoire que le premier historien du Père Salès a consignée en un langage qui mérite d'être cité :

« Dès qu'il eût été décidé de les mettre ès mains de Jacques Salès, celui-ci les façonna si bien au manège, quoiqu'ils fussent bien durs de bouche et revêches, que, leur ayant gagné le cœur par ses gaillardes façons de faire et par la réputation de son bel esprit et savoir, il les rendit tels qu'on les souhaitait ».

Vers la fin de cette même année, Jacques Salès montra qu'il savait faire mieux encore que de dompter les esprits récalcitrants : il sut se dompter lui-même, et remporter la victoire la plus difficile de toutes, pour les hommes d'études, au dire de saint Grégoire de Nazianze. « Vous en trouvez, dit ce Père, qui n'ont aucune recherche pour la nourriture et le vêtement et ne le cèdent à personne, ni en austérités de toute sorte, ni même en condescendance aux moindres désirs de leurs frères, dans les choses ordinaires de la vie. Mais qu'une discussion vienne à s'élever sur les matières qu'ils ont plus spécialement approfondies, alors ils deviennent étonnamment affirmatifs, et ne peuvent supporter la moindre contradiction d'où qu'elle vienne » (1). Tel ne fut point Jacques Salès. Lorsqu'à la fin de cette troisième année de philosophie, il eut à se préparer aux épreuves de la licence et de la maîtrise ès arts, comme il faisait tout avec application, il avait mis beaucoup de soin à rédiger les thèses qu'il voulait présenter et les soumit, selon l'usage, à l'approbation du chancelier. Or il advint que, tout en reconnaissant que ces propositions pouvaient être soutenues, le chance-

(1) *Oratio 26ᵉ de moderatione in disputationibus servanda.*

lier laissa entendre que quelques-unes lui plaisaient peu. C'en fut assez : sans ombre d'hésitation, Salès les effaça aussitôt. De son travail patiemment élaboré, il ne restait que des tronçons : plus d'enchaînement et d'harmonie dans sa doctrine. Peut-être même aurait-on de la peine à découvrir ce qu'il avait voulu mettre en lumière, et il ne restait plus le temps de songer à un nouveau travail : les thèses devaient être imprimées sans retard pour être affichées et distribuées aux invités (1). On put voir, à cette occasion, que l'humilité avait jeté de profondes racines dans ce jeune religieux de 22 ans, dont on n'a pas oublié la trempe de caractère. Salès ne manifesta aucun regret, ne fit aucune allusion à ce qui s'était passé. Malgré cette contrariété de la dernière heure, le succès fut celui qu'on devait attendre. Peu de jours après, Jacques Salès reçut le diplôme et les insignes de la maîtrise ès arts, avec le droit d'enseigner la philosophie au sein des Universités.

La soutenance de la maîtrise ès arts ayant pleinement répondu à leur attente, les Supérieurs de Salès donnèrent suite à leur dessein de préparer en lui un professeur du haut enseignement, et bien qu'il n'eût encore que 22 ans, ils l'envoyèrent suivre le cours de théologie (2) à Pont-à-Mousson, où nous le voyons accepter en surcharge quelques services de surveillance au pensionnat (3).

Dans la nouvelle Université que le cardinal de Lor-

(1) D. 9. 3. a.
(2) N 7.
(3) N. 8.

raine avait voulu élever comme une forteresse pour
arrêter l'hérésie, la théologie scolastique représentait
l'arsenal où se forgeaient les armes des apologistes.
Ramenée à son véritable objet par le Père Maldonat à
Paris, et par le Père Pinelli à Pont-à-Mousson, elle
étudiait à fond la doctrine catholique, non d'une manière oratoire, mais selon les règles de la dialectique,
établissant l'état de la question, posant des thèses, les
prouvant partie par partie, et répondant aux objections
des adversaires. Le livre expliqué était la *Somme* de
saint Thomas d'Aquin que les Pères du concile de
Trente avaient placée constamment à côté de la Bible,
et que saint Ignace avait recommandée comme ouvrage
classique à tous ses professeurs de théologie. Chaque
jour, les étudiants avaient à suivre deux cours, et, le
soir, devaient employer une heure à répéter les matières enseignées en classe. Chaque mois, toute une
journée était consacrée à des argumentations publiques.

Préparé comme il l'était, et par la trempe de son
esprit, et par l'étude approfondie de la philosophie,
Jacques Salès se trouva tout de suite à la hauteur de sa
nouvelle tâche.

Pour faire face à toutes les attaques de l'hérésie, à
l'art du dialecticien et à la science théologique, il fallait joindre les connaissances les plus variées. L'étude
des saintes Ecritures était regardée par les novateurs
comme vaine et stérile, si l'on ne pouvait aborder et
discuter le texte original lui-même et le suivre encore
dans les traductions primitives. Aux langues latine et

grecque, il était devenu indispensable d'ajouter l'hébreu, le syriaque, le chaldaïque et l'arabe. On n'exigeait pas moins à l'égard des monuments de la tradition ; et les appels si fréquents à l'histoire et aux sciences pour combattre l'Eglise, ne permettaient plus d'ignorer rien de ce qui touche à l'histoire sacrée et profane, ainsi qu'aux diverses sciences auxiliaires.

Cette tâche immense ne fut pas au-dessus des forces de Jacques Salès (1). « Une chose, nous dit son biographe, rendait son esprit merveilleux ; c'est qu'à son beau jugement il avait une pareille mémoire accouplée. Prompt à saisir, il ne laissait rien perdre de ce qu'il avait une fois acquis. Les trésors amassés restaient présents à son esprit, comme on put le voir constamment pendant qu'il enseigna ou se livra aux travaux apostoliques. Il pouvait discourir sur-le-champ de tout sujet qui se présentait. S'il citait quelque passage des saintes Ecritures ou des Pères, c'était avec une telle fidélité, qu'il en cotait non seulement les livres et les chapitres, mais encore les versets. L'impression qu'éprouvèrent toujours ses adversaires, et plus tard les hérétiques, c'est qu'il ne paraissait pas possible de le prendre au dépourvu sur quelque terrain qu'on se plût à l'amener ».

Ce qui n'avait pas peu contribué à le préparer à ces vastes travaux, c'était la disposition intérieure qui les accompagnait. Pour lui, l'étude n'était pas abstraite et aride : c'était plutôt une suave contemplation,

(1) D. 13. 3. a.

où son esprit s'élevait à Dieu lui-même, vivant de sa vie
ineffable, ou se manifestant au dehors par les bienfaits
de la création, de la rédemption et de la gloire. Alors il
faisait siennes toutes les louanges des Ecritures, il goû-
tait les explications des saints Pères ou des Docteurs. Il
rendait grâces à Dieu, quand un rayon de lumière
venait éclairer un point obscur, et il avançait par
degré, jusqu'à ce qu'enfin arrivé au nœud du mystère
qui restait impénétrable, il adorait en silence. C'est
ainsi qu'il trouvait dans les matières même les plus
arides un aliment pour son esprit et son cœur.

CHAPITRE CINQUIÈME

**Jacques Salès, professeur de philosophie et de théologie
(1580-1587).**

Jacques Salès n'avait encore parcouru que la moitié
de la carrière à fournir, lorsqu'il dut interrompre le
cours de théologie, pour prendre l'enseignement de la
philosophie, dans cette même Université où jusque-là
il n'avait été qu'étudiant.

Ce fait, dans les conditions où il se produisit, avait-
il eu des antécédents, et fut-il renouvelé dans la suite?
Il est peu probable, car Salès n'avait que 24 ans.
Il n'était pas encore prêtre, et, comme on l'a vu, il
n'avait pas achevé le cours de théologie. Cette dernière circonstance surtout semblait élever un obstacle
infranchissable. L'année précédente, Maldonat avait
fait la visite de l'Université, et entre autres recommandations, avait laissé celle-ci : « Que personne ne
devait y enseigner la philosophie, qu'après avoir suivi
pendant quatre ans le cours de théologie, parce que,
sans cette science, il n'est personne qui puisse enseigner la philosophie convenablement et avec auto-

rité » (1). Comment, au lendemain d'une décision si sagement motivée, put-on songer à faire une exception ? Dans ces conjonctures, l'exception devait être agréée de Maldonat lui-même, et, en outre, il fallait qu'elle parût tellement justifiée aux yeux de tous, qu'elle n'enlevât rien au respect dû à la décision du visiteur. L'historien de l'Université nous apprend qu'il en fut ainsi. Ecoutons avec quelle complaisance il refléta plus tard l'impression produite par l'entrée en charge du jeune professeur : « L'année 1580, en laquelle le Père Salès, de bienheureuse mémoire, inaugura le sixième cours de philosophie, fut particulièrement brillante et heureuse pour l'Académie, non seulement par l'acquisition qu'elle fit d'un nouveau philosophe qui ensuite scella sa foi de son sang par un noble martyre, ainsi que nous le croyons pieusement, en attendant que le Saint-Siège le proclame par une décision solennelle, mais encore à cause des importants privilèges qui lui furent octroyés par le sérénissime Duc » (2).

Nous ne suivrons pas le jeune professeur pendant ces trois années de labeur. Il nous suffit de dire qu'il répondit pleinement à l'attente universelle, autant par ses vertus que par son habileté dans l'art de l'enseignement (3).

Au terme de ces trois années, les Supérieurs de Jacques Salès le déchargèrent de son office, pour lui

(1) D. 14. 3.
(2) D. 9. 4. b. et N. 9.
(3) N. 10.

permettre d'achever ses études de théologie ; et comme ils pressentaient qu'aussitôt après ils ne pour-raient mieux utiliser son talent que dans l'enseigne-ment de cette science, afin de l'y mieux préparer, ils l'envoyèrent à Paris entendre les leçons des maîtres renommés qui occupaient alors les chaires du collège de Clermont.

Ses nouveaux maîtres ne tardèrent pas à l'apprécier à sa valeur, et voici le jugement qu'ils portèrent sur lui peu après son arrivée, dans des informations où les termes doivent être pesés mûrement devant Dieu : « esprit subtil, jugement sûr, nature calme, habile lin-guiste, à la fois bon philosophe et bon théologien, éga-lement apte à l'enseignement et à la prédication » (1).

La troisième année de théologie différait peu de la seconde, dont elle n'était que la confirmation ; après une nouvelle épreuve, de simple bachelier on devenait bachelier formé. Mais la quatrième année ne mit pas seulement le couronnement à ses études, en l'investis-sant du droit d'enseigner la théologie dans les univer-sités ; elle lui apporta des consolations d'un ordre plus élevé, en comblant le désir qui lui tenait le plus au cœur.

Il allait avoir 29 ans et n'était pas encore prêtre, lui que sa dévotion envers la sainte Eucharistie faisait sou-pirer depuis si longtemps après l'heureux moment où il pourrait monter à l'autel et offrir lui-même la sainte

---

(1) *Ingenium subtile, judicium bonum, natura temperata, linguarum peritiam habet, in philosophia et theologia bene versatus, aptus ad docendum et concio-nandum.* (Cat. qualit. anni 1584.)

Victime. Enfin, ce bienheureux moment arriva pour lui, au milieu de cette année scolaire. Il fut ordonné prêtre à Paris, le samedi saint, 20 avril 1585 (1). La ferveur qui l'animait se manifesta dès lors dans tout son éclat, et les scolastiques qui étudiaient avec lui recherchaient à l'envi l'occasion de le voir à l'autel pendant qu'il célébrait les saints mystères. Dans la suite, ils ont redit souvent que son maintien et son recueillement à l'autel leur avaient laissé des impressions ineffaçables, et que rien ne les avait mieux préparés eux-mêmes à entendre ou à célébrer la sainte messe.

A peine le Père Salès eut-il achevé sa théologie, qu'il fut rappelé à Pont-à-Mousson pour y enseigner ce qu'il venait d'étudier. Une bien douce consolation l'attendait et lui fit trouver le fardeau moins lourd : dans l'enseignement de la théologie scolastique, il aurait pour collègue le Père Gonzalez, celui-là même qui avait dirigé ses premiers pas dans les recherches philosophiques : et dans son humilité, le voisinage de cet ami vénéré lui donnait confiance et lui promettait un appui. L'ouverture des cours de la faculté de théologie eut lieu, selon l'usage, le jour de saint Luc. Cette inauguration était une fête académique : une solennité d'un autre genre allait bientôt réunir toute l'Université autour du jeune professeur.

Le Père Salès, qui était prêtre depuis six mois et comptait douze ans de vie religieuse, fut admis à faire sa profession solennelle, le 1er novembre 1585. Ce jour de

____

(1) *Sacerdotio initiatus est 20 aprilis 1585.* Abram, l. 3, p. 100.

la fête de tous les Saints lui était cher à bien des titres :
c'était l'anniversaire de son entrée au noviciat, et probablement aussi celui de ses premiers vœux. Les liens
de la vie religieuse allaient se resserrer encore, lorsqu'en présence de toute l'Université il se donna publiquement à Dieu et à la Compagnie (1). C'est la coutume, en semblables fêtes, que la poésie et l'éloquence
rivalisent en l'honneur du nouveau profès, mais s'il y
eut des allusions trop humaines, on dut les regretter,
quand on entendit avec quels accents d'humilité le Père
Salès rendit gloire à Dieu, l'auteur de tout bien, et demanda le secours des prières de tous pour qu'il pût réaliser le désir d'immolation que la cérémonie du matin
avait rendu encore plus vif et plus intense dans son
cœur.

Ces paroles du Père Salès révélaient le secret tourment de sa vie. Et désormais, quelque soin qu'il prenne
de contenir la violence de ses désirs, ils feront irruption malgré lui. C'est la loi d'amour : quand il est ardent et passionné, il opère la ressemblance, et le Père
Salès qui a vécu depuis son enfance dans une intimité
toujours croissante avec l'adorable Victime de nos autels, a puisé dans ce divin commerce une soif d'immolation et de sacrifice qui le consumera sans cesse, et ne
pourra s'apaiser que dans l'effusion de tout son sang.
C'est là le côté saillant de l'existence du Père Salès. Il
fut constamment un martyr de désir avant de l'être de

_____

(1) *Admissus sum 1ᵉ novembris, anno 1585.* Note écrite de la main du
Père Salès.

fait ; et entre les deux martyres, le martyre secret nous apparaîtrait incomparablement plus beau et plus héroïque que l'autre, si nous pouvions, comme les anges du ciel, en suivre les brûlantes ardeurs dans cette âme qui semble vouloir rivaliser avec la divine Victime. Nous devrons nous contenter des seules manifestations qui ont pu échapper à son humilité, en certaines occasions où un mot, un cri aussitôt contenu, trahissait la violence de ses désirs.

Un jour il avait à traiter en classe la question du martyre. Quelques précautions qu'il eût prises, au cours de sa préparation, pour maîtriser l'ardeur de ses sentiments, à peine fut-il entré au cœur de son sujet, que, n'ayant plus devant les yeux que la beauté et l'héroïsme de ce suprême témoignage d'amour que les martyrs ont donné à Jésus-Christ, il célébra en de tels termes ce triomphe de l'amour de Dieu, que ses élèves ne songèrent plus qu'à contenir l'émotion qui les gagnait. Ce fut ce silence même avec lequel on l'écoutait, qui rappela le Père Salès à lui-même, et quand il s'aperçut de l'impression produite, pour donner à entendre combien il s'estimait indigne d'un si grand honneur, il termina en développant cette maxime que le martyre est une grâce de choix que Dieu réserve aux âmes généreuses. On comprenait bien qu'il aspirait à faire partie de ces privilégiés de la grâce. Un moment il désespéra. Il lui semblait qu'il ne trouverait jamais ce qu'il ambitionnait, s'il ne s'offrait de lui-même, en allant au-devant du martyre ; et il prit la résolution de renoncer à une carrière où tout cependant semblait devoir le retenir, ses goûts, ses aptitudes et l'apostolat qu'il y exerçait, pour suivre l'attrait irrésistible qui le portait vers les privations, les fatigues et les souffrances d'un apostolat lointain ; et, après avoir longuement réfléchi et ardemment prié, il pensa que le moment était venu de faire une démarche qui l'acheminerait plus sûrement vers la réalisation de ses vœux.

Ce fut le jour de l'Epiphanie, 6 janvier 1587, que le Père Salès écrivit au T. R. P. Aquaviva, général de la Compagnie, pour lui demander la faveur d'être envoyé dans les missions. Ecoutons-le exposer lui-même sa supplique.

« Très Révérend Père,

« Il y a bien des années que je me sens consumé
« d'un désir, plus vif qu'on ne saurait croire, d'être
« envoyé aux missions, en Amérique, au Japon, en
« Chine ou en tout autre pays infidèle. Bien que je ne
« sois pas des plus robustes, je me console en pensant
« que l'Apôtre lui-même n'avait qu'une apparence
« débile, et qu'un bon nombre des nôtres, qui étaient
« plus faibles que moi, n'ont cependant pas peu
« contribué au règne du Christ dans ces différentes
« parties du monde. Quant aux langues en usage dans
« ces pays, il ne me sera pas difficile de les apprendre,
« avec l'aide de Dieu. J'ai donc voulu exposer à votre
« Paternité ce désir de mon cœur, afin qu'au jour où
« elle jettera les yeux de notre côté, pour pourvoir ces

« missions, elle se souvienne de moi et me compte
« parmi ceux qui soupirent le plus ardemment après
« ces travaux » (1).

En attendant la réponse du T. R. P. Général, il
redoublait ses instances auprès de Dieu, et pour
obtenir d'un de ses amis qu'il joignît ses prières aux
siennes, il lui fit part de sa démarche. Celui-ci le regarda :
« Père Salès, dit-il, je prierai volontiers avec vous pour
tout autre motif, mais, pour celui-ci, c'est inutile. La
faiblesse de votre santé vous empêchera d'obtenir ce
que vous avez demandé ». — « Eh ! ne savez-vous pas,
répliqua-t-il avec feu, que le Père Rodolphe Aquaviva était toujours à l'infirmerie, à Rome, avant son
départ pour les Indes ? Et cependant, une fois arrivé,
rien ne l'arrêta plus, jusqu'au jour où il tomba glorieusement sous les coups des ennemis de la foi. Qui
sait les desseins de Dieu ? et qui peut dire s'il ne
Lui plaira pas un jour de triompher également dans
mon corps débile ? Hé ! faut-il donc être un athlète
pour pouvoir souffrir et mourir pour Jésus-Christ ? »

Enfin arriva la réponse. Elle était du 22 mars 1587.
Claude Aquaviva refusait la permission demandée,
mais non pour le motif qui avait paru si décisif à
l'ami du Père Salès. Le Père Général n'y faisait même
pas allusion :

« La demande que vous m'avez adressée pour que
« je vous destine à la conversion des infidèles, montre

(1) D. 11. 1.

« un désir élevé, pieux, qui m'a beaucoup édifié. Mais,
« votre Révérence sait que l'obéissance vaut encore
« mieux que les victimes. Du reste, elle n'a pas besoin
« d'aller si loin pour trouver des *Indes aussi bonnes*
« qu'elle le désire. Elle les trouvera là même où elle
« se dévoue au salut des âmes. Les bons ouvriers y
« sont si peu nombreux que, loin d'enlever ceux qui y
« travaillent, il faudrait plutôt en appeler d'ailleurs
« pour les joindre aux premiers. Que votre Révérence
« continue donc de porter allègrement le joug du Sei-
« gneur ; ce qui lui vaudra une grande récompense en
« cette vie et en l'autre. Je la demande pour vous,
« comme aussi je vous prie de demander pour moi une
« grâce abondante pour tous les travaux que je dois
« entreprendre pour le service de Dieu » (1).

Selon son habitude, c'est à genoux devant son crucifix que le Père Salès lut et médita chacune des paroles de cette réponse, et soudain la lumière se fit en son
esprit. Dieu ne lui demandait pour le moment d'autre sacrifice que celui de l'abandon dans l'obéissance ;
mais déjà Il se plaisait à lui montrer, sous ses yeux
mêmes, des Indes nouvelles, qui ne le cédaient en
rien aux anciennes ; et, de fait, à bien prendre les choses, les événements qui se préparaient autour de lui
semblaient promettre plus même qu'on ne pouvait espérer dans les missions lointaines. Des bandes d'hérétiques s'organisaient et s'apprêtaient à envahir la Lorraine pour piller les églises et les couvents, et massa-

(1) D. 10. 1. c.

crer les moines et les religieux. Le 20 juillet suivant, c'est avec un accent de triomphe qu'il fait connaître au Père Aquaviva la raison pour laquelle il est heureux de rester :

« Je ne fais plus d'instances pour m'en aller aux
« Indes. Déjà, en temps ordinaire, l'attrait de l'obéis-
« sance suffirait à me l'interdire, mais, en ces jours où
« il n'est bruit que de levées d'armes et où l'on est
« menacé à chaque instant d'une invasion des héréti-
« ques, je ne vois plus de motifs de désirer les Indes,
« car ce que je croyais devoir aller chercher bien loin,
« se trouve maintenant à nos portes. Louange à Jésus-
« Christ ! » (1).

Ainsi, dans ces circonstances, le Père Salès aurait plutôt demandé à rester en France, parce qu'il avait l'espoir d'y souffrir davantage. Et peut-être une lumière divine lui manifesta dès lors la manière même dont il consommerait un jour son sacrifice, car, avant de quitter Pont-à-Mousson, il déclara confidentiellement à un de ses amis que le genre de mort qui lui conviendrait le mieux, ce serait de recevoir un coup d'arque-buse pendant qu'il serait uni à Dieu dans la prière. Et comme le voyageur qui aperçoit enfin le terme vers lequel il marche depuis longtemps sent ses forces se ranimer et presse le pas avec une ardeur nouvelle, ainsi le Père Salès, depuis qu'il avait pressenti que son désir du martyre serait exaucé, ne cessa de soupirer après cet heureux moment.

(1) D. 11. 3. c.

En rendant compte de sa conscience à son supérieur, il lui fit l'aveu qu'il souhaitait si fort d'être martyr, que, dût-il importuner la divine Bonté, il ne cesserait de lui demander cette grâce de choix, jusqu'à ce qu'il l'ait obtenue. Il en faisait le sujet ordinaire de son oraison du matin, pour raviver son désir et le porter tout brûlant à l'autel où il offrait le saint Sacrifice. Le reste de la journée, il allait se prosterner devant le saint Tabernacle et aux pieds de la Vierge Marie pour renouveler ses instances. Il implorait fréquemment les suffrages de tous les martyrs, mais surtout du Bienheureux Edmond Campion qui venait de souffrir la mort à Londres, avec une constance héroïque (1).

Les événements étaient bien propres à nourrir ses espérances. A la fin du XVI° siècle, en dépit de toutes les trêves, la lutte renaissait partout : guerre de trahison et de surprise, où les religieux et les prêtres succombaient en masse sous les coups des hérétiques. Le Père Salès suivait avec attention ces événements et aimait à s'entretenir des nouvelles victimes. Son regard s'animait, et on l'entendait, au milieu de soupirs enflammés, laisser échapper ces deux mots : « Oh ! si... » Et un jour, on put connaître la vraie signification de ces deux paroles : « Oh ! si... nous aussi, nous pouvions être martyrs ! s'écriait-il dans un cercle d'amis, moi surtout qui suis inutile à la Compagnie à cause de mes infirmités. » — « Mais vous n'êtes point du tout inutile, reprit quelqu'un ; vous servez fort bien la Com-

(1) N. 11.

pagnie en enseignant. » — « Ah ! je la servirais bien mieux, répondit-il, si je savais supporter mes maux pour me disposer au martyre ; mais je crains bien que mes impatiences n'y mettent obstacle, et cependant je souhaiterais de toute mon âme de subir la mort pour l'amour de Dieu ».

A partir de ce moment, ceux qui vivaient avec lui, rendus plus attentifs par cette confidence, purent constater que cette pensée ne le quittait plus. Aussi, quand, peu d'années après, arriva la nouvelle du martyre du Père Salès, nulle part, on ne fut moins étonné qu'à Pont-à-Mousson. On se rappela les paroles qu'on avait entendues tant de fois : « Oh ! si... ». Et ce souvenir perpétué était encore si vivant au milieu du siècle suivant, qu'à l'occasion du cinquantenaire de sa mort héroïque, il inspira une poésie dont les quatre premières strophes commencent par ces mots : « Oh ! si.... » ; et toutes, jusqu'à la 25ᵉ, redisent comme un faible écho ces soupirs brûlants qui s'exhalaient sans cesse de la poitrine du Père Salès (1), et ces mots qui lui étaient familiers : « Bénie soit la main qui fera le coup ! béni soit Dieu notre Seigneur qui prépare mes mains au dernier combat ! »

(1) Ode latine du Père Jean Chevalier, *Ad B. Jacobum Salesium* (O. 17. 2.)

CHAPITRE SIXIÈME

Le disciple de saint Thomas.

Ces héroïques aspirations du Père Salès ne lui font
point négliger son occupation principale. Du reste, en
cette année 1586-87, tout concourt à stimuler son ardeur à l'étude.

Le sujet qu'il traite le captive tout entier : en même
temps qu'il élève et ravit son intelligence, il touche et
embrase son cœur. On l'a deviné : c'est le sacrement
de l'Eucharistie qu'il a à expliquer. L'objet de ce traité
n'est point pour lui un mystère aride et spéculatif.
Sous des espèces empruntées, sa foi lui montre constamment le Bien-aimé de son âme. C'est là que depuis
son enfance il a appris à le chercher, et c'est là que depuis sa prêtrise, il le trouve chaque jour et le reçoit dans
ses mains et dans son cœur. Ainsi envisagée, l'étude
du grand mystère devient une source de consolations :
c'est l'amour qui cherche et scrute, et c'est le guide le
plus précieux dans un mystère où tout est amour. Ce
n'est pas assez. L'enseignement de la théologie fondé
sur la révélation est surtout traditionnel ; il s'est pré-

cisé dans les définitions des conciles et les écrits des
docteurs. C'est donc le premier devoir de celui qui est
appelé à enseigner, de puiser aux meilleures sources.
Or, on convient que pour le traité de l'Eucharistie, en
particulier, nul n'a surpassé le docteur Angélique qui
mérita de recevoir les félicitations du Sauveur lui-
même : « Vous avez bien écrit de moi, Thomas ».

Dès longtemps, le Père Salès s'était attaché à ce saint
docteur. On en jugera par la lettre suivante, qu'il écrivait à son Général :

« Pont-à-Mousson, le 29 janvier 1587.

« Très Révérend Père,

« Depuis une année que j'enseigne la théologie, je
« n'ai point cherché à donner l'essor à mes concep-
« tions personnelles, mais plutôt, me conformant à la
« première règle que votre Paternité a prescrite, au
« commencement de son généralat, à tous ceux qui
« enseignent ces matières, je me suis attaché entière-
« ment à saint Thomas, pour être par là plus utile à la
« Compagnie et à l'Eglise. Et chaque jour j'ai lieu de
« m'en applaudir. Je trouve tant de solidité et de sub-
« tilité dans saint Thomas, que je recueille et goûte à
« chaque instant les fruits les plus abondants et les
« plus doux de mon obéissance » (1).

Et le Père Salès terminait sa lettre par un vœu qui
montre jusqu'où allait son attachement à la doctrine

(1) D. II, 2.

de saint Thomas. Non content de le suivre fidèlement,
il souhaitait que tous fissent de même, et il priait le
T. R. Père Général d'imposer à tous l'obligation de
suivre les opinions du docteur Angélique (1).

Quand Dieu rencontre une âme sincèrement éprise
d'immolation, Il se plaît souvent à l'éprouver par la voie
des humiliations et des contradictions les plus amè-
res. Or, conçoit-on qu'il pût rien arriver de plus sensible au Père Salès que d'être suspecté dans son
attachement à la doctrine de saint Thomas et d'être
accusé auprès du Général lui-même de s'écarter des
opinions du saint docteur, dans une question importante du traité de l'Eucharistie ? C'est cependant ce qui
arriva.

En traitant la question de la manière d'être du corps
de N.-S. Jésus-Christ dans le Très Saint-Sacrement de
l'Eucharistie, il avait dû tenir compte du milieu dans
lequel il se trouvait. Les idées nouvelles avaient péné-
tré ; la théologie scolastique avait perdu de son pres-
tige, et, en particulier, le système philosophique sur
lequel reposait l'explication communément admise
jusque-là, était combattu et repoussé avec dédain par
les novateurs. Pour ne point raviver des discussions
qui auraient arrêté sa marche, le Père Salès fit ce qu'il
avait vu pratiquer en pareil cas. Au lieu d'expliquer la
présence du corps de Notre-Seigneur dans la sainte
Eucharistie, en la comparant, comme on avait fait
longtemps, à la manière d'être de la substance dans les

(1) *Ex responso Aquavivæ* (D. 10. 1. b.).

corps, il eut recours à l'analogie bien connue que
nous offre le mode de présence de l'âme dans le corps
humain ou du pur esprit dans l'espace qu'il occupe.
Cette dernière explication, saint Thomas l'avait donnée
lui-même, en répondant à une objection (1), et depuis
qu'ils avaient affaire aux nouveaux hérétiques, les po-
lémistes l'employaient de préférence.

Elle ne fut pas du goût de tous, et il y eut quelqu'un,
à l'Université, qui dut en avoir l'esprit choqué et trou-
blé, à tel point, que ses plaintes, mal fondées, exagérées,
inquiétèrent un moment le R. P. Général. Le mal
s'aggrava encore dans une nouvelle tentative de dénonciation auprès d'un Père visiteur (2). Celui-ci, en
vertu d'une mission spéciale qui lui avait été confiée,
crut devoir inviter le Père Salès à revenir à l'explication commune de saint Thomas. L'humble religieux,
sans laisser paraître la moindre émotion, promit d'obéir
sur-le-champ. Il pouvait choisir le moment favorable
pour atténuer cette humiliation. Les répétitions lui
auraient fourni une occasion facile de se rétracter sans
trop d'éclat. Mais le Père Salès n'entendait pas ainsi le
sacrifice et l'obéissance.

Dès le commencement de la classe suivante, il rapporte en toute humilité l'avertissement qu'il a reçu, et
citant le proverbe grec : « Les seconds avis sont plus
sages que les premiers », il rappelle qu'en un temps
où l'on voyait partout une tendance à innover, aucune

(1) 4. Sent. d. 10. q. unica, a. 3. ad 3 (D. 16. 1.).
(2) N. 12.

correction ne pouvait être plus sage. Il se félicite
d'avoir eu un supérieur vigilant et ferme qui n'avait
pas hésité à le tenir en garde lui-même, et réprouvant
ce que son supérieur a réprouvé, il expose à ses élèves
la première explication de saint Thomas, les laissant
tous, ajoute l'historien, ravis de tant de modestie et de
soumission d'esprit (1).

« Il ne m'en a point coûté, écrivait-il quelques jours
« après, de rétracter tout ce qu'on a voulu, et j'ai
« accepté sans peine l'avis ou l'ordre de le faire,
« comme aussi la dénonciation dont j'ai été l'objet
« auprès de votre Paternité ou d'autres supérieurs. Je
« n'ai eu qu'une peine, la plus vive à la vérité : celle
« que j'ai ressentie de ma faute elle-même (2). Je con-
« sidère l'avertissement qui m'a été donné comme un
« grand bienfait, et c'est de tout cœur que je rends les
« plus grandes actions de grâces à votre Paternité, à
« mes autres supérieurs et à tous ceux qui ont pu y
« contribuer » (3).

S'il eût été seul en cause, le Père Salès s'en serait
tenu à ce langage qui donnait satisfaction à ses sentiments de soumission et d'humilité. Mais ayant appris
alors toutes les phases de l'affaire, et, en particulier,
comment le Père Le Clerc, son recteur, avait une pre-

---

(1) *Omnibus viri modestiam et animi demissionem mirantibus.* (D. 9. 4. c.).

(2) L'humilité du Père Salès pourrait donner le change. Il n'y avait eu ni
faute ni erreur (N. 13.), mais plutôt le mérite assez rare d'avoir compris
les besoins de son temps, et c'est ce mérite, joint à celui de l'humilité du
Père Salès, que le R. P. Général voulut reconnaître en lui décernant les
honneurs du doctorat (N. 14.).

(3) Lettre du Père Salès au R. P. Général du 20 juillet 1587 (D. 11 3. b.)

mière fois pris sa défense, il put appréhender que la
conduite si délicate qu'il avait eue à son égard, ne fût
taxée de faiblesse et il jugea que l'équité non moins que
la reconnaissance lui imposaient le devoir d'ôter prise
à toute fausse appréciation. Cela l'obligeait à se justifier
lui-même ; il le fit dans la même lettre, avec une modestie qui ajoute encore à la force de ses raisons (1).

Le Père Aquaviva qui savait depuis longtemps à
quoi s'en tenir, dut être fort étonné de ce qu'on avait
exigé du Père Salès, mais ne le regretta point, en
apprenant le bel exemple que le jeune professeur venait de donner. A défaut de sa réponse que nous
n'avons pu retrouver, nous avons un acte qui nous
révèle mieux que n'aurait pu faire un témoignage
écrit, le sentiment qu'il éprouva. Il jugea qu'il devait
honorer devant toute l'Université celui qui avait si bien
su s'abaisser et se soumettre, quand il lui était si facile
de se justifier, et décida que, dès la rentrée prochaine,
le Père Salès recevrait les insignes du doctorat. Cette
distinction devait d'autant plus être remarquée, que le
Père Salès était plus jeune (il n'avait encore que 31 ans),
et que dans ces honneurs, il était associé au Père
J.-B. Gonzalez, dont il avait suivi les leçons douze ans
auparavant. La cérémonie eut lieu le 14 octobre 1587,
avec tout l'apparat usité en semblables circonstances (2).

(1) D. 11. 3. c. et N. 13.
(2) N. 14.

CHAPITRE SEPTIÈME

Le Père Salès, professeur de théologie morale
(1587-1589).
Retraite à Dôle (1589-1590).

Pendant la fête du 14, tout fut à la joie et à l'espérance. Les félicitations adressées au jeune docteur semblaient inaugurer une brillante carrière. Hélas! vain espoir.

Sans cause apparente, le Père Salès tomba tout à coup dans un état de faiblesse qui l'obligea d'interrompre ses leçons. Sans doute, ce ne fut pas sans éprouver quelque regret qu'il se résigna à cette impuissance ; mais, s'il y eut un sacrifice, il fut pleinement accepté. On lui avait offert en échange un cours de théologie positive qui lui demanderait moins de travail, en attendant qu'il pût reprendre ses leçons accoutumées. Dans cet espoir, il n'avait été remplacé que provisoirement ; et ce fut seulement au milieu de l'année, que le Père Bleuse, qui avait succédé au Père Le Clerc dans le gouvernement de l'Université, pria instamment le Père Général de lui envoyer un nouveau professeur de

théologie (1). Mais bientôt on eut d'autres préoccupations.

L'hérésie avait déchaîné la guerre. Bientôt après, un
autre fléau, la peste, s'abattit sur le pays de Lorraine,
multipliant ses victimes jusqu'au sein de l'Université.
Force fut de se disperser. Parmi les maîtres, plusieurs
obtinrent de se dévouer au salut des pestiférés. Vers le
même temps, nous voyons le Père Salès employé aux
travaux des missions.

De Metz où l'hérésie était maîtresse, on avait fait
appel au Recteur de Pont-à-Mousson. Le Père Bleuse
connaissait le Père Salès ; il savait qu'il irait avec joie
affronter les violences des calvinistes, et il lui proposa
cette mission. Il y avait du danger : c'était un attrait
de plus pour le missionnaire, mais aussi un devoir
pour le Supérieur de ne pas exposer inutilement une
vie précieuse dont il était responsable devant Dieu ; il
recommanda au Père Salès de revenir au moindre signe
de trouble. Le Recteur n'avait que trop bien prévu les
événements. Tout d'abord, les prédicants parurent en-
chantés d'offrir à leurs adeptes le spectacle de discussions publiques, et l'on ne tarda pas à convenir du
jour et du lieu de la première rencontre. Il y eut
grande affluence des deux partis ; les prédicants com-
mencèrent, et tout alla à leur gré tant qu'ils furent seuls
à parler. Mais voici le tour du Père Salès. Il a vite fait
de condenser tous leurs discours en quelques propositions claires, et, les reprenant une à une, il en montre

(1) *Ex responso Aquavivæ* (D. 12. 2).

la fausseté par des arguments qui pouvaient être facilement saisis de l'auditoire, et manifestaient aux yeux
de tous les conséquences absurdes des principes de
Calvin. Les ministres furent mal à l'aise, et pour donner le change au public qui suivait le débat avec attention, ils eurent recours à leurs procédés ordinaires :
cris, injures, interruptions répétées. Dès ce jour, tout
fut fini : les prédicants ne voulurent plus s'exposer à
pareille aventure. En revanche, ils firent suivre le Père
Salès par des affidés chargés de mettre le désordre dans
toutes les réunions où il devait prendre la parole. Bientôt même leur insolence ne connut plus de bornes ; ils
en vinrent aux procédés les plus grossiers, on lui jetait
de la boue quand il passait dans les rues ; on le menaçait de lui faire un mauvais parti, s'il ne disparaissait
au plus vite. Ces mauvais traitements et ces menaces
seraient restés sans effet, sans la recommandation faite
au Père Salès par son Supérieur de se retirer dans le
cas où son ministère serait entravé. Ainsi, le séjour à
Metz fut de courte durée. Cependant il fut loin d'être
stérile. Les hérétiques perdirent de leur audace, et les
catholiques, réconfortés par les entretiens du Père Salès, restèrent affermis dans leur foi.

En attendant qu'on pût rouvrir les cours, les autres
professeurs de l'Université s'étaient retirés au prieuré
d'Aspremont. Le Père Salès les rejoignit, pour répondre
au désir de quelques scolastiques de la Compagnie, qui
voulaient employer leurs loisirs à l'étude de l'hébreu.
Et ainsi le temps s'écoula jusqu'à la réouverture des

classes (1). Ces retards forcés furent vite compensés
par une ardeur au travail dont le P. Général Claude
Aquaviva se plut à féliciter les étudiants avant même
la clôture de cette année (2).

Mais c'est alors que la santé du Père Salès donna de
nouvelles inquiétudes ; il était fort incommodé d'une
double maladie. Les douleurs d'estomac et les crises
d'asthme se multipliaient et devenaient de plus en plus
violentes. Journées entières d'abattement suivies de
nuits sans repos, ou interrompues par un réveil douloureux : tour à tour la faim et le dégoût de la nourriture. Tant de souffrances continues avaient amené un
état de faiblesse sur lequel lui seul persistait à se faire
illusion. Le médecin prescrivit des soins et surtout du
repos. — « Mais, observa le Père Salès, que fais-je donc
autre chose, depuis que l'obéissance m'a retiré de l'enseignement » ? Lui rendre ses livres et ses occupations,
c'était le perdre. Le Père Le Clerc avait été envoyé au
collège de Dôle après son rectorat ; on pensa que le
Père Salès trouverait auprès de lui les meilleurs soins
que réclamait sa santé délabrée. C'est à Dôle, en effet,
qu'il se rendit vers la fin de 1589. Il se retirait épuisé,
réduit peut-être pour toujours à l'inactivité, à l'abandon, à l'oubli. Il accepta tout. L'Hôte divin du tabernacle ne s'est-il pas réduit volontairement à une impuissance plus grande encore ? Et quel abandon, quel oubli égala jamais celui où le laisse notre froideur ! Ce fut

(1) Elle eut lieu vers le temps de Noël.
(2) *Lætatus sum de bono collegii statu :* 29 mai 1589.

cette pensée qui l'accompagna dans le voyage, et le disposa aux secrètes immolations d'une vie en apparence
inutile et stérile.

En cette année 1589-1590, le catalogue du collège de
Dôle porte cette mention : « *P. Jacobus Salesius, fractis
viribus* ». Il est rangé franchement dans la catégorie des
infirmes. Cependant le changement d'air, le repos, la
compagnie surtout du Père Le Clerc, ses vertus aimables, sa charité dévouée, son caractère enjoué exercè-
rent une douce influence sur la santé du malade qui
ne tarda pas à entrer en convalescence.

Ce fut comme un réveil. Jusque-là, le Père Salès
avait édifié ses nouveaux frères par son maintien recueilli, sa tendre piété, sa patience inaltérable ; mais
pour lui, cet apostolat silencieux était trop peu ; il avait
hâte de sortir de cette inaction forcée. Ce fut d'abord
dans la maison un exercice incessant de charité : c'était
l'obliger que de lui demander un service, tant il y mettait de joie et d'empressement. On le savait versé dans
les langues et la philosophie : on mit à contribution
les trésors de sa science. Il devint le conseiller et l'ora-
cle de tous. Le Père Pierre du Chesne qui suivait avec
attention les progrès de la convalescence, pensa qu'il
pouvait lui demander davantage ; il le pria d'adresser
à ses frères une exhortation spirituelle. C'était ouvrir
une veine nouvelle et abondante : dès lors, on s'entre-
tint volontiers avec lui des choses de Dieu ; on fut
charmé et édifié ; et à la fin de l'année, pour répondre

au désir de la communauté, le Père Recteur le chargea de prêcher la retraite annuelle des exercices.

Ces occupations à l'intérieur du collège ne lui suffisant plus, on dut lui permettre quelques excursions apostoliques ; et voici l'ordre qu'il s'était prescrit. Il allait toujours à pied. Pendant le voyage, il préparait les fruits de sa mission par une prière continuelle. C'était le Seigneur lui-même qui l'envoyait ; il l'entendait en quelque sorte lui dire : *Ego elegi vos, ut ealis et fructum afferatis et fructus vester maneat.* C'était tout son programme : avant tout, il travaillerait à produire des fruits de pénitence, et pour les rendre durables, il emploierait deux moyens : l'instruction et la prière. En chaire, dans les entretiens particuliers, il savait se faire comprendre de tous, parlant avec la plus grande clarté, et une onction qui touchait les cœurs. Sa conversation douce et humble prévenait en sa faveur. Aussi, rien ne résistait à son zèle, ni les habitudes les plus invétérées, ni les inimitiés les plus tenaces. Quand on lui avait signalé une de ces haines implacables qui retiennent des familles entières loin de Dieu et de l'église, on voyait sans tarder apparaître le missionnaire. Il écoutait avec bonté les confidences des deux parties : il se faisait l'arbitre de leurs griefs. Plus tard, ces ennemis réconciliés ont déclaré que, tout en exhalant leurs plaintes, ils sentaient pour la première fois le calme pénétrer doucement leur âme, et toute leur colère tomber comme par enchantement. Mais alors il ne se contentait pas d'une vague promesse de réconciliation. Il fallait accomplir la parole de l'Evangile : « Que le soleil ne se couche pas sur votre ressentiment ». Lui-même préparait les voies, engageait à faire les premières avances, et la journée ne se passait pas que la haine n'ait fait place à la paix et à la concorde.

Il nous est arrivé quelques échos d'une mission qu'il donna alors à Ornex (1). Ils furent recueillis cinq ans plus tard par un autre missionnaire. Celui-ci trouva une population unie par les liens les plus étroits de la charité chrétienne, et il entendit les habitants proclamer à l'envi que cette paix dont ils jouissaient et qui avait succédé à de terribles discordes, fut un des fruits de la mission du Père Salès. « Ce Père, de pieuse mémoire, disaient-ils, ne s'est point contenté d'éteindre les haines du passé ; son souvenir, toujours vivant, suffira longtemps encore à étouffer parmi nous tous les germes de division ».

Cette bienveillance mutuelle qu'ils avaient les uns pour les autres, cet oubli des injures avaient leur source dans un sentiment plus élevé encore. Il est à peine croyable de quel désir de souffrir pour Jésus-Christ le futur martyr avait su embraser tous les cœurs. Une femme en proie à une cruelle maladie ne demandait qu'une chose : souffrir encore davantage et sans trève ; elle fut exaucée et termina sa vie dans une longue agonie. Sa fille ne fut pas moins héroïque. Ayant reçu avec la vie les germes de la maladie de sa mère,

______

(1) Petite commune du canton de Ferney, où fut fondée, en 1645, une résidence de la Compagnie de Jésus. Ce poste avancé ne tarda pas à avoir un martyr. Le 25 décembre 1667, le Père Ignace Paisseau tomba frappé à mort par les balles des hérétiques.

elle montra bien qu'elle avait hérité aussi de son même amour de la vie crucifiée. Elle se félicitait d'avoir obtenu de Dieu une grâce insigne, celle de souffrir davantage le vendredi de chaque semaine, consacré au souvenir de la passion du Sauveur. Et nouvelle preuve du prix qu'elle attachait à la croix, elle croyait ne pouvoir rien souhaiter de meilleur pour les autres. Le Père missionnaire la voyant dans de si saintes dispositions, la pria un jour de lui dire ce qu'elle demanderait à Dieu pour lui. « Mon Père, lui dit-elle, puisque vous désirez que je prie pour vous, je demanderai à Dieu ce que le Père Salès a souhaité pour lui-même toute sa vie, que vous souffriez comme lui, pour l'amour de Jésus-Christ, une mort cruelle et ignomi nieuse ».

Mais parmi les fruits de la mission du Père Salès, que l'on pouvait constater encore cinq années après son séjour, il en est un qui tenait du prodige. Nous voulons parler de la dévotion envers le Saint-Sacrement. Le Père Salès avait si bien appris à l'honorer sans cesse dans son tabernacle, et à lui faire un cortège d'honneur toutes les fois qu'Il en sortait pour être porté aux malades, que cette population serrée autour de son Dieu rappelait le peuple d'Israël au temps où il était fidèle à Jéhovah et vivait en paix malgré les ennemis qui l'entouraient. Elle était aux portes de Genève, d'où des bandes armées sortaient fréquemment pour dévaster les localités voisines ; et pour se défendre contre les pillards que devait tenter son sol riche et fécond, elle n'avait ni murailles ni soldats. Elle restait cependant sans crainte, comme si elle se fût trouvée en un asile inviolable.

Il arriva un jour qu'un noble chevalier se trouva de passage au moment même où cette pieuse population se livrait en pleine sécurité à une de ces manifestations publiques de sa foi et de son respect envers le Dieu de l'Eucharistie. Il s'arrêta au comble de l'étonnement à la vue de ce spectacle qui contrastait si fort avec ce qu'on voyait partout ailleurs, où l'on ne vivait que dans des alarmes perpétuelles ; et après le défilé de la procession, s'adressant à quelques habitants : « Mais, dites-moi, qui donc vous donne cette confiance ? où sont vos remparts, où sont vos soldats ? et que feriez-vous si vos ennemis que rien n'a arrêtés jusqu'ici venaient à fondre sur vous ? » Alors, un vieillard vénérable montrant de la main les enfants en prières : « Voilà, dit-il, nos soldats et nos remparts ». A ces mots, le chevalier qui tout d'abord n'avait vu là qu'une démonstration extérieure, ne put retenir ses larmes, témoignant qu'il trouvait la réponse pleine de sagesse et de prudence. Nul n'est mieux gardé que celui que Dieu prend sous sa garde (1).

Nous ne savons rien des autres missions données par le Père Salès, mais une lettre du R. P. Aquaviva nous laisse entendre qu'elles ne produisirent pas des fruits moins abondants.

Lorsque ses forces épuisées l'avaient contraint à abandonner l'enseignement, le Père Salès qui se sentait

_____

(1) *Litt. ann. collegii Dolani*, 1595. (D. 13. t.).

attiré vers Rome, sans doute pour se perfectionner dans ses études, en fréquentant les maîtres du collège romain, avait filialement manifesté son désir à son supérieur.

« C'est bien volontiers, lui répondait plus tard le
« R. P. Général (1), que je vous aurais accordé cette
« consolation, si certaines considérations ne m'en eus-
« sent empêché. Je crains que le climat de Rome ne
« nuise à votre santé déjà trop ébranlée ; mais j'envi-
« sage surtout le bien que vous faites à Dôle par vos
« prédications et autres travaux. Votre absence arrête-
« rait tous ces fruits de salut qui m'ont rempli de joie,
« et qui sont si utiles aux âmes et à la gloire de Dieu,
« et comme je ne vois aucun moyen de compenser
« cette perte, j'estime que le plus grand service de
« Dieu exige que pour le moment vous continuiez à
« donner vos soins à cette portion de la vigne du Sei-
« gneur. Plus tard, si tel est le bon plaisir de Dieu, sa
« Providence disposera les choses de manière que vous
« puissiez réaliser votre désir » (2).

Ce vœu du Père Salès ne fut jamais exaucé. Du reste, il ne s'agissait plus pour lui de repos ; et par l'empressement qu'il montrait à accepter tout nouveau travail, il témoignait assez qu'il était prêt à reprendre le fardeau dont on l'avait déchargé. C'est le moment qu'attendait le Père Louis Richeôme, provincial de Lyon. Depuis longtemps, il avait formé le projet de don- ner à l'enseignement de la théologie, à l'Université de

<hr>

(1) 31 août 1590.
(2) D. 10, 2.

Tournon, une plus large part aux controverses actuel-
les. Pendant de longues années, il avait vu à l'œuvre
le Père Salès à Pont-à-Mousson, et c'était sur lui qu'il
avait compté pour opérer cette réforme. Pour le Père
Salès, un désir des supérieurs était un ordre, et bien
que jusque-là ses regards fussent restés tournés vers
l'Université de Pont–à–Mousson, où tous faisaient des
vœux pour son retour, il oublia ses préférences et ne
songea plus qu'à cette autre Université où l'appelait la
voix de l'obéissance.

CHAPITRE HUITIÈME

Le Père Salès à l'Université de Tournon (1590-1592).

Quand le Père Salès arriva à Tournon, il y avait
3o ans que le fondateur du collège, le cardinal François de Tournon, en avait confié la direction aux Pères
de la Compagnie de Jésus (1). Pendant cette première
période, seuls les enfants de familles catholiques étaient
admis à suivre les cours, mais en 1584, à la tenue des
Etats du Vivarais, les seigneurs huguenots ayant fait
les plus vives instances auprès du comte de Tournon,
pour obtenir que leurs fils eussent aussi leur entrée,
on avait cru pouvoir tolérer ce mélange, et on n'eut
pas à le regretter. Mais il fallait pourvoir à cette situation nouvelle. Les étudiants de théologie, naturellement
choisis comme arbitres dans les discussions religieuses,
devaient être formés à la science apologétique. C'est ce
qu'avait eu en vue le Père Louis Richeôme quand il fit
venir le Père Salès à Tournon. Le premier soin du nouveau professeur fut de rédiger un programme, où une

(1) Archives de l'Ardèche D. 7. Acte de donation aux Jésuites, 1560.

plus large place était faite aux questions controversées.
Ce qu'était ce programme, un exemple nous l'apprendra.

Le Père Salès comptait parmi ses élèves Claude de
Bane, dont la famille s'était laissé gagner aux idées
nouvelles. Sans jamais heurter de front ses préjugés,
l'habile professeur eut bientôt porté la lumière dans
son esprit. Quand il l'eut gagné, il en fit un apôtre
auprès de ses parents et de ses amis que le jeune controversiste conquit à son tour à la foi catholique. Claude
de Bane, devenu plus tard seigneur de Cabiac et conseiller du roi au siège présidial de Nîmes pendant plus
de 50 ans, ne cessa de faire usage de ces armes que lui
avait mises en main le Père Salès et dont il avait
éprouvé la vertu. Ce ne fut pas sans succès. Et, pour
continuer cet apostolat après sa mort, il exposa sa
méthode dans un livre dont l'évêque de Nîmes
voulut le remercier comme d'un grand service rendu à
l'Eglise (1).

Cependant, il est bien à croire que le Père Salès avait
présumé de ses forces. Un jour, pendant qu'il parlait,
il tomba dans un tel état de faiblesse que ses élèves
durent l'emporter évanoui et sans vie. On sut, plus tard,
qu'il n'avait pris aucune nourriture avant de se rendre
en classe. Ce jeûne douloureux provoqua une crise
d'une extrême violence.

Quand il revint à lui, il aperçut à ses côtés le Recteur
du collège, le Père Pierre Rossile, qui le regardait d'un
air de doux reproche ; il avoua son imprudence et

(1) D. 17. 4.

lui en demanda pardon. Mais cette fois, l'éveil était donné.

Désormais, comme le dit son biographe, le Père Salès dut « donner congé aux livres de classe ». On ne lui laissa que la charge de préfet des études.

Comme autrefois, à Pont-à-Mousson, le Père Salès, retiré de l'enseignement, ne trouvait aucun repos dans le repos même auquel ses infirmités l'avaient condamné. Cette fois encore, il trouva une diversion dans les travaux du saint ministère.

A plusieurs reprises, la ville de Valence avait fait à la Compagnie des offres avantageuses, en vue de la fondation d'un collège et d'une faculté de théologie ; renouvelées encore tout récemment en 1588, ces offres n'avaient pu être acceptées (1). En compensation de ce refus, une occasion se présentait de témoigner quelque reconnaissance au clergé et aux principaux habitants de cette ville. Ils venaient de demander un prédicateur pour le Carême. Pour répondre à leur attente, le Père Rossile n'hésita pas à proposer ce ministère au Père Salès, en lui recommandant de limiter le nombre de ses prédications et de donner avis immédiatement s'il éprouvait quelque fatigue. Tournon n'était pas loin, et l'on viendrait facilement à son secours.

Ces appréhensions, heureusement, furent vaines. Le Père Salès n'omit aucune des prédications accoutu-

(1) D. 12. 3.

mées (1) : il y ajouta même d'autres œuvres de zèle.
Tout d'abord, il conçut quelque espoir d'atteindre et de
gagner peut-être les hérétiques. Le parti s'était ému et
déjà se concertait : il répondrait, sans doute, à ce qu'il
regardait comme une provocation. On s'enhardit en
voyant la modestie et l'air maladif du Père Salès, et
bientôt, dans la rumeur publique, il ne fut question
que de conférences et de discussions religieuses. Il y en
eut une, en effet, mais une seule, et encore fut-elle
interrompue, comme celle qui avait eu lieu à Metz, par
les cris et les injures des ministres qui désormais
renoncèrent à toute rencontre et ne songèrent plus
qu'à préserver leurs ouailles du danger de la séduction.
Ils ne réussirent que trop dans leurs manœuvres. Le
Père Salès n'eut plus aucun moyen d'action sur ces
égarés. En vain, il essaya de les aborder ; il les voyait se
disperser devant lui comme à l'approche d'un pestiféré.
Cette désertion ne resta pas sans fruit, puisqu'elle servit
à affermir la foi des catholiques. Ils entourèrent toujours
plus nombreux leur prédicateur et ne se contentèrent
pas de l'entendre. A lui seul, le Père Salès reçut plus
de cinq cents confessions générales au tribunal de la
pénitence.

Au cours de la station, il eut à réagir contre un abus
étrange. En ces temps de luttes à mains armées entre
les partis, il n'était pas rare de voir des catholiques
s'enrôler par crainte ou par intérêt dans les armées pro-

____

(1) *Tota quadragesima conciones habuit, etc. Litt. ann. coll. Turn.* 1592.
(D. 13. 2.).

testantes. C'était une trahison, et on le comprit, quand
elle eut été stigmatisée publiquement par le prédicateur.

Aux moments de loisir, le Père Salès aimait à se
rendre auprès des malades qui ne pouvaient venir à
l'église, et l'on garda souvenir de la visite qu'il fit à
une pauvre paralytique percluse de tous ses membres.
Emu de compassion au récit des souffrances aiguës
qu'elle endurait depuis longtemps, le Père Salès eut
recours à la seule considération capable de les adoucir.
Les yeux attachés sur son crucifix, il parla de l'amour
infini de notre Dieu qui l'a porté à s'immoler volontairement pour nous, et du bonheur qu'il réserve aux
âmes qui voudront unir amoureusement leurs souffrances aux siennes. Ses paroles allèrent si bien au cœur de
la pauvre affligée, qu'elle ne chercha plus désormais
de soulagement que dans la patience et dans une sainte
résignation.

Au nombre de ceux qui furent l'objet de la charité
du Père Salès, les *Lettres annuelles*, d'où sont tirés ces
détails, comptent encore les Pères Cordeliers, dont le
couvent avait été saccagé et presque entièrement détruit
par les religionnaires. Le Père Salès plaida leur cause
auprès des habitants les plus fortunés, et son appel
fut entendu : les aumônes affluèrent assez abondantes,
pour qu'on pût entreprendre la restauration du couvent.

C'est pendant ce Carême que le Père Salès reçut pour
lui-même une précieuse faveur. Au milieu de ses travaux apostoliques, il ne perdait pas de vue l'unique et

constante préoccupation de sa vie, la grâce du martyre.
Dieu se plut à lui faire connaître que ses vœux seraient prochainement exaucés. Il lui révéla même
l'endroit précis où aurait lieu le sacrifice de sa vie. Dans
le saint transport qu'il éprouva de cette heureuse nouvelle, le Père Salès ne put longtemps la tenir secrète.
Il s'entretenait un jour de la mission de Valence avec le
juge royal de cette ville, et se plaignait de l'inutilité
de son zèle pour la conversion des hérétiques : mais,
ajouta-t-il, avec une joie qu'il ne pouvait dissimuler,
j'espère bien être plus heureux l'année prochaine à
Aubenas, et y produire plus de fruits. Le juge fut vivement frappé du ton affirmatif de ses paroles, mais ne
soupçonnant rien d'extraordinaire dans cette confidence, il crut qu'il était déjà question pour l'année
suivante d'une mission à Aubenas et dans les environs,
au milieu des protestants, et ne songea plus qu'à l'en
détourner, en lui représentant qu'il ne pourrait l'entreprendre sans s'exposer au danger de perdre la vie ;
mais il vit bien que, loin de calmer l'ardeur du Père
Salès, tout ce qu'il disait ne servait qu'à l'exciter davantage. Moins de deux ans plus tard, en apprenant la
nouvelle du drame d'Aubenas, le magistrat comprit
que le Père Salès venait de cueillir les fruits qu'il
s'était promis de cette mission. Et il raconta cette confidence dont il saisissait pour la première fois la vraie
signification.

Quelque temps après le retour à Tournon, se place
un fait étrange qui paraît avoir fait profonde impression, car l'ancien biographe, d'ordinaire si sobre de

détails, en a marqué toutes les circonstances. Un jour
que le comte d'Auvergne visitait le collège, le baron
d'Antraigues avait pris rang parmi les gentilshommes
de sa suite. C'était un huguenot haineux et violent.
Personne, cependant, n'eût pensé qu'en semblable
compagnie, il pût manquer, comme il le fit, à toutes les
convenances. Pendant que tout à l'entour on n'échange
que propos aimables, le voilà qui s'en prend au Père
Salès, au grand étonnement de tous, car la modestie
du Père semblait plutôt devoir désarmer l'ennemi le
plus implacable ; et faisant le procès de tous ceux de
la Compagnie de Jésus, il dit bien haut qu'ils ne sont
tous que des séditieux et des perturbateurs du repos
public. Le Père Salès le regarde, et croyant avoir affaire
à une de ces natures franches qui se laissent facilement égarer sur le compte de la Compagnie, par les
calomnies répandues contre elle, lui dit avec douceur et
fermeté : « Monsieur, vous ne nous connaissez pas
bien. Nous ne sommes point aussi noirs qu'il vous
plaît de nous peindre ; loin de chercher querelle à
personne, nous exhortons tout le monde à la paix, et
nous la demandons à Dieu ; nous prions pour les rois
que Dieu nous donne, et les respectons comme les dépo-
sitaires de son autorité. Peut-être, serait-il plus à propos d'adresser ces reproches à vos ministres ». Piqué
au vif, et ne mettant plus de bornes à ses invectives, le
baron en vint à dire que les Jésuites étaient la cause de
toutes les calamités publiques, et que si on les traitait
selon leur mérite, on commencerait par leur donner
le fouet. Le Père Salès lui dit alors en accentuant

gravement ses paroles : « Prenez garde, monsieur,
qu'avant un an vous ne soyez fouetté vous-même de la
main de Dieu ». Le baron d'Antraigues, bien que rappelé aux convenances par le comte de Tournon, ne
laissa pas de se moquer indécemment de la menace.

Mais, au mois d'avril suivant, un jour qu'il était assis
à une table de jeu sous la tente du duc d'Epernon qui
assiégeait la ville d'Aix, un boulet lancé du rempart
vint le frapper juste à la hauteur de sa chaise, lui em-
portant le séant avec la vie.

Quand on apprit de quelle manière ce baron était
mort, on se souvint de la scène qui avait eu lieu au collège et de la prédiction qui y avait mis fin ; et alors le
comte de Tournon ainsi que les gentilshommes qui en
avaient été témoins publièrent dans tout le pays l'histoire de ce châtiment.

Cependant le Père Salès, rendu au collège, ne se
lassait pas de mettre à profit ses moments de loisir.
Il résolut de traiter un sujet qui avait été l'objet
le plus habituel de ses méditations. On devine qu'il
s'agit de la divine Eucharistie. Il voulait venger ce
mystère des blasphèmes des hérétiques et le faire
mieux connaître à tant de catholiques qui l'ignorent.
Cette tâche lui était facile. Comme il était arrivé à la
pleine maturité de la science théologique, et possédait
le rare talent d'exposer avec lucidité les questions les
plus difficiles, ce premier traité fut bien vite achevé.
D'autres suivirent. Il vient de constater dans la dispute
qu'il a soutenue à Valence que l'hérésie ne triomphe
que par l'imposture et l'audace de ses ministres et

l'ignorance de leurs victimes. Pour préserver les fidèles de ce danger, rien ne saurait être plus efficace qu'une exposition claire et succincte des principaux points controversés. Il les a classés avec méthode : les arguments se suivent et s'enchaînent, et le travail se poursuit de traité en traité. Rien n'arrête plus l'auteur, ni la faiblesse de sa santé ni les soucis de sa charge. L'année suivante, vers la fin de son provincialat, le Père Richeôme, voyant que ces écrits constituaient un véritable arsenal pour la défense de la foi, manifesta le désir de les voir imprimer, et pressa le Père Salès de faire lui-même la demande au P. Général. C'est ce qu'il fit le 25 mai 1592 (1).

Le 7 juillet suivant, le R. P. Aquaviva répondait en ces termes au Père Salès :

« Je vous félicite et vous loue de votre zèle toujours
« en éveil qui vous a fait embrasser ce nouveau moyen
« de servir l'Eglise, en vous portant au secours des
« âmes dont la foi était en danger de se perdre ; et bien
« que je veille à ne pas laisser accroître le nombre des
« écrivains, cependant comme j'ai lieu d'espérer que
« vos travaux seront jugés propres à produire tout le
« fruit que vous avez eu en vue en les écrivant, je donne
« avis au Père Bernardin Castori de faire examiner vos
« traités, selon notre coutume, et si le jugement est fa-
« vorable, j'en autoriserai volontiers l'impression, pour
« la gloire divine, et la consolation de votre Révérence,
« aux prières et saints sacrifices de laquelle je me re-

____
(1) D. II. 4.

« commande, en appelant à mon tour sur elle toute
« l'abondance des dons célestes » (1).

On ne peut douter que le nouveau provincial n'ait fait
procéder à la révision demandée. Mais peu de temps
après, le Père Salès était envoyé à Aubenas : il y empor-
tait ses manuscrits qui devinrent la proie des hérétiques.

A la fin de cette année 1591, qui fut remplie
par les prédications de Valence et la composition de
divers écrits de controverse, la santé du Père Salès se
trouva assez raffermie pour qu'il pût reprendre l'enseignement de la théologie (2), et rien ne semble avoir in-
terrompu ses occupations ordinaires, en dehors d'un
voyage à la ville du Puy.

Il fut accompagné à Notre-Dame par celui qui allait
être son premier historien, le jeune Odo de Gissey, à
qui nous devons le trait suivant :

« Il me souvient qu'au voyage qu'il fit à Notre-
Dame du Puy, l'année devant son glorieux martyre,
comme quelque démoniaque lui fut présenté à la fin
de sa messe où je lui servais, et qu'à la façon de telles
personnes inspiritées, cette pauvre créature se déme-
nait à l'abord de la sainte hostie que portait ce dévot
Père, il lui prononça tout bas quelques paroles qui à
l'instant l'accoisèrent, et par ce moyen reçut la communion sans aucun trouble » (3).

Tout le reste du temps, le Père Salès le passa dans

(1) D. 10. 3.
(2) *Theologiae lector. Catal. coll. Turn. 1592.*
(3) *Vie et martyre, c. 5.*

l'enceinte de l'Université, et c'est alors qu'un homme,
bien placé pour l'observer, et qui du reste recevait ses
confidences, le Père Pierre Rossile, Recteur du collège,
fut à même de pénétrer dans le sanctuaire d'un cœur
tout embrasé de l'amour de Dieu. Un jour que, selon
l'usage, le Père Salès lui rendait compte de sa conscience, il lui avait avoué ingénument qu'habitué à
chercher Dieu uniquement en toute chose, il n'avait
plus de difficulté à faire oraison, et qu'aussitôt qu'il
s'était recueilli et mis en présence de Dieu, son esprit
restait comme fermé et inaccessible à tout le reste, jusqu'au signal qui l'appelait à d'autres occupations. Et
alors même, il ne cessait pas, tout en vaquant à d'autres exercices, même les plus absorbants, de rester
constamment uni à Dieu.

Son visage reflétait cette douce paix qui fait penser
au ciel. Ce n'était point un don de nature, mais le
fruit de la rigoureuse vigilance que depuis le noviciat
il n'avait cessé d'exercer sur tous les mouvements de
son âme, pour la maîtriser et la maintenir sans cesse
devant Dieu. Aussi, quand on l'approchait, on avait
le sentiment de cette présence invisible. S'il entendait frapper à sa porte, c'était Dieu qui s'annonçait,
et c'est à genoux qu'il s'apprêtait à le recevoir :
« *Intra, Deus meus, intra in animam meam*, Entrez,
mon Dieu, entrez dans mon âme ». Dans la maladie
comme dans la santé, dans les peines comme dans
la joie, c'était toujours Dieu disposant et dirigeant
toutes choses à sa gloire. Ses délassements n'étaient
qu'une hymne continuelle à Dieu : la vue d'une

fleur suffisait à le jeter en ravissement, mais ce n'était plus la créature qui occupait son âme, la beauté infinie du Créateur se révélait à lui ; et il était si heureux de s'abandonner ainsi à cette contemplation céleste, qu'il ne parvenait pas à contenir sa joie. Combien souvent on l'entendait s'écrier dans un véritable transport : *Gratias agimus tibi propter magnam gloriam tuam.* C'est le cri des Bienheureux dans le ciel et le cri du pur amour.

Dans ses entretiens, comme on l'avait déjà remarqué aux premières années de sa vie religieuse, il n'avait qu'à suivre la pente de son cœur pour exciter autour de lui la flamme du saint amour. Rien de forcé cependant, rien d'apprêté ; sa conversation était si naturelle que ceux qui l'écoutaient paraissaient avoir suggéré eux-mêmes les sentiments qui jaillissaient de son cœur. Ennemi de toute contrainte, il acceptait volontiers tout sujet d'entretien, et quand il semblait épuisé, c'était alors que l'attention redoublait, provoquée par une remarque ingénieuse et si pleine d'à-propos que chacun s'étonnait de ne l'avoir pas faite lui-même le premier, et on allait ainsi de surprise en surprise, au plus grand bien du délassement de l'esprit et de la dilatation du cœur. Aussi, ne faut-il pas s'étonner si, dans les collèges et les universités où il a passé sa vie, le Père Salès fut toujours recherché et aimé. Tour à tour, maîtres ou élèves s'empressaient autour de lui, bien assurés de trouver dans sa conversation la vraie joie des enfants de Dieu.

CHAPITRE NEUVIÈME

Le Père Salès est désigné pour la mission d'Aubenas. Le Frère Guillaume Saultemouche lui est donné pour compagnon (1592).

Depuis cinq ans que les catholiques étaient enfin maîtres d'Aubenas (1), le baron de Montréal, gouverneur de la ville, avait soin d'appeler un Père du collège de Tournon, pour les stations d'Avent et de Carême (2).

Vers la fin de cette année, le noble baron avait renouvelé sa demande pour le temps de l'Avent, mais en insistant pour avoir un missionnaire qui pût, non seulement donner le bon exemple et affermir les catholiques, mais confondre les ministres protestants qui redoublaient d'audace. A ce moment, le Père Bernardin Castori, provincial, successeur du Père Louis Richeôme, visitait le collège. On lui soumet la demande et son choix se fixe aussitôt sur le Père Salès ; nul mieux que lui, à son avis, ne pouvait répondre à l'at-

(1) N. 15.
(2) N. 16. ; D. 14. 4. a.

tente du gouverneur. Mais cette tâche ne serait-elle pas au-dessus de ses forces débiles ? Pour laisser au Père plus de liberté, sans lui donner un ordre ou exprimer un désir, il chargea un ami de sonder ses dispositions. Cette mission fut confiée au Père Charles Janin.

Quand il se présenta, il trouva le Père Salès à genoux devant sa table, comme cela était son habitude. Il lui fit part de la nouvelle. Il s'agissait cette fois de frapper un grand coup et de réprimer l'audace des hérétiques, en leur opposant un prédicateur versé dans la connaissance des langues anciennes et capable de faire justice de leurs sophismes. « Mais, ajouta-t-il, le R. P. Provincial craindra sans doute qu'un tel labeur ne préjudicie à votre santé ».

Sans en entendre davantage, « Loué soit Dieu ! s'écrie aussitôt le Père Salès, vous ne pouviez m'apporter une plus heureuse nouvelle. C'est là, en effet, que j'espère obtenir du ciel ce qui, depuis si longtemps, fait l'objet de tous mes vœux ; aussi, je vous promets, en retour, de prier pour vous, mon Père ». Et il se met à baiser le reliquaire qu'il portait toujours sur lui, comme pour remercier le Père Edmond Campion de l'avoir exaucé. Et sachant que le Père Charles Janin était lui-même en instances pour obtenir d'être envoyé aux Indes dans l'espoir du martyre : « Père Charles, ajouta-t-il, voulez-vous venir avec moi à Aubenas? Quelque chose me dit que nous obtiendrons là ce que nous désirons si vivement. Aussi bien, je ne suis bon à rien, vous voyez que ma santé est perdue sans ressource. — Ne dites point cela, reprend le Père Janin, Aubenas a un air très pur, votre sang se refera et les forces reviendront. — Dieu veuille, réplique le Père Salès, que l'on m'y purge si bien le sang qu'il ne m'en reste pas une goutte dans les veines. Allons ! récitons ensemble le *Te Deum*, rien ne pouvait me rendre plus heureux ». Et, à la fin, ils ajoutent le *Salve Regina*.

Après quoi, le Père Salès va se jeter aux pieds du R. P. Provincial. C'est à genoux, en effet, qu'il veut solliciter la faveur d'être envoyé à Aubenas, sachant quelle grâce l'y attend. Le R. P. Castori, qui n'avait été retenu que par la considération de la santé du Père Salès, céda à ses instances et lui annonça qu'il lui donnerait pour compagnon un bon Frère coadjuteur qui venait d'arriver à Tournon. Le Frère Guillaume Saultemouche était loin d'être un inconnu pour le Père Salès. Nous allons voir comment Dieu s'était plu à rapprocher constamment leurs destinées jusqu'à cette rencontre, où elles s'unissent pour ne plus se séparer.

D'après d'anciens catalogues publiés récemment (1), celui qui venait d'être donné au Père Salès pour l'accompagner pendant sa mission d'Aubenas, était d'un an plus jeune que lui. Il était né vers la fin de 1557, à Saint-Germain-l'Herm, d'une famille qui semble avoir été d'origine italienne, d'après le nom que portait son Père, Antonio Saltamochio. Ce nom est devenu avec le temps Saultemouche, ou même simplement Sautemouche, si c'est à cette famille qu'un village de l'Auvergne doit son nom (2). Son père était

(1) *Catalogi provinciae Campaniae : Edidit P. L. Carrez, 1897.*
(2) N. 17.

marchand, comme on l'était alors en dehors des villes ;
il ne se contentait pas d'attendre les clients sur place.
Sa femme, Marguerite Connon, gardait le magasin et
prenait soin des enfants. Lui voyageait presque conti-
nuellement, allant de village en village. Il était le col-
porteur, le marchand ambulant d'autrefois qui, en pré-
parant sa charge, avait pensé à tout le monde, sans
oublier les plus petits enfants. Aussi sa visite était-elle
attendue, et la balle rapidement épuisée.

Guillaume n'avait pas reçu en partage la mâle vigueur de son père, ni son caractère décidé, entrepre-
nant et agréablement enjoué. C'était une de ces bonnes
natures, douces et timides, qui semblent faites pour
tous les dévouements obscurs.

Lui aussi, il passa par le collège de Billom, non pour
étudier, mais pour remplir quelqu'un des offices do-
mestiques (1); et comme Jacques Salès était alors dans
la communauté des pauvres et que les serviteurs de la
maison avaient nécessairement affaire à eux, il paraît
certain que Jacques et Guillaume se connurent dès leur
jeune âge.

Serait-ce pour des raisons semblables à celles de Jacques Salès, qu'il l'aurait devancé, en 1571, au collège
de Clermont à Paris ? Nous ne saurions le dire. Quelques historiens ont pensé que Guillaume entra dès lors
dans la Compagnie, et en conséquence lui ont attribué
vingt-deux ans de vie religieuse, au moment de sa
mort. Ce qui aura contribué à accréditer cette opinion,

______

(1) N. 18.

c'est qu'il semble avoir été considéré plutôt comme un enfant de la Compagnie que comme un serviteur. Le Père qui reçut ses confidences à Paris fut si ravi de la beauté intérieure de son âme, qu'il le comparait à un ange et lui en donnait le nom. Le mot resta, dit le Père Tanner, aucun autre ne paraissant capable d'exprimer la pureté de vie, la piété, la douceur et l'obéissance parfaite qu'on remarquait en lui. Ces qualités frappaient d'autant plus qu'on les découvrait sous les dehors d'une simplicité antique et d'une naïve candeur (1).

Pratiquant si bien toutes les vertus religieuses, et attiré sans doute par la grâce vers la vie parfaite, comment ce jeune homme alla-t-il ainsi jusqu'à l'âge de 22 ans sans manifester son désir? Une telle réserve ne peut être attribuée qu'à sa profonde humilité : Guillaume ne se croyait pas digne d'obtenir une si grande faveur. Si enfin il se décida à parler à ce moment, il est permis de supposer que le retour de Jacques Salès au collège de Clermont, pour y préparer sa maîtrise ès arts, lui apporta l'encouragement dont il avait besoin. Il put faire sa confidence à un compatriote qu'il connaissait bien, et celui-ci fut heureux de le présenter. La demande fut aussitôt agréée, et sans attendre plus longtemps, dispensé sans doute, à raison de sa vie exemplaire, des épreuves de la première probation, il fut immédiatement envoyé à Verdun pour y commencer le noviciat. C'était vers la fin de 1579.

(1) *Simplex admodum et rudis :* lettre du P. Pierre Madur, 20 février 1593 (D. 14. 4. b.); *Columbina simplicitate :* 3ᵉ lettre de Mᵉʳ de Suze à Alexandre VII (D. 5. 2. A. b.).

Peu auparavant, on avait pu écrire au R. P. Général que le noviciat était comme un vestibule du ciel, qu'il y avait un grand nombre de novices sous la conduite du Père Benoît Négri, tous très prompts à toute mortification et toute obéissance : ce sont là les délices de ce paradis. Guillaume les goûta si bien qu'il prit l'habitude de répéter fréquemment : « *endure, chair, endure* ». Ce fut le mot d'ordre de toute sa vie, et, comme nous le verrons, rien ne fit plus d'impression, dans la scène du martyre, que de l'entendre redire, et cette fois avec l'accent du triomphe : « *endure, chair, endure* », à chacun des coups de poignard dont son corps fut transpercé.

Après un an seulement de noviciat, le Frère Guillaume fut appelé à un poste qui allait mettre sa vertu à l'épreuve. A Pont-à-Mousson, la Compagnie venait de prendre la direction d'un pensionnat, dans des circonstances particulièrement difficiles (1) ; et comme il s'agissait de rétablir l'ordre, l'humble office de portier avait son importance et aussi ses difficultés. Quand il arriva pour remplir cet office (2), l'impression fut la même qu'à Paris. On peut en juger par ces lignes que l'historien de la maison lui a consacrées :

« Le Frère Guillaume Saultemouche se fit si fort remarquer par son application à l'oraison, son ingénue simplicité, sa douceur de caractère et surtout son obéissance, qu'il paraissait n'être né que pour le martyre ;

(1) N. 8.
(2) *Janitor collegii convictorum :* catal. de Pont-à-Mousson, 1580-1.

et ceux qui le connaissaient à fond l'auraient volontiers pris pour un ange descendu du ciel et vêtu d'un
corps humain » (1).

Il ne lui fallait rien moins que tant de vertus pour
remplir ses fonctions dans ce nouveau milieu où, à
tout instant, il avait occasion de répéter son mot favori :
« *endure, chair, endure* ».

Un jour, un étudiant en droit vint demander au par-
loir un jeune seigneur allemand qui était au pensionnat : la visite terminée, l'étudiant voulut entraîner en
ville son ami, à l'insu du Père préfet. Le Frère Guillaume, qui les observait, intervint à temps pour arrêter le pensionnaire au passage, et aussitôt que l'étudiant eut franchi le seuil de la maison, il ferma la porte
et renvoya le pensionnaire à ses occupations. Furieux
de ce qu'il considérait comme un affront, l'étudiant se
blottit près de la porte, épiant le moment où le Frère
reviendrait pour ouvrir. Il se précipite alors sur lui, le
jette violemment dehors, l'accable de coups de poings,
le renverse à terre et le frappe encore du pied et du pom-
meau de son épée. Le Frère Guillaume ne pousse pas
un cri, n'oppose aucune résistance, et, après s'être relevé tout meurtri et ensanglanté, s'excuse modestement
en représentant à son agresseur qu'il a reçu des ordres et qu'il a le devoir de les exécuter.

On comprend la réflexion de l'historien témoin de
tant de patience, quand il avouait que le Frère Guillaume lui paraissait né pour le martyre.

____

(1) D. 9. 4. d.

Le Frère Guillaume occupa ce poste au moins quatre ans (1), et peut-être six, jusqu'au moment où nous le retrouvons à Verdun (2). Mais il ne semble pas qu'il ait joui longtemps de cet asile du recueillement et de la piété, son paradis d'autrefois.

Il fut bientôt appelé à la maison professe de Paris, et c'est là qu'en 1590, il eut la consolation de faire ses derniers vœux. A cette occasion, il tint à témoigner sa reconnaissance à la première maison de la Compagnie qui l'avait reçu, en se dépouillant de ses biens en faveur du collège de Billom (3). En se donnant à Dieu pour jamais, il s'offrit spécialement à endurer tout ce qu'il plairait à la divine Majesté de lui préparer de souffrances jusqu'à son dernier soupir. Ce saint désir fut exaucé.

Quand vint l'automne de l'année 1591, le Frère Guillaume reçut l'ordre de se rendre au collège de la Trinité, à Lyon, où il eut à remplir l'office de dépensier (4).

Là, il eut un avant-goût de ce qui lui était réservé. Etant malade et contraint de garder la chambre, il fut confié aux soins d'un domestique. Bien assuré que le Frère ne se plaindrait jamais, ce malheureux prit plaisir à inventer chaque jour de nouvelles vexations. Le Frère montra bien que ce n'était pas simplement de bouche qu'il répétait si souvent sa maxime favorite : « *endure, chair, endure* ». Jamais il ne laissa échapper une parole qui eût pu faire soupçonner la vérité ; si l'on

---

(1) Il y était encore en 1584 : Catal. de Pont-à-Mousson, 1583-4.
(2) Catal. de Verdun, 1586-7.
(3) N. 19.
(4) *Dispensator : catal. coll. Trinitatis, 1592*; D. 14. 4. b.

venait à remarquer quelques manquements dans le service, il était si prompt à excuser son persécuteur, qu'on croyait sans peine à quelque oubli involontaire. Assuré de l'impunité, le domestique ne garda plus de bornes dans son insolence ; et l'on n'aurait jamais rien su de ce qui s'était passé, si lui-même, pris de remords l'année suivante, quand arriva la nouvelle du martyre, n'eût avoué alors les torts innombrables dont il s'était rendu coupable envers le saint malade.

Par une coïncidence providentielle qui réunissait les deux futurs compagnons de martyre, le Frère Guillaume arriva à Tournon à l'automne de 1592, juste au moment où l'on s'occupait de la mission d'Aubenas (1).

Le fait suivant, raconté par le premier historien, révéla tout d'abord quelle vertu se cachait dans cet homme à apparences si modestes. « Un misérable garçon de bas lieu, ayant eu l'honneur d'être admis en notre Compagnie, et ne s'y comportant pas religieusement, fut congédié. Or, comme on le voulait renvoyer plus honnêtement accoutré qu'il ne le méritait pas, on ôta au bon Guillaume le chapeau qu'il portait, et on lui bailla celui de ce désastré garçon, tout frippé et usé, de quoi il se ressentit aussi peu qu'une statue » (2).

Pendant les premiers jours de son arrivée, le Frère Guillaume se trouvant sans office, élut, pour ainsi dire, domicile à l'église, où on le trouvait presque constamment à genoux devant le saint tabernacle, avec le cha-

(1) N. 20.
(2) De Gissey, c. 10.

pelet en main ; c'était son livre de prières. Plus tard, avec la palme dans la main, on ne lui donnera pas d'autres insignes, quand on voudra résumer sa vie et sa sainte mort.

CHAPITRE DIXIÈME

La mission d'Aubenas (1592).

————— —

Depuis qu'il a reçu l'ordre d'aller à Aubenas, le Père Salès est rempli d'une joie dont il révèle le secret dans ses derniers entretiens (1) : « Adieu, mon fils, adieu ; vous ne me reverrez plus », dit-il à un élève appelé Jean-Jacques qui entra peu après dans la Compagnie ; et, au moment de quitter le collège, à la porte de sortie, il parle encore plus ouvertement à un Frère de grande vertu, Jean Pavageau : « Adieu, mon Frère, priez pour nous ; nous allons à la mort ».

Rien pourtant ne faisait présager de tragiques événements. Une trêve générale entre les deux partis semblait avoir pacifié le pays.

Le Père Salès fut accueilli par l'un des trois régents de la ville, Charles Boyron, qui l'introduisit avec son compagnon dans la maison d'un magistrat récemment décédé, le juge Michel Veyrenc (2). Le Père se con—

(1) D. 13. 3. f.
(2) Elle était située dans la rue du Trau, actuellement rue du Quatre-Septembre, et la tradition en marque encore la place.

tenta d'y prendre logis. Il avait accepté, pour lui et son compagnon, l'offre qui lui avait été faite par le régent de les recevoir à sa table, tout le temps qu'ils séjourneraient en ville (1).

Le premier dimanche de l'Avent, 29 novembre, le Père Salès commença ses prédications. Les catholiques ne furent pas seuls à venir l'entendre. Chose rare à l'époque, certains huguenots, malgré l'horreur qu'on leur avait inspirée pour toute cérémonie catholique, vinrent grossir son auditoire. Mme de Chaussy disait que ce qui l'avait le plus frappée, c'était leur attitude respectueuse et étonnée. Là, en effet, point de diatribes : le nom même de protestants ou de huguenots n'était jamais prononcé ; point de récriminations, mais une exposition claire du dogme avec preuves à l'appui. Aussi arriva-t-il plus d'une fois à cette dame de recueillir de la bouche des protestants eux-mêmes cet aveu que jamais on n'avait entendu homme plus docte, ni plus respectueux des convictions d'autrui.

Témoin de ces heureuses dispositions, le Seigneur de Montréal n'hésita pas à représenter au Recteur du collège de Tournon le bien qui résulterait, si le prédicateur était autorisé à prolonger son séjour (2). De son côté, le Père Salès renouvelait sans cesse son offrande et se demandait si l'heure en serait encore retardée, et s'il devrait s'éloigner sans avoir obtenu la grâce insigne

____

(1) Ces détails sont consignés dans la déposition que fit à Largentière, le 11 avril 1593, Jacques Boyron, un des fils du régent, qui avait vécu constamment avec le Père et le Frère, sans les quitter jamais, passant encore la nuit avec eux dans la maison Veyrenc. (D. 1. 2. a.)

(2) D. 13. 3. g.

sur laquelle il avait compté en venant à Aubenas. La réponse favorable adressée au gouverneur et aux notables lui sembla celle de Dieu même à toutes ses prières ; et certain maintenant que ses vœux ne tarderont pas à être exaucés, il va se préparer au sacrifice, en redoublant de zèle dans ses travaux apostoliques. En vérité, le travail n'était que commencé. Il y avait eu un réveil ; mais il restait à faire refleurir les habitudes de la vie chrétienne dans ce peuple devenu à moitié protestant et privé de ses prêtres, pendant tout le temps de la domination des huguenots. Tâche difficile, car, après la mission, le gros de la population ne semblait pas comprendre qu'on demandât quelque chose de plus et le nombre des auditeurs avait notablement diminué. Le Père Salès eut le pressentiment que cette indifférence serait funeste à la ville, et il ne ménagea pas les avertissements.

Les populations d'alentour se montrèrent plus avides d'entendre la parole de Dieu ; et sans négliger Aubenas, où il revenait périodiquement, le Père se multiplia pour répondre à leurs instances. Son passage est signalé notamment à Largentière, à Chassiers et surtout à Ruoms. La dame de Chaussy nous apprend qu'il ne se contentait pas des réunions publiques. Il ne laissait échapper aucune occasion d'instruire en particulier et d'exhorter à la pratique des vertus chrétiennes. Ainsi, quand il venait chez elle, il ne manquait jamais de voir successivement tous les serviteurs de la maison, pour leur rappeler leurs devoirs envers Dieu et leurs maîtres. Tant était pénétrante la force de ses paroles que,

longtemps après sa mort, on en gardait encore le souvenir (1).

Parmi ces excursions, il y en eut une qui fut sollici-
tée avec une égale ardeur par les deux partis. Il s'agissait d'une conférence publique, où le missionnaire se
rencontrerait avec un ministre. Ce fut un gentilhomme
des Vans qui en prit l'initiative (2). Il avait embrassé
le parti de la Réforme, et le servait, sans attacher
grande importance à la religion elle-même ; mais dans
les visites d'usage au renouvellement de l'année, mainte
conversation avec ses coreligionnaires fit entrer quelques doutes dans son esprit. Presque partout, même
parmi ses amis, il n'était question que du jésuite qui
avait prêché à Aubenas, au mois dernier, et ceux qui
l'avaient entendu se plaisaient à faire remarquer qu'il
n'était nullement ce qu'on aurait pu croire ; qu'il était
homme traitable et qu'on gagnerait à entrer en rapport
avec lui. Ce gentilhomme se convainquit qu'une discussion publique lui permettrait de savoir à quoi s'en
tenir sur ce conflit passionnant ; et l'idée lui vint d'opposer au jésuite un des plus fameux ministres de la
région.

« Il y avait pour lors à Villeneuve-de-Berg, dit le Père
de Gissey, un ministre qui faisait le fier-à-bras et défiait
tout le monde en dispute, se persuadant que personne
n'oserait lui prêter le collet. » C'était Pierre Labat. Ce
nom vole de bouche en bouche. On ne doute pas que
le ministre n'accepte de se mesurer avec le Père Salès,

La nouvelle ne causa aucun trouble parmi les catholiques : elle répondait trop bien à leur propre désir. Le Père Salès, informé, leur laissa le soin de déterminer le lieu et le jour de la rencontre. Dans le choix du lieu, il semble que les deux partis aient tenu à montrer qu'ils savaient gré au gentilhomme qui avait eu le premier l'idée de la conférence ; car on se rapprocha des Vans, en fixant le siège de la réunion à Ruoms. Ce choix offrait d'ailleurs un avantage appréciable. A Ruoms, Mme de Chaussy mettait à la disposition des invités la grande salle de son château.

Au jour convenu, on voit accourir catholiques et protestants. Déjà le Père Salès est là, ayant à ses côtés le gouverneur d'Aubenas qui se félicite de voir bientôt aux prises avec le coryphée du parti, le savant controversiste que lui-même a demandé. De son côté, le gentilhomme des Vans avait autour de lui de nombreux huguenots. L'heure arrive, et le ministre ne paraît pas (1). Pendant que les catholiques gardent l'attitude la plus réservée, l'inquiétude gagne les protestants ; ils s'agitent : qu'est-il donc arrivé ? A la fin, ne pouvant supporter la honte et la confusion qui les accablent, ils se retirent sans bruit les uns après les autres. Le Père Salès n'eut garde de laisser partir les catholiques sans tirer la morale de l'histoire. Il les laissa encouragés et plus fermement attachés que jamais à l'enseignement de l'Eglise. Ceci se passait quinze jours seulement avant la prise d'Aubenas (2).

(1) *Minister vero timuit in certamen venire* (D. 3. 3. 7. b.).
(2) *Quindecim diebus ante captam urbem* (Ibidem).

La reculade de Labat avait porté un coup sensible au crédit des ministres et par suite à la religion nouvelle. Impossible de le dissimuler : c'était bien délibérément que le ministre, sur lequel on comptait le plus, avait esquivé le combat. Les gentilshommes protestants, non moins que les catholiques, entendaient que la discussion fût sérieuse ; et malgré sa présomption, Pierre Labat, instruit de ce qui s'était passé à Valence, deux ans auparavant, entre le Père Salès et les ministres, avait compris que, s'il entrait en dispute dans ces conditions, il risquerait d'amener une déroute irréparable. Mieux valait subir une honte passagère et aviser aux moyens à prendre pour arrêter l'ébranlement qui gagnait le parti. La proposition faite par le gentilhomme des Vans et l'accueil qu'elle avait reçu, avaient montré quel péril courrait la Réforme si Aubenas restait aux mains des catholiques et si, à la faveur de la trêve générale, les missionnaires pouvaient librement circuler et prêcher dans tout le pays.

Ces craintes, inspirées par les derniers incidents, mirent les ministres en mouvement. Les historiens des deux partis leur attribuent une grande part dans la préparation des événements qui vont suivre (1).

Le but proposé répondait aux secrètes aspirations de Chambaud et des autres chefs du parti, et devait infailliblement les rallier, d'autant plus qu'eux-mêmes échapperaient aux conséquences de la violation de

_____

(1) De Gissey c. 14; Delichères, Ms. n° 37 ; Deydier a. Balazuc, Montlor et Jacques Chambaud.

la trêve. On avait trouvé l'homme qui convenait
pour conduire l'entreprise, et, en cas d'insuccès, il
n'y aurait que lui de compromis. Une fois les dispositions arrêtées, on sema adroitement le bruit d'une
tentative dirigée contre la ville d'Arles ; et la campagne environnante parut déserte, comme si depuis la
confusion qu'ils avaient éprouvée à Ruoms, les protestants n'avaient plus osé se montrer (1).

Le Père Salès avait eu hâte de rentrer à Aubenas. A
Mme de Chaussy qui le pressait de recevoir chez elle les
soins que réclamaient ses crises d'asthme et au sieur de
la Motte qui le voulait retenir à Chassiers, il avait répondu : « Non, il faut que je rentre à Aubenas. Je ne
sais ce que Dieu fera de moi, mais j'ai un singulier désir de mourir pour sa gloire ».

Il aurait voulu être seule victime de la haine des
huguenots, et préserver la ville du malheur qui la
menaçait. Quand il vit qu'on ne prenait aucune précau-
tion contre le danger, il engagea un personnage re-
commandable qui partageait ses pressentiments, à se
rendre auprès du seigneur de Montréal pour lui dévoi-
ler les vrais desseins des huguenots. L'envoyé revint
sans avoir ébranlé la confiance du gouverneur : « Ils
sont liés comme nous par la trêve ; s'ils s'agitent, ce
ne peut être contre nous ». Quel aveuglement ! s'écria
le Père Salès, quand on lui rapporta cette réponse du
gouverneur. S'il n'eût pensé qu'à lui, il se serait plutôt
réjoui, ne pouvant plus douter qu'il ne touchât au mo-

(1) N. 21.

ment tant désiré. Mais il s'agit du salut de la ville, peut-être encore du sort de la religion dans tout le Vivarais : il tentera un suprême effort. La scène décrite par l'historien laisse une impression pénible. Bien décidé à ne rien entendre, le gouverneur tint un langage qu'il dut trouver bien déplacé après l'événement. « Il soupçonna, dit un biographe, que le Père parlait à la mode des gens de lettres souvent plus timides que courageux : « Mon Père, lui dit-il, vous avez peur, ce semble ; si vous redoutez quelque danger, je vous hébergerai dans le château, et vous assignerai une chambre où votre personne sera en sûreté ».— « Monsieur, répondit le Père Salès avec fermeté, ce sont de tout autres motifs qu'une crainte personnelle qui m'ont amené ici. J'ai voulu vous certifier le danger dont la ville est menacée, afin que vous preniez des mesures pour la préserver, sinon vous reconnaîtrez bientôt, mais trop tard, que c'est folie de compter sur la parole de ceux qui refusent de croire à la parole de Dieu. Quant à la crainte de la mort, il y a quinze ans que je pense au martyre et que je désire sacrifier ma vie pour Dieu. Bénie soit la main qui me donnera le coup de la mort, si je suis frappé en haine de la foi catholique ».

Dès lors, le Père Salès parle de sa mort comme d'une chose qui est devant ses yeux et qui le remplit d'une sainte allégresse. Dans sa dernière lettre au Recteur du collège de Tournon, il s'approprie ces paroles de David : « Béni soit le Seigneur qui enseigne mes mains au combat », et laisse éclater sa joie avec tant d'abandon, que le Recteur qui sait où le missionnaire

puise une telle assurance, ne doute plus lui-même, et
déclare publiquement qu'il tient pour certain que le
Père Salès sera martyrisé (1).

Peu avant l'événement, un étrange phénomène mar-
qua la place où les deux victimes devaient succomber.
Une protestante de la rue Triby, Marie Gamond, ayant
regardé par la fenêtre fut saisie d'horreur. Il lui semblait qu'elle avait sous les yeux une mare de sang. Elle
appela sa mère qui était protestante comme elle ; et
celle-ci, à son tour, après avoir bien examiné, eut le
pressentiment que cette flaque sanglante marquait la
place d'un meurtre cruel. Les passants s'arrêtèrent
étonnés ; et comme personne ne put expliquer le fait,
tous partagèrent la première impression de cette femme.
Lorsque ce présage fut réalisé par la mort des deux
religieux à cet endroit même, elle ne douta plus que
le Père Salès n'eût parlé de lui-même et de son compagnon, quand elle l'avait entendu dire dans un discours
qu'un grand malheur menaçait la ville, et que des innocents souffriraient pour les coupables (2).

Le gouverneur qui ne croyait pas encore au danger,
à la veille même de la prise de la ville, resta d'autant
plus frappé d'une scène qui se passa ce jour-là en sa
présence au château.

Un officier qui savait ce qui s'était passé entre le Père
Salès et le gouverneur, et entre autres choses, comment
le Père avait repoussé le reproche d'avoir peur pour sa

(1) D. 12. 3. v.

(2) Déposition de Marie Gamond (D. 3. 7. 20.); 3ᵉ lettre de Mᵍʳ de Clermont (D. 5. 3. b.).

vie, prit plaisir, en présence de son chef, à mettre à
l'épreuve l'héroïsme du Père Salès. S'armant d'un pis-
tolet caché sous son manteau, et se tournant brusque-
ment, il le vise à la tête : « Tout beau, monsieur, lui
dit le Père, vous pourriez bien faire un mauvais coup ».
— « Eh quoi ! vous avez peur tout de même ? » —
« Oui, j'ai peur de vous qui êtes catholique ; mais si
c'était un huguenot, et que ce fût pour la foi, ce serait
tout différent ». Et il ajouta en souriant : « Ce n'est
pas vous qui ferez le coup ; ce sera un huguenot. Oh !
heureuse main, heureuse arquebuse, qui m'arrachera
la vie » (1).

Le Père Salès avait coutume, la nuit venue, de
consacrer une partie de la veillée à l'instruction des
calvinistes, et les dépositions de trois témoins nous
apprennent que le soir du 5 février, il se rendit avec
son compagnon chez une honorable dame, Judith de
la Teule. Il s'agissait de dissiper ses derniers doutes, et
de l'amener à mettre fin à ses hésitations. Cette fois, le
Père fut si pressant, que cette femme lui fit la promesse qu'elle abjurerait sans retard l'hérésie de Calvin (2).

La veillée s'était prolongée, et le repos fut de courte
durée. Bientôt un bruit confus, puis des cris tumul-
tueux ne laissent aucun doute sur la cause du désordre. La première pensée du Père est pour l'Hôte du tabernacle qu'il faut soustraire aux profanations des

(1) Déposition du seigneur de Montréal (D. 3. 1. 6.).
(2) D. 3. 5. 1.

protestants. Il se lève en toute hâte et se rend à l'église
Sainte-Anne. Là, il communie son compagnon et se
nourrit lui-même du pain des forts ; et, prosternés l'un
et l'autre, ils offrent le sacrifice de leur vie, conjurant
Notre-Seigneur de leur accorder force et constance,
afin que toutes leurs paroles et tous leurs actes, au moment de l'épreuve, soient dignes de son nom et de la
Compagnie (1). Puis ils rentrent dans leur demeure, où
ils achèvent la nuit en prières.

(1) D 3. 3. h.

CHAPITRE ONZIÈME

**La prise d'Aubenas, samedi 6 février 1593.
Le martyre du Père Jacques Salès et du Frère Guillaume
Saultemouche.**

Le coup de main si bien préparé par les protestants
a gardé le nom de « Surprise d'Aubenas ». Moins on
avait cru au danger, en se reposant sur la trêve générale
que les deux partis avaient juré d'observer, plus le
trouble et la frayeur furent au comble, quand on entendit, à deux heures du matin, le son de la trompette et
les cris : A mort ! A mort !

La population ne songea qu'à se mettre en sûreté,
les uns se précipitant vers le château ou vers la citadelle récemment élevée par Montréal près du couvent
des Dominicains, les autres abandonnant la ville à la
faveur des ténèbres. Au château, le sieur de Montréal,
plus surpris que personne, abusé sans doute par les
rapports exagérés de la foule, semble avoir gravement
compromis à cette heure la réputation de *bravoure* qu'il
s'était acquise en cent combats ! (1). Il croit la situation

(1) Avant qu'il fût seigneur de Montréal, on l'appelait le *brave* Sanilhac.

désespérée, et n'attend même pas les premières lueurs
du jour. Il laisse la garde du château au capitaine de
Bournet, avec promesse de le délivrer avant 12 jours,
et se sauve du côté de Largentière pour lever une armée.

Cette fuite du gouverneur servit admirablement les
projets des protestants. Quinze hommes seulement
avaient réussi à escalader le rempart, lorsque l'échelle
se cassa, et donna l'éveil aux sentinelles. L'audace de
leur chef Laborie les sauva. Il s'élance, clairon en tête,
court çà et là, et les cris : *A mort ! A mort !* sans cesse
répétés, font aisément croire que la ville était remplie
d'ennemis. Guidé par les fuyards, il arrive à la porte
des Cordeliers qu'il trouve ouverte. Il s'en empare et
envoie deux hommes avertir Sarjas qui n'était pas encore parvenu à consolider son échelle. Aussitôt, celui-
ci longe les remparts et vient occuper la ville, sans
avoir perdu un seul homme (1).

En attendant le jour, le Père Salès continue à prier
avec son compagnon. Pas un instant il n'a songé à
fuir. Il y a un danger plus grand que celui de la mort,
celui de l'apostasie ; et il le redoute pour les infirmes,
les vieillards et la foule des catholiques qui ne peuvent
échapper par la fuite. Il veut être là pour les encoura-
ger, les soutenir dans le combat. Mais sa mission au
près d'eux est terminée.

Déjà, les ministres qui n'en veulent qu'à lui, sont là
pour activer les recherches. Celui de Vals, Bernardin
Guérin, piémontais, avait accompagné les troupes, en

____

(1) N. 22.

psalmodiant des psaumes à voix basse. Les deux autres s'étaient prudemment tenus en observation et n'étaient accourus qu'après que la fuite précipitée des habitants leur eût appris que la ville était prise : c'étaient Jacques Railhet de Nîmes, ministre de Meyras, et surtout Pierre Labat qui nous est déjà connu, et devant lequel les deux autres vont s'effacer désormais. Pour lui, il rentrait en vainqueur, après cinq ans d'exil. Ministre à Aubenas pendant les dernières années de la domination protestante (1583-1585), il avait dû, à la rentrée des catholiques, chercher un refuge à Villeneuve-de-Berg, dont il était devenu le ministre, et il était d'autant plus disposé à pousser les choses aux extrêmes que, devant ses coreligionnaires, il avait à se laver du reproche d'avoir faussé rendez-vous au Père Salès à Ruoms (1).

De concert avec ses collègues, il n'attendit pas le lever du jour pour circonvenir Sarjas et lui représenter qu'il importait de surprendre les deux jésuites avant qu'ils songeassent à se mettre en sûreté par la fuite. Sarjas donna sur-le-champ ses instructions à Pierre Lantouzet et à deux autres soldats de Vals, sur lesquels il pouvait compter.

Conduits par un protestant de la ville, ils font irruption dans la maison Veyrenc. Laissons parler ici le premier biographe : « Lors voici trois soldats ne respirant que cruauté, qui heurtent à la porte. On leur ou-

---

(1) Voir sur ces trois ministres les *Notes et documents historiques sur les Huguenots du Vivarais*, t. IV, c. IV, p. 72.

vre. Entrés qu'ils furent, ils trouvent nos deux martyrs à genoux, chacun avec un livre de dévotion en main, priant Dieu. Ces misérables, de prime face, chargent d'outrages nos deux victimes et les serrent à la gorge. On les interroge insolemment qui ils étaient. — Nous sommes, répondent-ils, de la Compagnie de Jésus. — Rendez la bourse, rechargent ces cruels. — Nous n'avons point d'argent, dit le vertueux Guillaume. — Si, nous en avons, crie le Père, tenez ce mouchoir ; il y a quelques sous que nous a baillés le collège de Tournon pour nos menues nécessités. — Toute la somme n'était que de trente sous.

« Ils happent ce mouchoir ; mais comme la somme donnait plus appétit à leur avarice qu'elle ne les soûlait, ils tempêtent et menacent le Père de l'égorger et de le faire pâtir cruellement, si présentement il ne leur baillait comptant une plus grande somme. » Le Père, sans s'émouvoir, leur signifie qu'il n'en a pas davantage. « Bien, ajoute-t-il, si le désir de l'argent ne vous mène point, ains une envie d'avoir notre vie, nous sommes tout prêts à la livrer pour l'honneur de Dieu et de son Eglise, avec autant de sortes de tourments que vous aviserez ». A peine le Père avait-il parachevé, qu'ils lui sautent au collet, le frappent à coups de poings, le fouillent avec insolence, furètent sa chambre et le cabinet, pillent tout ce qu'ils trouvent. Le butin ne fut pas grand. C'étaient quelques *Agnus Dei* et grains bénits, avec une petite croix d'argent, dans laquelle le dévotieux martyr gardait quelques reliques. De plus, une horloge de sable et certains livres que partie il avait empruntés et partie apportés du collège de Tournon. Ils s'emparèrent, en outre, des écrits du Père « que naguère retenait encore rière soi, la veuve du ministre Labat à Villeneuve-de-Berg en Vivarais ! » (1).

Après avoir dévalisé la maison Veyrenc, ils entraînent leurs captifs, « clabaudant et hurlant, le long des rues, qu'ils tiennent les faux prophètes et imposteurs ». Le cortège se dirige d'abord vers la maison Béranger de la Tour (2). C'est là que Jean de Bosse, seigneur de Sarjas, leur capitaine, a élu domicile ; et en gens de guerre, c'est à lui qu'ils amènent leur proie. Sarjas est un soudard, chef de bande ; il ne se soucie guère d'entrer en dispute avec ces papistes, ce n'est pas son affaire ; il sait qu'il a un autre rôle et on le verra bientôt à l'œuvre. D'un geste de mépris, il renvoie les gardes et leurs prisonniers : « Qu'on les conduise chez les Ministres, où on décidera de leur sort ». Les soldats prennent au collet les deux captifs, et le cortège se remet en marche au milieu de nouvelles clameurs, jusqu'à la maison dite de Lantouzet, située à l'autre extrémité de la ville, à l'angle des rues Triby et Notre-Dame. C'était une grande et ancienne maison qui avait gardé le nom du propriétaire précédent. Le maître actuel, le juge Louis de la Faye, avait jeté le masque, et depuis l'entrée des ennemis dans Aubenas, s'était déclaré ardent calviniste. Il avait réuni à sa table les ministres et les principaux du parti, et le festin s'ache-

(1) De Gissey, c. 13 ; N. 23.
(2) N. 24.

vait, lorsqu'on annonça l'arrivée des prisonniers « de nos deux agneaux », écrit le premier biographe. En effet, des hurlements de joie retentissent dans la salle, comme à l'approche d'une proie convoitée ; les portes s'ouvrent et les deux religieux paraissent sur le seuil dans une attitude humble et assurée qui parut en imposer à l'assemblée des convives, car la conversation s'engagea d'abord avec les nouveaux venus sur un ton modéré et qu'on aurait pu croire sympathique (1). C'était le calme précurseur de la tempête.

Les témoins qui ont déposé peu après, ou en 1627, et les protestants eux-mêmes n'ont assigné d'autre cause de la mort du Père Salès et de son compagnon que les discussions engagées avec les ministres, et qui remplirent la journée du samedi et la matinée du dimanche. Labat entreprit une longue apologie de la Réforme (2). Qui le croirait, s'il n'y avait d'autres exemples de pareille tentative, et si nous n'avions ici le témoignage du premier historien, il s'est flatté, lui et ses compagnons, de « tirer le Père à l'apostasie dans laquelle ils étaient tombés » , mais cette illusion s'évanouit, dès que le Père Salès put enfin prendre la parole. Il fallut changer de batterie. La dispute assaisonnée d'injures va succéder à l'éloquence persuasive ; mais pendant cette évolution, il y eut un instant de gêne extrême pour les ministres, honteux de leur premier échec. On essaya de les tirer d'embarras par

---

(1) *Pacala primum ac blanda oratione* (D. 13. 3. j.).

(2) Le sujet était la prospérité et l'heureux succès de leur superstition huguenote (de Gissey, c. 14).

une diversion. Quelle incivilité de ne rien offrir à ces nouveaux hôtes ! Un serviteur de la maison fait observer qu'ils ont grand besoin de prendre quelque nourriture. « Je jurerais bien, ajoute un des soldats, qu'il n'a pas pris une bouchée depuis hier, car depuis le grand matin qu'il est entre nos mains, je ne l'ai pas perdu de vue ». Or, il était déjà deux heures de l'après-midi. « Lors nos trois prédicants hypocrites commencent à s'excuser, crient qu'on leur apporte quelque chose, que c'est trop longtemps jeûner. Voilà qu'on leur présente un potage, duquel, ainsi que le Père cuidait tâter sans y prendre garde, le bon Guillaume l'admoneste que le potage était de chair, et que cependant il était jour de samedi. Le Père à l'instant s'arrête. Les prédicants font les étonnés et demandent pourquoi il ne voulait goûter de ce potage. — C'est, répond le Père, que les enfants de l'Eglise ne mangent ni chair, ni graisse les samedis, l'usage leur en ayant été interdit par icelle, comme trop bien vous savez ».

« Cette repartie donna lieu à une très vive dispute, car alors ces prédicants jetant le feu contre le jeûne et l'abstinence leur ennemie, s'échauffent sur ce sujet. Le Père, quoique affaibli du jeûne et harcelé de sa faim importune, ne laisse pourtant à prêter le collet à ces brifauts, seul contre trois, et leur rend tant de combats qu'il les fait reculer ».

Grande fut leur confusion, et leur rage même trahissait leur impuissance et leur secrète frayeur. A bout d'arguments, ils se répandent en injures et on entendit même, dans la bouche du ministre Labat, quoique proféré à voix basse, le premier cri de mort : « Tuez-les, tuez-les ; ils suffiraient à empester toute la terre ». Ils finirent cependant par se rendre compte du mauvais effet produit sur les assistants, et pensèrent se relever à leurs yeux, en transportant la discussion sur un autre terrain. Mais là encore leur attente fut déçue. Le jour baissait et l'attention du public était lasse.

Au lieu de chercher à la réveiller par une question passionnante, concrète, à la portée de tous, « ils se ruèrent sur une autre controverse, qui était du franc arbitre », avec les mêmes procédés de discussion : les trois adversaires chargent sans ordre, et souvent tous à la fois, interrompant à chaque instant le Père Salès, avec l'intention manifeste de l'accabler, sans lui laisser la liberté de parler. Ils n'espéraient pas le prendre au dépourvu, mais le sujet étant abstrait et philosophique, ils auraient moins de juges de leur ignorance, et moins de spectateurs de leur défaite. C'est pour cela, sans doute, qu'ils se réfugient dans d'interminables citations latines, dont le premier effet fut d'éclaircir les rangs de l'auditoire. Le Père Salès n'eut garde de parler latin, sinon juste autant qu'il le fallait pour rétablir les textes tronqués et falsifiés. Du même coup, il les convainquait de mauvaise foi et leur enlevait leur dernière ressource, car une fois délogés de leur fausse érudition, il ne paraît pas qu'ils aient même tenté d'entrer en lutte avec leur adversaire par les arguments de raison. Ainsi « n'ayant eu du meilleur, non plus qu'auparavant, et ne pouvant soutenir un choc trop rude, ils sont encore un coup forcés de tourner le dos ».

Ici, l'historien dont nous venons de citer les paroles, arrête les discussions de cette première rencontre du samedi soir. Il y en eut cependant une autre, la troisième et dernière de ce jour ; et lui-même supplée indirectement à cette lacune de son récit, quand il nous parle de ce traité des Sacrements que le Père Salès tendit à ses adversaires pour mettre fin à la dispute. Ce qui veut dire évidemment qu'on ne parle plus du libre arbitre, et qu'on a abordé un autre sujet, non pas les Sacrements en général, mais celui-là seul qui, alors plus que jamais, était le centre de toutes les attaques de l'hérésie : l'Eucharistie dans la communion et le saint Sacrifice. Une relation contemporaine (1), confirmée par d'autres documents (2), ne laisse aucun doute que ce fut en effet le dernier thème de la dispute de ce jour. Désormais il n'y en aura plus d'autres, et c'est pour la défense de ce mystère que le Père Salès va répandre son sang.

Cette dernière dispute eut le sort des deux premières. Quand les ministres eurent épuisé leurs arguments contre la présence réelle, le Père Salès, ému de compassion au souvenir de tant de victimes de ces erreurs sacrilèges, se tourne cette fois vers les assistants : « Donnez-moi les Saints Livres, dit-il, et je vous montrerai comment vos ministres vous trompent et vous conduisent en enfer » (3).

Blessés au vif, les ministres prévinrent le coup qui

(1) Celle de Pillehotte, D. 9. 1. c.
(2) Lettre de Mgr de Suze, D. 5. 2. A. d.
(3) Déposition de Mme de Chaussy, D. 3. 3. 12.

les menaçait, en recourant aux moyens qui les avaient déjà sauvés deux fois. Devant l'assemblée muette et étonnée, ils se répandirent en un torrent d'injures et de menaces : imposteur, idolâtre, faux prophète, antechrist et pire que l'antechrist. Une voix domine le tumulte, celle du ministre Labat : « Tuez, tuez, répète-t-il, tuez ce faux prophète ; dans ce seul jésuite, il y a plus de ferment papiste qu'il n'en faudrait pour infester toute la terre ».

Quand cet accès de rage touche à sa fin, le Père Salès put enfin se faire entendre : « Permettez, leur dit-il, que je vous présente un livre tout entier écrit de ma main ; puisqu'il n'y a pas moyen de discuter avec vous, parmi tant de clameurs, je vous en prie, lisez ce manuscrit à loisir ; il contient la doctrine de l'Eglise catholique et romaine sur les Sacrements. Par icelui, vous verrez ce que je crois, car je l'ai composé et l'avoue pour mien » (1).

Voici, encore d'après le premier biographe, la fin de cette scène et de la première journée : « Le ministre Railhet happe ce livre, et s'en saisit tellement que depuis il l'a gardé toujours en estime. Après ce, les trois prédicants sortent de la maison fort indignés de se voir étrillés de la sorte, trois par un seul. La nuit s'approchait, et le Père, comme son compagnon, était encore à jeun, sans que personne leur baillât rien, fors le petit enfant de cette maison-là, lequel, en cachette, leur porta quelques morceaux de pain, à ce que j'ai appris. Nos

(1) De Gissey, c. 14 ; D. 13. 3. 1.

deux pauvres prisonniers, laissés à la merci des soldats, passent la froide nuit ensuivante sans feu, sans lit et sans beaucoup de sommeil ».

Les historiens font retomber la faute de ces actes d'inhumanité barbare sur le soldat calviniste Pierre Lantouzet (1), à la garde duquel Sarjas avait confié les prisonniers. Après les avoir enfermés comme de vils animaux dans une salle basse, humide et froide, — on était alors au plein de l'hiver et dans un pays de montagnes — ce geôlier féroce les livra au double tourment du froid et de la faim ; et comme le lendemain on ne songea pas davantage à la nourriture des deux captifs, les historiens tiennent à miracle que le Père Salès ait pu soutenir tant d'assauts, sans faiblir, et sans tomber autrement que sous les balles de ses bourreaux.

Les ministres n'avaient pas manqué d'examiner tout à leur aise le traité des Sacrements, où ils trouvèrent nombre de propositions monstrueuses. Cette découverte fit oublier les défaites de la veille, et il leur sembla qu'ils n'auraient qu'à donner lecture du manuscrit pour soulever le peuple contre l'idolâtre. Plein de confiance, ils reviennent le lendemain à la maison Lantouzet, où les attendaient déjà les gens de leur parti, attirés par le bruit des controverses du jour précédent. Les gardes amènent les deux prisonniers, et c'est un

____

(1) Ce soldat qui portait le même nom que l'ancien propriétaire de la maison du juge La Faye, n'a pas peu contribué, par sa constante rigueur, à augmenter les souffrances des martyrs, depuis le moment de l'arrestation jusqu'à celui de l'exécution sanglante.

étonnement et presque un sentiment de pitié, quand
on les voit paraître, pâles, exténués, transis de froid.
Quant aux ministres, ils triomphent déjà. Que peu-
vent-ils craindre d'un adversaire réduit à un tel état de
faiblesse ? Labat s'est emparé du manuscrit et semble
tenir en mains la victoire. Prenant aussitôt l'assemblée
pour juge, il s'excuse hypocritement d'avoir à produire
devant elle les impiétés et les blasphèmes contenus
dans ce livre dont le jésuite s'est reconnu l'auteur.
Cependant, malgré les injures qui ont servi d'exorde à
la dispute, malgré son état d'extrême abattement, le
Père Salès a retrouvé une nouvelle vigueur. Il s'agit
toujours, comme la veille, de la vérité du corps et du
sang de Jésus-Christ au Sacrement de l'autel, et comme
la veille encore, après avoir répondu aux objections,
une à une, et de manière, dit un biographe, « à les
faire passionner tout outre, jetant de l'eau sur les flam-
mes de leur colère », il en appela à leurs propres bi-
bles, leur offrant de vérifier tout ce qu'il leur avait mis
en avant. Bien plus, quand il vit qu'ils se dérobaient,
il attaqua à son tour, exigeant une réponse nette, précise. Quel était cet argument tiré de la Bible ? L'historien ne le dit pas. Puisque la dispute était engagée sur
le sacrement de l'Eucharistie, on peut bien croire qu'il
les mit au défi, en citant les paroles de l'Evangile :
« Ceci est mon corps qui sera livré pour vous ; ceci est
mon sang qui sera répandu ; celui qui mange ma chair
et boit mon sang aura la vie en lui ». — « On m'a raconté, ajoute le même historien, que le Père leur donna
alors une charge si pressante par une demande qu'il

leur fit, qu'eux jetant bas les armes, il les mit du tout
en désarroi » (1).

Au lieu de la réponse attendue, un cri retentit. Les
huguenots s'apercevant de l'embarras de leurs ministres, vinrent les avertir charitablement que l'heure du
prêche était arrivée : « Au prêche ! au prêche ! » A ces
mots, le ministre Labat se retire, suivi de la plupart
des assistants.

La scène change maintenant. Du haut d'une estrade
dressée en pleine place publique, n'ayant plus de con-
tradicteur devant lui, Labat retrouve toute son audace.
« Gardez-vous des faux prophètes! », s'écrie-t-il. Puis,
agitant le manuscrit du Père Salès, qu'il n'a pas cessé
de garder, comme la pièce à conviction, tournant et
retournant les feuillets avec rage, « battant et combattant de tout son pouvoir la sainte Eucharistie, il se
travaille de cette façon, sur ce sujet, qu'il émeut ses
auditeurs à la sédition ». Il en veut à tous les papistes,
à tous les jésuites, « mais singulièrement à celui qui
était dans Aubenas ». Plus que tous, celui-ci est un
faux prophète et un antechrist. « Tel il l'atteste et le
déteste comme chose abominable » ; et puisqu'il est
faux prophète, qu'il soit traité comme tel. Faut-il un
exemple tiré des livres saints ? Le voici. Le prophète
Elie n'a-t-il pas voué à la mort les ministres de Baal,
après les avoir convaincus d'imposture ?...

Le peuple n'avait pas été suffisamment préparé à cet
appel au meurtre. Plus étonné que convaincu, il ne

(1) De Gissey, c. 14 ; D. 13. 3. m.

tarda pas à se disperser. Un grand nombre reprit le chemin de la maison Lantouzet, où le Père Salès était resté aux prises avec les deux autres prédicants, et il ne resta plus autour de Labat qu'un groupe de calvinistes ardents, mais rien moins que décidés à le suivre jusqu'au bout. Quelques-uns se souvenant d'un ministre détenu en prison par les catholiques, pensaient que l'occasion était bonne pour le délivrer, en proposant un échange ; d'autres, faisant plus de cas d'une bonne rançon, étaient d'avis de négocier avec le comte de Tournon, ne doutant pas qu'il ne consentît à verser une somme considérable pour le rachat des deux jésuites qui appartenaient à son collège.

Irrité de tant d'hésitations, humilié de l'échec de ses provocations sanguinaires, Labat, descendu de chaire, rencontre Sarjas, son âme damnée, et quelques autres aussi mauvais que lui. Avec de tels complices, il n'y avait pas à faire de grands frais d'éloquence. A peine a-t-il fini de parler, que le crime est résolu ; et déjà Sarjas a donné ordre à trois de ses soldats de se rendre à la maison Lantouzet pour y mettre à mort les deux prisonniers. Nouvelle preuve que cet horrible attentat restait impopulaire aussi bien auprès des envahisseurs huguenots que parmi le peuple d'Aubenas, ces trois soldats, subitement pris de remords, s'arrêtent et se regardent. « Je n'en ferai rien, dit l'un. — Ni moi non plus, ajoute l'autre. — Le troisième jura que le diable l'emportât s'il faisait aucun mal à ces deux inno-cents ».

Ce qu'ils ont dit entre eux, ils le répètent tous les

trois, en face et avec la même énergie, à leur capitaine. C'est un refus d'obéissance net et catégorique qui peut tout compromettre. Labat comprend qu'il n'y a pas de temps à perdre et que l'exemple peut être contagieux. Au lieu de frapper de loin, il payera de sa personne ; il conduira lui-même les meurtriers et dirigera les coups. Encore tout furieux, au sortir de son prêche, la bouche pleine d'imprécations, il s'élance vers la porte Notre-Dame, dans la direction de la maison Lantouzet, entraînant Sarjas et sa troupe.

Les deux prisonniers avaient eu quelques instants de relâche. Il paraît même, d'après un des témoins du procès, que leur état de faiblesse inspira de la pitié et qu'on leur offrit quelque nourriture.

Le Père Salès refusa ; de même, après lui, le Frère Saultemouche, dont on a retenu ces paroles : « Je ne mangerai plus jamais ». Tous les deux savaient que leur dernière heure était venue (1).

En effet, presque en même temps, on entendit, en bas, du tumulte et des cris. C'était la troupe des soldats, suivie de la foule, qui remplissait déjà la rue Triby et les abords de la maison.

Sur un ordre de Labat, Sarjas s'est élancé dans la maison avec quelques-uns de ses hommes. Sitôt qu'il l'aperçoit, le Père Salès le salue respectueusement. Pour toute réponse, Sarjas le saisit brutalement par le bras. « Suis-moi, dit-il, idolâtre pharisien, suis-moi. — Et où me voulez-vous mener, réplique le Père ? — Suis-

(1) Déposition de Marie Gamond, D. 3. 7. 13.

moi, suis-moi, recharge cet assassin, il te faut mourir.
— Je suis tout prêt, répond le Père ; allons au nom
de Dieu » (1).

« Lors, se retournant vers son compagnon qui ne
cessait de prier Dieu : « Et vous, mon Frère, lui dit-il,
que deviendrez-vous? Ayez bon courage ! Ah ! que
nous deviendrons grands au ciel, de petits compagnons
que nous sommes en ce monde, si nous pâtissons quelque chose pour Dieu ! »

D'après ces paroles que le Père Salès prononça au
moment où on l'entraînait hors de la salle, il ne paraît
pas qu'il ait eu alors pleine certitude du sort réservé
au Frère Saultemouche. C'était un adieu au moment
de la séparation et une dernière exhortation à la patience. Il croyait être la seule victime, et il l'aurait été,
en effet, si son compagnon ne s'était offert de lui-même
à partager son martyre. Pour l'arracher au danger, le
Père Salès fit une dernière tentative. Se tournant vers
les gardes : « Tuez-moi de la mort la plus cruelle, leur
dit-il, je la subirai volontiers ; mais laissez la vie à ce
bon Frère : il n'est point homme de lettres, et vous
n'avez rien à craindre de lui » (2). Le Frère Saultemouche ne leur laissa pas le temps de répondre. « Je
ne vous abandonnerai point, mon Père, s'écria-t-il,
ains je mourrai avec vous pour la vérité des points
que vous avez disputés ».

On ne comprit rien à cette observation. Cet innocent

(1) De Gissey, c. 15 ; D. 13. 3. o.
(2) Paroles entendues par Jeanne Guigou, D. 3. 6. 12.

savait-il bien à quoi il s'exposait par cette bravade
imprudente ? Il n'avait qu'à se taire et à rester coi ; personne ne pensait à lui. « Quelqu'un de la compagnie
l'avertit de se retirer ; que ce n'était pas pour lui que
se jouait la tragédie, ains seulement pour le Père. A
quoi le Frère repartit : « Dieu me garde de tomber en
cette faute ; je n'abandonnerai jamais celui auquel
l'obéissance m'a adjoint pour compagnon, quand bien
je devrais trépasser avec lui. Je l'accompagnerai jusqu'à
la fosse. Que si la divine miséricorde me voulait faire
tant de grâce, que quelque soldat me dépêchât pour
son honneur, j'en serais très aise et prierais Dieu pour
lui, outre le pardon que dès maintenant je lui fais de
ma vie ».

En réponse à ce discours, un soldat impatienté le
poussa violemment d'un coup de poing dans les épau-
les, en lui criant : « Bien donc, tu veux mourir, tu
mourras ».

Et ainsi raillé par les uns, bousculé par les autres,
le Frère Guillaume, pour rejoindre le Père qui était déjà
loin, dut se frayer un passage à travers la foule
compacte qui encombrait la salle haute et les escaliers.
Ce ne fut pas sans peine. « Il faisait force », dit le biographe, tant il avait hâte d'arriver. On le laissa passer,
et il se trouva bientôt dans la rue, aux côtés du Père
Salès.

Labat, les autres ministres et la foule les attendaient.
A ce moment, ce qui se passe mérite attention. Il n'y a
pas encore de provocation au meurtre. On commen-
cera par une dispute qui sera la dernière. Que le con-

fesseur de la foi faiblisse, que les arquebuses chargées, les dagues et les épées nues, prêtes à frapper et à percer, lui arrachent un désaveu, et il est sauvé. Ecoutons ce qu'il va dire et nous saurons pour quelle cause il va mourir.

Depuis la veille au soir, il n'y a pas d'autre sujet de dispute que l'Eucharistie : c'est par là que s'est terminée la première rencontre ; c'est contre l' « idolâtre » que le ministre Labat, dans son prêche du matin, s'est démené, « battant et combattant de tout son pouvoir la sainte Eucharistie ».

A ce dernier instant, il revient à la charge pour la troisième fois, et somme le Père Salès d'abjurer publiquement tout ce qu'il a enseigné de vive voix et par écrit « sur la réalité du corps de Notre Sauveur au sacrement de l'autel ». Ce n'est plus comme le matin, en présence de quelques témoins seulement, qu'il le provoque, et dans une salle close, mais à la face du ciel et devant une foule de spectateurs ; les autres prédicants sont là, qui viennent au secours de leur coryphée.

Impassible dans ce dernier assaut, le Père Salès fait face à ses adversaires, et aucune objection ne reste sans réponse. Dans cette lutte suprême, qui ne paraît pas avoir été longue, mais fort vive, le récit du premier biographe nous laisse entendre que les trois ministres procédaient moins par argumentation suivie que par des traits incohérents, au hasard de leur aveugle fureur, pendant que le Père Salès les confondait, sans tarder, d'un mot, d'une brève réplique, tels qu'ils devaient être familiers à un apologiste rompu depuis

longtemps à la défense de la foi. C'en était trop : cet
« idolâtre pharisien » (1) non seulement persistait dans
sa croyance à la présence réelle, mais encore les cou-
vrait de confusion, en les convainquant publiquement
d'erreur et d'imposture ; il ne se rendait même pas au
dernier argument sur lequel ils avaient compté, celui
du supplice préparé sous ses yeux. Cette fois, l'arrêt est
prononcé : le ministre Labat « tout courroucé, perdant
patience et conscience », s'écria : « Dépêchez cela, dépêchez cela ; il ne mérite point de vivre, c'est une
peste » (2).

Il continua quelque temps sur ce ton, puis « tourna
bride », sûr désormais de sa vengeance, dont il abandonnait le soin à de vils exécuteurs, et ne se souciant
pas d'emporter les souillures du sang qui allait être
versé. D'effroi et de pitié, la plupart des assistants
prennent la fuite, et il ne reste guère dans la rue que
la bande de soldats huguenots. Cependant, eux aussi
partagent l'émotion de la foule. « On cherche, parmi
eux, qui égorgera ces deux patients, mais personne n'y
voulait entendre, dit le biographe. Un capitaine huguenot ordonne à un sien soldat d'exécuter cet assassinat.
Il répond qu'il n'en fera rien, et qu'il aimerait mieux
être convaincu d'avoir fait mourir son père que d'avoir
baillé le moindre coup à ces hommes qui ne portèrent
jamais couteau qui fit mal à personne. A cette réponse,

(1) Chez les hérétiques sacramentaires, est *idolâtre* quiconque adore le
Saint-Sacrement ; et ils l'appellent *pharisien*, pour lui reprocher de s'en
tenir à la lettre et non à l'esprit de l'Évangile.
(2) N. 25.

le barbare capitaine lance un coup d'épée à ce pauvre soldat, lequel, il ne sut si bien gauchir, qu'il n'en fût atteint à l'épaule droite ».

« Les gens de Sarjas ne furent si difficiles ». L'un d'eux, Vital Suchon, surnommé le Simple, s'avance au premier signe. Mais que se passe-t-il? Cet homme qu'on croyait inconscient paraît se troubler pour la première fois ; il ne peut regarder en face ces deux victimes. « Retire-toi. crie-t-il au Père Salès. » A quoi le Père repartit : « Je te prie, mon ami, donne-moi un peu de loisir pour me recommander à Dieu et le supplier pour toi ». Puis, se retournant vers son compagnon : « Mon Frère, lui dit-il, recommandons-nous à Dieu ». Cela dit, pour obéir au meurtrier, il se retire « environ cinq pas de la porte du sieur de Lantouzet, et se pros‑ terne à deux genoux ». Son compagnon l'a suivi, et s'est mis à genoux à quelques pas de lui. Les yeux levés vers le ciel ou tournés vers l'église Notre-Dame, pendant qu'il invoque à haute voix son patron saint Jacques, et répète les noms de Jésus et de Marie, Vital le Simple, dont la main tremble, s'est placé en arrière ; il s'approche et décharge son arquebuse de si près, que la soutane prend feu à la hauteur de l'épaule qui est fracassée (1). « Mon Dieu, pardonnez-leur ». C'est le premier cri de la victime renversée à terre, mais on veut étouffer cette voix mourante, et un soldat lui jette à pleines mains dans la bouche, de la boue et des ordures ; on abat à coups de garde d'épée les mains

(1) D. 1. 7. b. ; D. 13. 3. p.

jointes et les pouces croisés qu'il approche et ramène sans cesse à ses lèvres comme une image de la croix.

Le premier coup de feu a donné le signal : c'est le moment de l'ivresse du sang ; ces soldats, cette foule, tout à l'heure épouvantés à la pensée du meurtre, se précipitent maintenant avec fureur sur les deux patients. Vital le Simple a saisi un poignard et l'enfonce dans le sein du Père Salès, pendant qu'un malheureux habitant d'Aubenas lui donne un coup de couteau au gosier si rudement, que la marque en restait encore en haut du sternum, entre les deux clavicules, quand son corps fut déterré. « *Jesu, Maria* ». On entendit trois fois cette invocation sortir de ses lèvres ; puis, dit un témoin, « le Père gisant à terre tint pendant quelque temps sa main sous sa tête, les yeux dressés au ciel, et force lui manquant, son chef pencha en terre, et ainsi il expira ».

Il n'avait pas encore rendu le dernier soupir, lorsque son compagnon se précipite sur lui, l'embrasse et proteste qu'il « ne l'abandonnerait mort, non plus qu'il ne l'avait abandonné vivant ».

Son vœu fut exaucé sans retard. Vital le Simple, avec l'arme encore rouge de sang qu'il a retirée du sein du Père Salès, un autre soldat dont on a conservé le nom, Jacques Massis, dit Béolaigue, le frappent chacun d'un coup de poignard. On vit alors le Frère Guillaume étendre les bras en forme de croix, pour unir son sacrifice à celui de son Sauveur. Ce signe qui a déjà exaspéré les meurtriers du Père Salès devient le signal de la dernière fureur. Une cohue se précipite, armée d'épées et de bâtons ferrés, frappant à tout hasard la victime qui respire encore, et, à ses côtés, le corps inanimé du Père Salès.

A chaque coup, ont raconté les témoins, le Frère Guillaume s'exhortait lui-même à haute voix : « Endure, chair, endure encore un peu » (1).

Enfin, criblé de dix-huit blessures qui lui ont fait perdre presque tout son sang, ramenant ses bras en forme de croix sur la poitrine, il expire, en murmurant une dernière fois le nom de Jésus.

Cet heureux martyre arriva peu après midi, le dimanche, 7 février 1593.

Le Père Jacques Salès était dans sa 37° année et le Frère Guillaume Saultemouche dans sa 36°. Le premier comptait vingt ans et le second quatorze ans de vie religieuse dans la Compagnie de Jésus.

(1) D. 3. 4, 8, 9.

APPENDICE

APPENDICE

I

Les Corps des Martyrs sont l'objet de toutes sortes d'outrages.

A mesure que le crime se consommait, l'horreur du spectacle avait éloigné le plus grand nombre des témoins : même un des soldats s'était jeté dans une maison voisine où on le vit entrer pleurant et sanglotant (1). A la fin, il ne restait plus que les assassins et les plus fanatiques d'entre les huguenots ; et leur haine est loin d'être satisfaite. Ils s'acharnent encore sur les deux cadavres, les percent et les transpercent de coups. Leur fureur sanguinaire assouvie, ils se livrent à de tels outrages que l'esprit se refuse, dit l'Evêque de Viviers (2), à se représenter les traitements indignes qu'ils

(1) Déposition de Jeanne Gayffier. D. 1. 6. e.
(2) Lettre de Mgr de Suze. D. 5. 2. B. b.

firent subir aux corps inanimés de leurs victimes ; et volontiers nous jetterions un voile, en détournant les yeux, si ces manifestations de la haine ne révélaient, mieux encore que les coups de feu ou de poignard, la vraie et unique cause du martyre, le motif qui a tout inspiré et dirigé du commencement à la fin de ce drame.

Il n'y a que la haine inspirée par Satan contre la vraie foi, qui puisse expliquer certains excès de fanatisme ; les hérétiques eux-mêmes n'ont point semblable acharnement contre un ennemi ordinaire. C'est le caractère spécial des persécuteurs : un secret instinct les avertit que les corps de leurs victimes sont un trophée de victoire ; ils voudraient les anéantir. Les sectaires d'Aubenas allèrent plus loin encore ; ils firent tout pour les déshonorer.

Sarjas ne s'est pas éloigné ; il semble qu'il veuille récompenser ses fidèles auxiliaires, en restant avec eux. Ils se gaudissent ensemble, et au sujet de leurs victimes, tiennent des propos qu'aucun témoin n'a osé répéter » (1).

La présence du chef et ses félicitations excitent ses soldats à inventer de nouveaux outrages. Ils commencent par dépouiller les victimes de leurs vêtements. Le Père Salès est mis entièrement à nu ; et si on laisse sa chemise au Frère Guillaume, c'est parce qu'elle était toute souillée de sang et qu'il répugnait d'y toucher.

A peine les vêtements ont-ils été enlevés que deux

---

(1) *De re facta cachinnantibus* (D. 1. 6. d.).

soldats s'en affublent pour prolonger le divertissement. Vital le Simple a revendiqué ce qu'il regardait comme un droit, et il a mis la soutane du Père Salès. C'est alors que ceux-là mêmes qui n'avaient pas été témoins du meurtre purent voir à la hauteur de l'épaule l'ouverture à la fois demi-brûlée et sanglante, opérée par le coup d'arquebuse qui avait abattu le Père Salès ; et sur l'autre soldat qui portait la soutanelle du Frère Guillaume, on voyait mieux encore les hideuses taches de sang aux endroits où il avait été percé de coups de poignard (1).

Aussitôt qu'on aperçoit Vital en costume de curé, et, à ses côtés, celui qu'on prend pour son clerc, un cri s'élève : « *Le Libera, audi nos, exaudi nos* ». Et au milieu des éclats de rire, on prépare la hideuse parodie d'un enterrement catholique. Il se trouve des hommes pour tous les rôles. Pour remplacer la croix en tête du cortège, l'un d'eux s'empare d'une longue pique, et on la surmonte du bonnet carré du Père Salès, après l'avoir orné d'une queue de renard.

Restait à trouver comment on transporterait les corps. Ce ne fut pas long : une corde est passée au cou de chaque victime (2), et on les traînera comme chiens morts. La horde immonde se met en marche, en hurlant le chant en usage dans les funérailles des catholiques. Les témoins ont retenu surtout les supplications « *audi nos, exaudi nos* » qui revenaient fréquemment.

(1) D. 1. 4 c. et 5. c.
(2) *Funibus collo implicitis* (D. 5. 2. B. b. : D. 9. 1. d. ; D. 3. 8. 17.).

On parcourut ainsi les principaux quartiers de la ville, et quand, fatigués enfin à épuiser toutes les formes de l'outrage, les acteurs revinrent à la rue Triby, ils laissèrent à la voirie les corps des deux victimes, conformément aux ordres de Sarjas, à qui ce ne fut point assez d'avoir répandu le sang des deux jésuites et laissé outrager leurs dépouilles. Il avait défendu, sous les peines les plus sévères, de leur donner la sépulture (1).

Après quelques instants de repos, les deux misérables qui avaient figuré au cortège en habits religieux retournèrent en ville, dans l'espoir de recueillir de nouveaux applaudissements. En tête, Vital le Simple racontait à qui voulait l'entendre le massacre, et se glorifiait d'avoir tué le Père Salès par ordre du seigneur de Sarjas, à cause d'une discussion qu'il avait eue avec leurs ministres. C'est ainsi qu'il se présenta, avec son compagnon, à la maison de la veuve du Bois, où Blaise Thomas était retenu prisonnier (2). Judith de la Teule, dont la conversion n'était pas encore connue à ce moment, reçut comme les autres leur visite. Mais quand elle vit entrer Vital le Simple, revêtu de la soutane du Père Salès, et la montrant comme un trophée : « Voici la soutane du jésuite : voyez le trou de la balle qui l'a tué », elle ne put maîtriser sa douleur et se sentit défaillir (3).

Ailleurs, on ne se contenta pas de gémir et de pleurer ; on accabla l'assassin de vifs reproches. Gardé

(1) D. 13 3. 1.
(2) D. 1. 3. 1.
(3) D. 3, 5. 13.

comme prisonnier dans la demeure d'Etienne Seurlhet,
Moïse Félix, qui connaissait très bien Vital, fut témoin
de la manière dont il fut interpellé par la maîtresse de
la maison : « Malheureux ! s'écria dame Blanche, pourquoi as-tu tué ce jésuite et son compagnon, ces hommes d'une vie et d'une doctrine irréprochables ? » —
« Eh ! répondit Vital, vous êtes donc papiste ? » —
« Non pas, reprit-elle, mais ce jésuite et son compagnon étaient gens de bien ; et si on avait suivi leurs
conseils, combien de maux et de crimes eussent été
évités ! » Et comme l'entourage témoignait assez qu'il
partageait les sentiments de la dame Seurlhet, Vital
ajouta pour se justifier : « Sachez donc que si j'ai tué
ces jésuites, je ne l'ai fait que sur l'ordre du capitaine
Sarjas, parce que, dans les disputes qu'ils ont eues avec
nos ministres, ils ont combattu notre religion (1).

Devant cette réprobation manifestée par certains protestants eux-mêmes, on doit croire qu'une fois l'effer-
vescence passée, Sarjas n'osa plus maintenir la défense
de donner la sépulture aux deux victimes, ou du moins
que le commandant Chambaud qui fit son entrée à
Aubenas, le dimanche soir, s'empressa de lever cette
défense.

Il n'en fut rien. Aujourd'hui, nous avons peine à concevoir la haine que l'hérésie avait su inspirer à ses
adeptes. Non, la vue de ces corps sanglants et dénudés
n'avait rien d'offensant pour eux ; ils venaient repaître
leurs yeux de ce spectacle. Les témoignages abon--

(1) D. I. 4. b.

dent (1), et ils indiquent l'endroit précis de la rue Triby où les corps des victimes restèrent dans l'état où on les avait mis, pendant six jours entiers, livrés aux outrages des passants ; c'est un endroit public et fréquenté, près du four du pâtissier Jean. Pendant tout ce temps, la nuit comme le jour, les chiens et les oiseaux de proie respectèrent les restes des martyrs.

Craignant, à la fin, que les catholiques ne tentassent de les enlever, à la faveur des ténèbres, les hérétiques cherchèrent à les faire disparaître. Ce fut un nouvel outrage dépassant en horreur tous les autres. On passa de nouveau des cordes au cou des victimes, et on les traîna jusqu'à la porte de Notre-Dame. Là, se trouvait en contre-bas une vieille église abandonnée et en ruines, qui avait d'abord servi d'étable et qui, en ce moment, n'était plus qu'un cloaque d'immondices. C'est là que furent jetés les corps des victimes, comme on y jetait les animaux en putréfaction (2).

On ne pouvait les laisser là. Ni les répugnances qu'ils purent éprouver à descendre en un tel lieu, ni le danger auquel ils s'exposaient, s'ils avaient été surpris, ne purent arrêter deux courageux catholiques d'Aubenas, Michel Rochier et le Ponchut. Ils vinrent la nuit, retirèrent non sans peine les deux corps et les ensevelirent dans un endroit écarté, au fond du jardin de l'hôtel ruiné des seigneurs de Géorand.

Mais rien ne saurait désarmer la haine des sectaires.

(1) D. 1. 5. b. ; D. 5. 2. B. b. ; Mazon : *Chronique religieuse du vieil Aubenas,* p. 43, etc.
(2) D. 9. 1. d.

Il faut qu'ils retrouvent les corps retirés du cloaque. Quand les soldats du poste voisin ont découvert l'endroit qui les recouvre, ils ont une inspiration digne d'eux. Aussitôt ils transportent à cet angle du jardin une installation immonde. Et chaque fois que l'un d'eux s'y rend, c'est un assaut de propos ignobles à l'adresse des martyrs (1).

Loin donc d'avoir atteint le but qu'on s'était proposé, la courageuse entreprise des deux chrétiens d'Aubenas n'avait abouti qu'à donner lieu à ces outrages innommables. Et durant deux ans, rien ne vint y mettre fin. La force ouverte n'aurait pas réussi, et les démarches du comte de Tournon étaient restées sans résultat.

---

(1) *Hunc angulum purgando alvo impii milites consulto sibi delegere, et per duos annos quibus ibi sacra illa lipsana jacuere, nunquam illùc accedebant quin obscenis et contumeliosis aculeis demortuos configerent* (Synopsis, pp. 51 et 101).

Le souvenir de ces outrages provoqua plus tard une touchante réparation qui devait être perpétuelle, autant que peuvent l'être les institutions de ce monde (N. 26).

II

Recouvrement des précieux restes des Martyrs.

Il était réservé à une femme, digne émule des Lucine
et des Praxède, de triompher de tous les obstacles, uniquement encouragée et soutenue par le sentiment de
sa vénération profonde envers les Martyrs (1). Mme de
Chaussy les avait bien connus. Pendant les prédications de l'Avent, elle avait franchi souvent la distance
qui la séparait d'Aubenas, et, après la station, elle s'était
empressée d'appeler le missionnaire à Ruoms, où elle
l'avait reçu plusieurs fois avec son compagnon. Après
la mort héroïque des deux serviteurs de Dieu, elle aurait voulu pouvoir témoigner aux Martyrs du Christ
ses sentiments de vénération, en arrachant leurs dépouilles des mains des huguenots. Mais c'est en vain
qu'elle s'était assuré le concours de Michel Rochier et
de Ponchut. Depuis bientôt deux ans, le jardin n'avait
cessé d'être jalousement gardé. Un seul homme pouvait lever l'obstacle, le sieur de Chambaud, chef de

(1) D. 9. 3. d.

tout le parti protestant dans la région : mais que pouvait-elle espérer, après que le comte de Tournon avait échoué dans toutes les démarches qu'il avait faites ? Sa confiance en Dieu n'en fut que plus grande, et le secours dont elle avait besoin ne se fit pas attendre. Ayant reçu la visite d'un des régents d'Aubenas, qui était resté son ami, bien qu'il fût devenu ardent huguenot, elle n'hésita pas à s'ouvrir à lui de l'affaire qu'elle avait tant à cœur. Elle sut l'émouvoir, et quand elle ajouta qu'elle était décidée à s'adresser à Chambaud lui-même, le régent lui promit ses bons offices ; et peu après son retour à Aubenas, au moment où un exprès avait dû présenter la lettre de Mme de Chaussy, il se rendit auprès de Chambaud, lui raconta entre autres sa visite de la veille au château de Ruoms, et la promesse qu'il avait faite à Mme de Chaussy d'appuyer, quelle qu'elle fût, une demande qu'elle se proposait d'adresser à Messire le Gouverneur. Contre toute attente, Chambaud se laissa gagner, et pour éloigner des témoins gênants, il fit évacuer le poste de soldats.

A peine informée, Mme de Chaussy transmit ses instructions aux deux hommes sur lesquels elle pouvait compter ; et, la nuit venue, Rochier et le Ponchut se mirent à l'œuvre avec quelques aides. Les corps furent enveloppés soigneusement et transportés dans une maison catholique, où l'on eut soin de les dissimuler dans un chargement de marchandises ; et dès que les portes de la ville s'ouvrirent, la voiture put sortir sans éveiller l'attention des gardes. Quand elle arriva en lieu sûr, elle fut aussitôt entourée par le clergé et les fidèles des environs, prévenus par les soins de Mme de Chaussy. On déchargea tout ce qui avait servi à cacher les corps et on orna la voiture. Les prêtres organisèrent le cortège, et l'on avança au chant des hymnes. Sur le parcours, les populations accouraient et multipliaient les témoignages de leur vénération. Le cortège s'arrêta au château de Ruoms, et les restes des deux Martyrs furent déposés solennellement dans le caveau de la chapelle (1).

Il était juste que Mme de Chaussy jouît pendant quelque temps de ce qu'elle regardait comme son plus précieux trésor. Cependant, le collège de Tournon s'était préoccupé de faire valoir ses droits; et il le fit de manière à adoucir le sacrifice auquel Mme de Chaussy était priée de consentir.

On avait songé à retirer le précieux dépôt au collège de Tournon (2). Mais le cardinal-légat d'Avignon, François-Marie Tarugio, était intervenu auprès du Général de la Compagnie, en faveur du collège de sa ville épiscopale, qui avait recueilli un grand nombre de jésuites exilés de France et offrait un asile sûr. On se rendit à son désir, et le Père Charles Janin et le Père Christophore Guyot furent délégués par le R. P. Provincial pour aller recevoir, des mains de Mme de Chaussy, ces précieux restes (3) et les transporter à Avignon.

A l'arrivée des deux délégués à Ruoms, on ouvrit le caveau, et, dans l'inspection des reliques, on fut frappé

(1) D. 3. 3. 17. a.
(2) D. 12. 9.
(3) D. 3. 3. 17. b.

d'une particularité. « Dans le chef du B. Guillaume,
raconte le Père de Gissey, la cervelle était conservée,
laquelle, après tant de temps, n'était point sèche ni
gâtée, et de laquelle, toutefois, ne sortait aucune mauvaise odeur ».

On laissa à Mme de Chaussy une part importante des
reliques. Mais après la fondation du collège d'Aubenas,
elle en céda la plus grande partie à ce collège (1); et
dans la suite, elle se dessaisit encore de plusieurs par-
celles en faveur du cardinal de Joyeuse (2) et d'autres
personnages qui durent à ces restes précieux de nombreuses faveurs, comme elle l'attesta sous la foi du serment (3).

La plus grande partie des reliques prit la route d'Avignon (4), où la population leur fit un accueil enthousiaste.
Le cardinal-légat vint lui-même à la porte du collège
recevoir ce précieux dépôt des mains du Père Charles
Janin, et, en action de grâces, entonna au pied de l'autel un *Te Deum* solennel. La châsse fut placée dans la
sacristie du collège, et, à dater de ce jour, on éprouva
souvent l'efficacité de l'intercession des Martyrs. Le
marquis de Cambis-Velleron parle de miracles opérés
par leur intercession : et il fallut plus tard transférer
les reliques dans un endroit plus retiré, pour mettre
fin à certaines marques de vénération qu'on aurait pu
prendre pour des actes de culte non encore autorisé (5).

(1) N. 27.
(2) N. 28.
(3) D. 3. 3. 19. a.
(4) D. 13. 5.
(5) D. 14. 5.

Le précieux dépôt qu'Avignon venait de recevoir ne resta pas longtemps intact. Le collège de Tournon, dont le Père Jacques Salès et le Frère Guillaume Saultemouche n'avaient pas cessé de faire partie, quand ils tombèrent sous les coups des huguenots, ne pouvait se consoler de n'avoir pas eu au moins une partie des reliques ; et en 1612, on fit droit à ses instances (1). A cette occasion, on fit d'autres distributions : Rome eut sa part, ainsi que les collèges de Billom, Chambéry, Dôle, Besançon, Le Puy, Béziers et Cahors. On en porta en Espagne et jusqu'aux Indes.

(1) D. 12. 10.

III

Merveilles et grâces diverses attribuées aux Martyrs d'Aubenas (1).

Au moment même où, tombant sous les coups des calvinistes, il naissait à la vie bienheureuse, le Père Salès, embrassant sa vie entière pour rendre grâces à Dieu, remonta dans ses souvenirs jusqu'à la petite chambre de Lezoux, où il avait reçu le premier de tous les dons ; et il plut à Dieu de faire briller dans cet appartement **une lumière extraordinaire** dont l'éclat attira aussitôt l'attention. La veuve de Claude Besson, qui habitait alors la maison, a attesté que cette lueur dura plus d'une heure. Des voisines accoururent et prirent avec elle un singulier plaisir à contempler cette lumière jusqu'à ce qu'elle prît fin. On en comprit la signification quelques jours plus tard, lorsqu'on apprit la nouvelle, rapidement apportée à Billom, que ce jour-là même, et à la même heure, le Père Salès et son compagnon avaient été martyrisés par les huguenots à Aubenas.

(1) De Gissey, c. 19 ; synopsis, c. 16, etc.

Dès lors, cette chambre devint, pour les gens de Lezoux, un lieu de vénération, où ils aimaient à venir se recommander à la protection du Père Salès. Ce ne fut pas en vain. Soixante ans plus tard, dans une lettre écrite au Souverain Pontife pour solliciter la béatification des deux Serviteurs de Dieu, Mgr d'Estaing, évêque de Clermont, fait mention des malades de toute sorte qui s'y faisaient transporter et en sortaient guéris, ainsi que des énergumènes qui, au contact des reliques, poussaient des hurlements de douleur, se plaignaient qu'on les fît souffrir d'atroces tourments, puis recouvraient la tranquillité. « Enfin, ajoute le prélat, si nombreux et si éclatants sont les faits surnaturels qui se renouvellent dans cet appartement, devenu un sanctuaire, qu'ils suffiraient à eux seuls pour faire décerner aux Serviteurs de Dieu les honneurs des Confesseurs, si leur martyre, dûment constaté, ne leur réservait la palme des Martyrs » (1).

Le dimanche soir, **les citernes d'Aubenas** se trouvèrent vides, et la ville fut privée d'eau pendant toute la semaine qui suivit le martyre (2). Comme on ne pouvait expliquer la chose, on se rappela alors ce qui s'était passé le samedi à la maison Lantouzet, lorsque le Père Salès, ayant reconnu que le potage présenté était gras, l'avait repoussé, en disant qu'il se contenterait d'un verre d'eau. On lui apporta du vin ; et quelque

---

(1) D. 5. 3. c.; D. 5. 2. B. d.

(2) Aubenas est situé sur une éminence, et, à cette époque, n'avait d'eau potable que celle de ses citernes.

instance qu'il fit pour se faire donner un peu d'eau, il ne put en obtenir une goutte. Comme il avait plu beaucoup les jours précédents, le Père Salès ne put s'empêcher de leur dire : « Ce n'est pas bien de nous refuser cette grâce, après que le bon Dieu vient de vous accorder une si grande abondance d'eau ». Cette remarque faite avec douceur n'appelait pas le châtiment. Cependant, on dut reconnaître que Dieu avait voulu condamner cette intempérance dont les protestants faisaient gloire, en les réduisant à faire cuire leurs mets dans du vin, faute d'eau, parce qu'ils avaient refusé d'en donner à ses serviteurs (1).

Mme Léonarde de Chaussy avait des titres particuliers à la faveur des deux Martyrs : aussi recourait-elle à eux en toute occurence, et jamais en vain. Jusqu'à l'époque où elle entra en possession des reliques, peu de mères avaient été affligées autant qu'elle. La mort lui avait ravi tour à tour chacun de ses enfants ; elle avait déjà pleuré sur quatorze tombes, et elle était dans des alarmes continuelles au sujet des deux derniers, les seuls qui lui restaient. Désormais, pleine de confiance, elle les mène chaque jour sur la tombe des Martyrs ; elle leur apprend à baiser la dalle qui les recouvre et à les invoquer : « Père Salès et Frère Guillaume, obtenez-moi la santé ». Sa confiance est plus grande encore pour celui qu'elle porte en son sein. Elle fait vœu, si c'est un fils, de lui donner le nom de

____

(1) D. 9. 3. c.

Jacques, en l'honneur du Père Salès, bien certaine qu'il veillerait sur son protégé.

Le fils aîné, non seulement obtint une bonne santé, mais, à l'âge de sept ans, fut sauvé d'une mort certaine. Ayant eu l'imprudence de s'asseoir sur le bord d'un puits, il y tomba sans que son père qui était proche s'en aperçût. Mais l'enfant se sentit repoussé du fond du puits, et fut maintenu la tête hors de l'eau, autant de temps qu'il fut nécessaire. Il cria à son père : « Ce n'est rien : je ne me suis fait aucun mal ». Et on le retira. en effet, sain et sauf.

Le petit Jacques, à qui sa mère fit toujours porter une relique du Père Salès, échappa aux infirmités et aux périls de l'enfance. Devenu homme, il prit part à toutes les guerres de son temps contre les ennemis de la religion. Il s'exposait toujours au plus fort du danger. Pour ne parler que du siège de Villeneuve-de-Berg, il reçut jusqu'à 34 blessures, dont plusieurs fort graves, qui le laissèrent pour mort ; mais elles n'eurent pas de suites fâcheuses, et il se releva bien vite, grâce à son saint patron, comme il le raconta lui-même au seigneur de Montréal (1).

Un jour de l'année 1620, Mme de Chaussy qui se trouvait dans une salle du château, entendit un craquement au-dessus de sa tête. Instinctivement, elle se précipite vers le côté opposé, et, levant les yeux, elle voit que la grosse poutre, après avoir commencé à cé-der. entraînant avec elle solives et plancher, s'est arrê-

____

(1) D. 3. 1. 20. b ; D. 3. 3. 19 b et 20. b.

tée, retenue par l'autre bout au-dessus duquel cependant il y a une grosse armoire toute remplie de linge. Elle monte, et se demande comment le poids de l'armoire n'a pas achevé l'effondrement. En voyant qu'elle est restée en place, suspendue au-dessus de cette poutre qui a fléchi et ne tient plus à l'autre extrémité, son étonnement redouble, mais en même temps tout s'explique pour elle. C'est dans cette armoire qu'elle conserve les reliques du Père Salès et de son compagnon ; et elle tombe à genoux pour rendre grâces à Dieu qui l'a préservée par l'intercession des deux Martyrs. Puis s'étant relevée, elle veut qu'on s'unisse à elle dans son action de grâces ; elle fait appeler les voisins et envoie même un exprès à Aubenas pour inviter les Pères du collège à venir voir le prodige. Quelques-uns vinrent en effet et en furent témoins, ainsi que les habitants de Ruoms (1).

Le 26 octobre 1622, **Philippe Daudan,** cultivateur, âgé de 70 ans, trébucha au sommet d'une tour élevée sur les remparts de Ruoms, et tomba si lourdement que tous ses os semblaient brisés. Il ne pouvait remuer que le bout des doigts, et on s'attendait à le voir succomber sous peu.

Mme de Chaussy l'ayant visité l'exhorta à se recommander aux Martyrs d'Aubenas, lui promettant la guérison et la santé. A peine eut-il commencé sa prière que les forces revinrent. Lui qui ne pouvait se mouvoir

(1) D. 3. 3. 20. c.

d'aucune sorte, put changer de position à son gré, et même s'asseoir sur son lit. Au matin, il se leva et marcha sans peine. Trois jours après, il reprit ses occupations ordinaires. Cette déposition de Mme de Chaussy fut confirmée de tous points par M. Claude Roussel, curé de Ruoms, qui avait visité et assisté Philippe Daudan à la suite de son accident (1).

On se souvient que le Père Salès eut à souffrir **de l'asthme** pendant sa vie ; et l'on sait que Dieu qui n'oublie aucun genre de mérite, se plaît d'ordinaire à communiquer à ses élus un pouvoir spécial contre le mal qui a été pour eux l'occasion d'un plus grand nombre d'actes de vertu. Aussi, les personnes atteintes de cette maladie se tournèrent-elles avec confiance vers le Père Salès.

Mme de Chaussy qui était sujette à de si violents accès qu'ils mettaient sa vie en danger, n'eut qu'à l'invoquer pour voir son mal réduit à une légère oppression.

Elle a attesté que le baron de la Roche et une dame d'Aubenas, Claire Vidalle, avaient obtenu pareille faveur, le baron en appliquant une relique qu'elle lui avait envoyée, et Claire Vidalle en promettant de réciter chaque jour une prière en l'honneur du Martyr (2).

Un religieux de l'Ordre de Saint-Benoît qui souffrait beaucoup, ayant obtenu de Mme de Chaussy un petit fragment d'os du Père Salès, n'eut plus qu'à appliquer cette relique sur sa poitrine, pour conjurer les accès.

(1) D. 3. 3. 20. d.
(2) D. 3. 3. 20. a et 19. a; D. 3. 5. 19.

Mais, à Largentière, en 1641, la première supérieure
du couvent de Notre-Dame fut non seulement soulagée
ou préservée de la violence du mal, mais subitement
et complètement guérie. Il y avait 20 ans que la Mère
Marie de Gachet était péniblement oppressée, surtout
pendant la saison d'hiver. Le 7 décembre, elle eut encore une crise qui la mit à toute extrémité. On lui présente une relique du Père Salès ; elle l'applique avec
confiance sur sa poitrine, et, à l'instant, se trouve parfaitement guérie.

Pour perpétuer le souvenir d'une guérison si extraordinaire, elle en écrivit le récit ; et pour corroborer son
propre témoignage, le fit signer par le médecin qui
l'avait soignée pendant sa longue maladie, et par toutes
ses religieuses témoins de ses souffrances antérieures.
Dans cet écrit, elle déclare que ce fut un don de Dieu
sans repentance ; car dans la suite elle n'éprouva plus
jamais aucun embarras dans les voies respiratoires,
bien qu'elle ne songeât plus à s'entourer de soins (1).

En plusieurs occasions, **les démons** ressentirent la
vertu des reliques du Père Salès. On avait amené à
Bruxelles une femme qui était possédée depuis 18 ans.
Elle n'avait depuis lors jamais parlé que latin, et on la
voyait parfois si violemment agitée par le malin esprit,
que six hommes des plus robustes étaient impuissants
à la tenir.

Le Père Henri Adam qui résidait dans cette ville,

______
(1) D. 15. 4.

avait été invité à assister aux exorcismes. Avant de s'y rendre au jour fixé, 5 juillet 1622, il eut soin de prendre sur lui un opuscule du Père Salès. Déjà l'action était engagée, lorsque, s'étant souvenu du manuscrit, il le tire de sa poche. Tout aussitôt, la malheureuse possédée remplit la chapelle de clameurs épouvantables et s'agite furieusement. Le Père intervient : « Pourquoi, dit-il au démon, fais-tu tant de tapage ? » — « C'est que mes tourments redoublent : je brûle, je brûle. » — « Eh quoi ! tu connais donc ce petit livre ? » — « Oui, oui, je le connais. » — « Tu sais donc que ce livre a été composé par mon plus mortel ennemi ? » — « C'est faux, s'écrie le démon ; au contraire, c'est un de tes amis qui l'a écrit. » — « Alors, tu n'ignores pas que mon ami qui a écrit ce petit livre a fait la mort la plus douce dans son lit. » — A ces mots, le démon laisse briller un éclair de joie, et d'un ton qui révèle le contentement qu'il éprouve à ce souvenir : « Non, dit-il, rien de plus faux ; il a fini tout autrement. » — « Eh bien ! qui l'a fait périr ? Ne serait-ce point tes amis ? » — « Oui, oui, ce sont mes amis qui l'ont tué. » — « Mais où cela ? N'est-ce pas à Lyon ? » — « Non, non, c'est à Aubenas. » — « Je suis heureux de voir que tu sais si bien toutes ces choses. » — « Pas moi, pas moi, je brûle ! je brûle ! »

Tel est le récit que le Père Adam envoya au mois d'août de l'année suivante au Père Jacques Gautier qui avait été le premier supérieur de la résidence d'Aubenas. Et le Père de Gissey ajoute : « C'est là un riche témoignage de la sainteté du Père Salès, rendu en

Flandre, à plus de deux cents lieues d'Aubenas, trente ans après sa mort. »

Un autre témoignage fut rendu à Avignon par un démon qui s'était également rendu maître d'une pauvre créature ; mais les détails sont moins précis. Le Père Barthélemy Jacquinot lui ayant appliqué à son insu une relique du Père Salès, le démon en ressentit aussitôt la vertu et s'écria : « Ote-moi ces os de mort ». Etonné, le révérendissime abbé de Saint Martin, frère du cardinal de la Rochefoucauld, fit cette remarque : « Il faut que ces reliques soient celles d'un grand ennemi des hérétiques ». En effet, répondit le Père, car il est mort de la main des huguenots.

Le 7 février, jour anniversaire du martyre, fut souvent marqué par des grâces particulières.

Il y avait à Aubenas un vieillard à qui il ne manquait que de reconnaître et d'embrasser la vraie foi. Il était l'un des premiers de la ville pour le rang ; et ses qualités, sa prudence surtout et ses connaissances littéraires le faisaient rechercher de tout ce qu'il y avait de noble et de distingué. Déjà, ses deux frères qui avaient quitté Aubenas, étaient revenus à l'Eglise catholique. Sous ses yeux, son fils qui était son image vivante par ses grandes qualités et aussi par son attachement à l'hérésie, son fils qui était l'idole de la jeunesse et faisait l'espoir du ministre et de tout le parti, s'était laissé gagner par la douceur d'un missionnaire, et avait consenti à s'instruire. Une fois convaincu, rien ne l'avait arrêté, ni les reproches, ni la violence même, et il était devenu un modèle de vie chrétienne. Seul le malheureux père restait inébranlable. Tous les efforts des missionnaires n'avaient rien pu obtenir ; et sa famille et ses nombreux amis étaient inconsolables de le voir s'avancer vers la tombe sans reconnaître la vérité.

Que se passa-t-il le 7 février 1605 ? Dès le matin du jour suivant, cet homme se trouva tout changé. Il se rendit chez les Pères pour abjurer publiquement les erreurs de Calvin et recevoir les sacrements de Pénitence et d'Eucharistie.

Cette conversion porta un coup sensible à l'hérésie ; et l'on ne peut savoir qui l'emporta ou de la joie des catholiques du Vivarais ou de la douleur des huguenots. La relation ajoute : « Il est à croire que les prières du B. Père Jacques Salès furent d'un grand secours à cet homme. Il avait eu autrefois des rapports avec le missionnaire ; et c'est le 7 février qu'il se résolut à embrasser la vraie foi, pour laquelle, à pareil jour, le Père et son compagnon avaient souffert à Aubenas un glorieux martyre » (1).

Le 7 février 1615, un des plus anciens Pères du collège de la Trinité, à Lyon (2), qui avait une dévotion toute particulière au Père Salès, fut frappé d'une attaque d'apoplexie foudroyante. Déjà dix heures s'étaient écoulées pendant lesquelles on avait inutilement tenté tous les remèdes que la charité des siens et la science

(1) D. 13. 6.
(2) Le Père Michel Coyssard qui avait alors 68 ans et mourut le 3 juin 1623.

des médecins avaient pu mettre à contribution, lorsque,
renonçant à tout agent naturel, on se tourna uniquement vers la Bienheureuse Vierge Marie et vers le
bienheureux Salès, en ce jour anniversaire de sa mort.
On suspendit au cou du moribond une image de la
Vierge, et à peine eut-on commencé de réciter les litanies qu'il donna des signes de retour à la vie. En
peu de jours, il recouvra les forces et la santé dont il
jouissait auparavant. Sa vive reconnaissance envers les
auteurs d'une si grande grâce fut partagée par ceux qui
l'entouraient, car ils l'avaient en grande estime (1).

Mais, au jugement de Mgr de Suze, évêque de Viviers,
aucun des miracles attribués aux martyrs d'Aubenas
n'approche, pour la grandeur et l'importance, de celui
du retour de la ville à la vraie foi (2).

Dès l'année 1597, aussitôt que le roi eut enlevé à
Chambaud le gouvernement de la ville, en punition
de l'attentat qu'il avait commis en s'en emparant, un
missionnaire de Tournon y entra comme dans une
moisson fécondée par le sang des martyrs. Plus de
deux cents hérétiques vinrent assidûment s'instruire
de la religion. La plupart se détachèrent du parti de
Calvin : les autres, ébranlés, reçurent au moins les
premiers germes de leur conversion (3).

Ce mouvement de retour s'accentua en 1603, à
la suite d'une grande manifestation qui eut lieu au
mois de mai. Le comte de Montlor, seigneur d'Aube-

(1) D. 13 7.
(2) D. 5. 2 B. f.
(3) D. 12. 4

nas, venait de fonder dans sa ville une résidence de la Compagnie, en accomplissement d'un vœu qu'il avait fait en l'honneur des martyrs ; et un gentilhomme à la foi ardente, Pierre de Chalendar de la Motte, estima que la nouvelle installation offrait aux catholiques une occasion d'affirmer leur foi en présence de l'hérésie. Après avoir obtenu que le chapitre de Viviers se ferait représenter, il organisa à Largentière, à Chassiers et dans toute la région, une immense procession qui se rendrait à Aubenas, bannières déployées et au chant des litanies. La manifestation fut imposante. Plus de 15.000 personnes firent leur entrée à Aubenas, dans un ordre parfait. La messe fut célébrée solennellement sous la halle couverte. Le supérieur du nouvel établissement, le Père Jacques Gautier, prononça un discours sur l'attachement à la vraie foi. Trois ministres et un grand nombre de huguenots s'étaient mêlés aux catholiques : et l'impression produite sur eux fut si heureuse que, peu après, dans une de leurs assemblées, quelqu'un put proposer le retour à l'Église catholique, sans soulever d'opposition (1).

Il y eut du moins une liberté plus grande de suivre sa conscience, et les conversions ne cessèrent de se multiplier jusqu'en 1628, où l'on vit revenir presque tout ce qui restait de dissidents. 151 chefs de familles réformées, réunis en conseil, se déclarèrent catholiques : et voulant aussitôt donner un gage de leur sincérité, ils firent cession de leur temple à la maréchale

____

(1) D'après une note de Delichères : Mazon, _Chronique_, p. 56.

d'Ornano ; et celle-ci, voyant que les deux prêtres de l'unique paroisse de Saint-Laurent ne pouvaient plus suffire aux besoins religieux de la population, depuis que, par la grâce de Dieu, il n'y avait plus d'hérétiques dans la ville, fit l'année suivante, par acte dressé le 27 juin, une pieuse fondation pour l'entretien de deux autres prêtres (1). Et depuis, la vraie foi s'est conservée à Aubenas, sans que les protestants aient jamais pu y reprendre la prépondérance, malgré les vicissitudes des temps.

On a remarqué qu'il en a été de même à Ruoms, où les corps des martyrs furent reçus avec honneur et séjournèrent pendant deux années.

Les dépositions recueillies **au procès de 1901** ont révélé que les martyrs d'Aubenas ne cessent d'obtenir de nouvelles faveurs du ciel à ceux qui les invoquent(2).

(1) MAZON, *Chronique*, p. 65.
(2) D. 4. 5. et 10.

IV

Châtiment des assassins.

Les Martyrs avaient pardonné à leurs bourreaux et prié pour eux. L'un d'eux, dont la coopération avait été moins apparente, leur dut probablement son salut ; car il se repentit et mourut catholique. Quant aux principaux coupables, l'impunité même dont ils jouirent sous la domination protestante, fut cause qu'on remarqua d'autant mieux comment ils furent poursuivis par la justice divine. Un demi-siècle plus tard, dans sa quatrième lettre au Souverain Pontife pour obtenir la canonisation des Martyrs, Mgr de Suze, évêque de Viviers, affirmait que pas un n'avait échappé, dès cette vie, à la vengeance céleste, et que tous avaient fait une fin misérable (1). Aujourd'hui, nous ne sommes plus à même de dire ce qui arriva à chacun d'eux. Voici seulement quelques souvenirs qui ont survécu.

Jean de Bosse, seigneur de Sarjas, le lieutenant de Chambaud, qui s'était rendu maître de la ville, et

(1) D. 5. a. B. e.

qui, excité par les ministres, avait fait mettre à mort
les deux religieux, fut sujet à un tremblement de tête
étrange, que rien ne put faire cesser ; et tous les ans, la
foudre lui tuait une partie de son bétail.

Mais une perte qui lui fut plus sensible, ce fut celle
de son fils unique, tué en duel en 1605, dans un pré,
auprès d'Aubenas, au même jour, 7 février, et à la
même heure, où, douze ans auparavant, il avait lui-
même fait massacrer les deux jésuites. Certaines circonstances qui suivirent firent encore mieux voir la
main de Dieu dans cet événement. Comme on empor-
tait le corps de ce malheureux, le cortège eut à passer
par la rue Triby ; et, arrivé au lieu même où les deux
Martyrs avaient été mis à mort, le cercueil devint si
lourd que les porteurs furent contraints de le poser à
terre, « et bien qu'ils ne fussent plus, dit un témoin oculaire (1) qu'à quelques pas de la maison où ils voulaient le déposer pour la nuit, ils durent le laisser là,
pendant plus d'une heure ». Vexés de cet arrêt forcé qui
les couvre de confusion, les huguenots crient, blas-
phèment ; et bientôt une foule nombreuse les entoure.
Chacun fait ses réflexions, sans oser pourtant les manifester par crainte de ces furieux. Mais l'ancien juge
Louis de la Faye, dans la maison duquel les deux jésuites avaient été retenus prisonniers, et d'où ils ne
sortirent que pour être massacrés devant sa porte, attiré par le bruit, n'avait pas quitté sa fenêtre ; et vivement frappé du fait et de toutes ses particularités, il

____

(1) Claude de Serres *qui istud non accepit modo, sed vidit* (D. 3. 2. 20.).

traduisit la pensée commune en s'écriant : « L'explication, la voilà : c'est ici que Sarjas fit massacrer le Père Salès et son compagnon, et le fils de Sarjas, dans son cercueil, fait amende honorable aux jésuites ».

Ce ne fut pas tout. Le lendemain, comme on conduisait le cadavre à Vals, un fou appelé Mignon, voyant le cortège se diriger du côté du cimetière des huguenots, mit son chapeau au bout d'un bâton, et prenant la tête du convoi, entonna le chant qu'il avait peut-être entendu autrefois à Aubenas : « *audi nos, exaudi nos* ». Sarjas dut avoir à ce moment un affreux souvenir. Il voyait reproduire pour son fils la parodie horrible à laquelle il avait présidé lui-même à Aubenas. Dieu rendait dérision pour dérision à ce père coupable (1).

Vital Suchon, appelé **le Simple,** ou même le fou, celui qui fut le principal instrument de Sarjas, en frappant le premier le Père Salès, et ensuite vêtu de la soutane de sa victime, avait été le principal acteur à cette procession sacrilège qui suivit le massacre, ne fut pas épargné, quoiqu'il ne fût pas entièrement responsable de ses actes. Réfugié dans un faubourg du Puy, où il pouvait se croire en sûreté, il y fut découvert au mois de juillet de l'année suivante, et condamné le 4 mars 1595, à faire amende honorable en chemise, tête et pieds nus, puis à être fustigé jusqu'au sang et banni, à perpétuité, de la sénéchaussée du Puy. Il finit dans une complète démence, et mourut dans une étable, rongé par la vermine.

(1) D. 3. 2. 20.

Jacques Massis, dit **Béolaigue,** qui, après Vital, frappa au cœur le Père Salès, ne tarda pas à porter la peine de son crime. Après un vomissement de sang qui l'épuisa en quelques instants, il fut en proie à une fiè-vre si ardente, que sans le toucher, on le sentait brû-ler. Le médecin avoua qu'il y avait là quelque chose d'extraordinaire ; et pendant les 11 jours que dura cet état, il fut impuissant à tempérer, si peu que ce fût, ce feu dévorant qui ne permit pas à sa victime de se reconnaître.

Jacques Baume, le boucher d'Aubenas qui avait criblé de coups le Frère Guillaume, fut en proie à des accès de fureur qui éloignèrent de lui même ses core-ligionnaires, et tomba dans une telle misère, qu'il fei-gnit hypocritement de se faire catholique pour obtenir des secours du comte de Montlor. Mais quand ce bien-faiteur lui manqua, il ne prit plus la peine de cacher ses vrais sentiments et mourut dans l'abandon et la mi-sère.

V

La cause des Martyrs d'Aubenas, autrefois et aujourd'hui.

On commença à s'en occuper dès les premiers jours qui suivirent leur mort, arrivée le 7 février 1593. Par ordre des Etats du Vivarais qui siégeaient à Bourg-Saint-Andéol, la justice procéda immédiatement **à une enquête**, et soit en cette ville, soit à Largentière, recueillit sous la foi du serment les dépositions de huit témoins (1). En mettant en évidence que la haine seule de la foi catholique avait armé les huguenots contre les deux religieux, ces dépositions furent la pleine justification du sentiment populaire qui avait, dès le premier jour, donné aux victimes le nom de Martyrs.

Mais ces informations, dues à l'initiative du pouvoir civil, étaient dépourvues de valeur canonique.

Le 30 octobre 1606, **M⁰ Jean de l'Hostel**, évêque de Viviers, voulant suppléer à ce défaut, approuva et confirma les dépositions anciennes (2). Mesure insuffisante

(1) D. 1.
(2) D. 2. 1.

qui ne pouvait changer la nature des témoignages recueillis. Il aurait fallu qu'ils fussent recueillis à nouveau au tribunal de l'Evêque, lui seul ayant qualité
pour les recevoir canoniquement.

C'est ce que tenta de faire l'année suivante **Mgr Pierre-
André de Léberon**, évêque de Valence et Die, à l'égard
des témoins de son diocèse. Mais au jour fixé, 3 février 1607, au lieu de recevoir séparément la déposition
de chacun d'eux, l'Evêque les admit tous ensemble en
sa présence, et procéda publiquement à l'interrogatoire,
pour recueillir leurs témoignages (1). C'est ainsi qu'avant
la publication du décret d'Urbain VIII, qui fixa la procédure à suivre, on était exposé à ne pas aboutir, malgré les plus louables intentions.

Quand on eut reconnu que tout ce qui avait été fait
jusque-là manquait de valeur canonique, le Père Jean
de Neufville, du collège d'Aubenas, fut chargé de présenter une supplique à l'évêque de Viviers pour qu'il
procédât à des informations régulières.

Mgr Louis de la Baume de Suze confia les fonctions
de juge à son official d'Aubenas, Jacques de Larmande,
auquel il adjoignit un notaire et un cursor ; et ce tribunal, constitué par acte public le 23 septembre 1627,
remplit sa tâche avec un tel soin qu'on ne pouvait raisonnablement rien désirer de plus, avant les décrets
d'Urbain VIII sur cette matière (2).

(1) D. 2. 2.
(2) D. 3.

Le procès terminé, et tous les actes transcrits, le 22 mars 1628, le relevé fut collationné avec l'original par les membres du tribunal, puis signé et scellé pour être envoyé à Rome. Il y fut porté, en effet, et déposé à la procure générale, en attendant une occasion favorable pour le présenter à la Sacrée Congrégation. En France, on crut que la présentation avait eu lieu, et l'on ne s'occupa plus que de multiplier les instances pour obtenir la béatification des Martyrs. Et comme à l'occasion du cinquantenaire de leur mort, elles affluaient de tous côtés (1), la Sacrée Congrégation qui n'avait encore reçu que des suppliques, fit demander à Mᵍʳ de Viviers des informations sur le martyre du Père Salès et du Frère Saultemouche.

Monseigneur qui, en 1627, s'était contenté de constituer un tribunal, sans s'occuper personnellement du procès informatif, et à la fin ne l'avait point signé et scellé, comme cela a été requis depuis, pensa que la Sacrée Congrégation attendait de lui un acte personnel. Il réunit les documents qu'il put trouver, les signa le 18 août 1652, et ayant scellé le paquet de son sceau, l'envoya. C'est ce pli qui fut présenté à la Sacrée Congrégation le 14 août 1655, et à l'ouverture qui en fut faite, le 19 avril 1657, on ne trouva en double exemplaire, l'un français, l'autre latin, que le résultat de l'enquête qui avait été faite à l'origine, à quoi venaient s'ajouter deux procès *de non cultu* de date récente (2).

Ce ne furent donc que ces premières dépositions et

(1) D. 5.
(2) D. 6.

quelques documents du même genre, comme la lettre de M⁸ʳ de Léberon, évêque de Valence, qui servirent de base au rapport qui fut lu par le cardinal ponent Azzolini, dans la congrégation particulière du 7 juin 1658. Aussi la sentence qui intervint ne fit que constater l'insuffisance des preuves.

Alexandre VII, dans la congrégation générale qui eut lieu en sa présence le 29 novembre 1658, ordonna de faire savoir au postulateur de la Cause du Père Jacques Salès et du Frère Guillaume Saultemouche de la Compagnie de Jésus que les témoins, s'ils sont examinés par un juge laïc, ou même par un évêque, si celui-ci ne les interroge pas séparément, mais tous ensemble, ne sauraient fournir un fondement suffisant à donner la signature (1). C'était l'évidence même : un jugement canonique doit être appuyé sur des preuves canoniques.

Mais comment, à ce coup inattendu qui changeait en déception toutes les espérances de la veille, n'y eut-il personne pour rappeler que de vraies preuves avaient été apportées 30 ans auparavant ? Aujourd'hui, avec une postulation générale qui centralise et classe tous les documents relatifs à chaque Cause, avec la publicité qui est donnée aux moindres événements et la facilité des communications, chose semblable ne saurait se produire. Mais pour lors, avec une organisation moins parfaite, et sans doute à cause des changements

______

(1) D. 7.

survenus dans le personnel, le procès régulièrement fait en 1627, par l'autorité ecclésiastique, et porté à Rome, n'ayant pas été utilisé sur-le-champ, était tombé dans l'oubli sans laisser trace de son existence.

On eut d'abord la pensée de tout recommencer. Mais cette intervention du Saint-Siège n'enlevait-elle pas aux Ordinaires la faculté de s'occuper de la Cause? Pour lever tout doute, le postulateur demanda que cette faculté leur fût rendue ; et c'est à cette occasion que fut fixée l'interprétation des récents décrets. Le 15 février 1659, la Sacrée Congrégation déclara que rien n'empêchait les Ordinaires d'user de leur autorité tout comme auparavant, parce que, dans cette occasion, la signature avait bien été demandée, mais non accordée ; et tant qu'elle n'a pas été accordée, on ne peut dire que le Saint-Siège ait apposé sa main. et par ce fait, soustrait la cause à l'autorité de l'Ordinaire (1).

Le chemin restait libre ; et si l'on s'y fût engagé, au premier pas qu'on aurait fait, on aurait touché le but. « Ce que vous me demandez, aurait répondu Mgr de Viviers, a été fait ». Et si les membres du tribunal qu'il avait constitué n'existaient plus, on pouvait néanmoins savoir ce qui s'était passé en 1627 ; et si le relevé envoyé à Rome était perdu, on aurait trouvé au collège d'Aubenas l'original du procès. Ce qui aurait permis de tout réparer. Malheureusement on attendit.

Comme on ne s'occupait plus de la Cause, quand, plus tard, le procès de 1627 qui n'était qu'égaré parmi

____

(1) D. 8.

d'autres papiers, fut retrouvé, on ne prit même pas la
peine de l'examiner avec le soin qu'il méritait, et son
importance ne fut pas soupçonnée. On crut fausse-
ment que c'était celui-là même qui avait été présenté
en 1655 à la Sacrée Congrégation et dont les preuves
avaient été déclarées non recevables, et l'on fit ce qu'il
y avait de plus propre à accréditer cette erreur et à rendre difficile la découverte de la vérité. On le joignit
aux autres pièces concernant la Cause des Martyrs, avec
ce titre :

*Copie des procès faits par l'autorité de l'Ordinaire dans
le diocèse de Viviers, et du procès-verbal de la reconnaissance de ces procès à Rome.*

La lecture de ce titre devait invinciblement porter à
tenir ce procès comme ayant été visé et atteint par la
sentence de 1658. Seul un examen approfondi, comme
celui qui eut lieu en 1900, aurait pu faire découvrir
l'erreur ; mais rien n'y donna occasion, et le recueil
lui-même finit par disparaître.

Cependant, l'abandon de la Cause des Martyrs ne
cessa de susciter des regrets. Ces regrets se renouvelè-
rent principalement à Aubenas, dans les diverses occasions où l'on eut à s'occuper de leurs reliques. Ce qui
arriva trois fois au siècle dernier, en 1829, en 1867 et
en 1898.

A la suite de la dernière reconnaissance qui en fut
faite le 25 juin 1898 (1), et de leur translation le lende-

(1) . 17. 6.

main, de l'ancienne église du collège à l'église paroissiale d'Aubenas, dans des circonstances émouvantes, on
n'hésita plus à donner satisfaction aux vœux de la
population et du diocèse.

La Cause fut décidément reprise, avec un sentiment
de confiance que désormais Dieu aplanirait toutes les
difficultés. En effet, c'est d'une manière bien providentielle que **l'ancien procès de 1627** fut retrouvé aux
archives de l'Etat, à Rome, en novembre 1900. Immédiatement transcrit et soumis à l'examen de Mgr le Promoteur de la Foi, il obtint de ce juge un suffrage rarement accordé, s'il le fut jamais. C'était plus qu'une
réhabilitation. L'hypothèse même que ce procès ait pu
être tenu autrefois pour insuffisant, était écartée *a priori*.
Le **fait** et la **cause du martyre** des deux Serviteurs de
Dieu y étaient établis, de manière qu'il n'était plus
besoin de s'occuper du passé. Il ne restait à faire **qu'un
procès complémentaire** pour constater la persistance
de la renommée du martyre, et montrer qu'après trois
siècles écoulés, le Père Salès et le Frère Saultemouche
n'ont pas cessé d'être regardés comme de vrais Martyrs. Et cette constatation *de fama praesenti martyrii* a été réalisée de la manière la plus satisfaisante,
dans le procès fait à Aubenas au mois de février 1901,
et déposé à la chancellerie de la S. C. des Rites, le
17 avril suivant (1).

On peut voir par là en quelles conditions favorables
se présente aujourd'hui la Cause des deux premiers

____

(1) N. 2.

Martyrs de la Compagnie de Jésus en France. Et il semble qu'on soit disposé à lui tenir compte du long retard qu'elle a éprouvé ; car, sans attendre le *decennium* traditionnel, on a déjà permis de présenter les deux documents préliminaires à l'introduction de la Cause : le *Summarium* et l'*Informatio Super Dubio an sit signanda Commissio introductionis Causae Servorum Dei Jacobi Salesii et Guillelmi Sallamochii e Societate Jesu* (12 et 25 mai 1905).

VI

Motifs d'espérer que l'Eglise glorifiera un jour les Martyrs d'Aubenas.

Le simple récit des événements qui ont rempli, à Aubenas, les deux journées du 6 et du 7 février 1593, paraît établir avec évidence que la mort des deux jésuites fut bien un véritable martyre. Mais tout jugement sur cette affaire doit rester subordonné à celui de l'Eglise ; et si présentement nous voulons connaître les motifs qui peuvent faire espérer de sa part un jugement favorable, nous devons les chercher et les trouver dans les preuves canoniques, seules admises auprès de la S. C. des Rites. Ces preuves ont été fournies sous la foi du serment, par neuf témoins, au cours du procès informatif institué en 1627 par Mᵍʳ de Suze, évêque de Viviers, et dont les actes authentiques ont été providentiellement retrouvés en novembre 1900.

Nous avons dit, dès le commencement (1), que la haute valeur de ces preuves fut aussitôt reconnue par

(1) Préface

un juge (1), dont le suffrage peut à bon droit être considéré comme précurseur de celui de l'Eglise elle-même.

L'Eglise, en effet, dans les Causes des Martyrs ne demande que deux choses : qu'il y ait preuve — *constet* — selon les formes canoniques, du **fait** et de la **cause du fait**. Or, sur ces deux points, les témoignages recueillis au procès informatif de 1627 ne peuvent être plus explicites.

Le **fait** de la mort violente subie par le Père Salès et le Frère Saultemouche a pu être attesté et décrit dans toutes ses principales circonstances, par quatre témoins oculaires qui se trouvèrent dans les conditions les plus favorables. L'un était dans la maison Lantouzet, et des fenêtres supérieures put voir le drame sanglant et recueillir les paroles des victimes (2). Deux se trouvèrent au premier rang de la foule, et tout près des meurtriers (3). Un quatrième était à sa fenêtre, d'où l'on embrassait toute la scène (4).

Les autres témoins avaient pu se renseigner non moins exactement sur tous les faits, comme le seigneur de Montréal, Claude de Serres, Mme de Chaussy. Judith de la Teule et Jeanne Guigou (5).

Relativement au point éminemment important de la **cause** pour laquelle le Père Salès et le Frère Saultemou-

(1) Mgr le Promoteur de la Foi.
(2) Guillaume Rigaud, D. 1. 7. et D. 3. 4.
(3) Jacques Rouvière, D. 3. 8. et Jean Cachon, D. 3. 9.
(4) Marie Gamond. D. 3. 7.
(5) D. 3. 1. 2. 3. 5 et 6.

che furent cruellement mis à mort, tous ces témoins n'en ont jamais assigné qu'une, à l'exclusion de toute autre. C'est toujours la même affirmation qui revient :

C'est en haine de la foi, comme ennemis de la religion de Calvin, comme défenseurs de l'Eglise romaine, comme religieux de la Compagnie de Jésus, qu'ils furent recherchés dès l'entrée des protestants ; et pendant les deux jours qu'ils furent retenus prisonniers, tout le temps fut employé à des discussions religieuses sur l'abstinence, le libre arbitre et surtout la sainte Eucharistie. C'est uniquement en haine de la foi que l'un des ministres mit fin à toutes ces discussions, en criant : « Tuez-les, tuez-les ; ils suffiraient à infester le monde entier » et c'est uniquement en haine de la foi, qu'ils furent finalement voués à la mort par les ministres et Sarjas. En s'armant du zèle d'Elie, Labat ne prétendit châtier qu'un faux prophète et un blasphémateur, après s'être efforcé en vain de le faire apostasier ; et Sarjas, entraînant le Père Salès, le traita d'idolâtre, mais ne lui adressa nul autre reproche. Encore au dernier moment, on ne demande de lui qu'un mot de rétractation au sujet de la présence réelle.

Aussi, ajoutent tous ces témoins : Il n'y a qu'une voix pour dire que le Père Salès et le Frère Saultemouche sont morts martyrs, et qu'il n'en peut être autrement, tant il est certain qu'ils n'ont été massacrés ni pour quelque crime personnel, ni pour aucune autre cause, mais uniquement en haine de la foi. C'est pourquoi le peuple les a toujours tenus et les tient pour martyrs, les révère et les invoque comme tels (1).

Ces témoignages de 1627, par leur accord unanime et leur valeur juridique, suffisent à tous les besoins de la Cause, d'autant plus que, soit avant, soit après, le même accord n'a cessé d'exister. Tout s'est passé au grand jour. Après les discussions qui avaient eu lieu et la manière violente dont chacune s'était terminée, après le prêche de Labat, en place publique, et son appel au meurtre, personne à Aubenas n'a pu ignorer le vrai et l'unique motif pour lequel les deux jésuites furent massacrés. Les protestants étaient les premiers à en convenir, quelques-uns pour s'en glorifier, ne voyant en eux que des ennemis de leur religion : tel le principal meurtrier, celui qu'on appelait le Simple. Il ne se méprit point. Il crut que son action lui vaudrait des félicitations, et, tout étonné de n'en pas recevoir partout, il se justifiait en disant que dans les discussions avec les ministres, le Père Salès avait attaqué leur religion et mérité la mort.

D'autres ne trouvèrent point que le dissentiment religieux fût un motif suffisant pour les mettre à mort : tels les soldats qui refusèrent d'obéir, ou s'enfuirent, ne pouvant supporter cet horrible spectacle, et aussi les habitants qui ne ménagèrent pas les reproches aux meurtriers.

Pour les catholiques, il est tout naturel qu'ils aient

___

(1) Tous les témoins, principalement aux n°s 14, 15 et 16.

donné sans hésitation aux victimes le nom qui leur est resté de **Martyrs d'Aubenas**.

Et au loin, ce fut comme à Aubenas même. Exactement informé, le Père Bernardin Castori, provincial de Lyon, n'ordonna point les suffrages accoutumés ; et dans tous les collèges et maisons de la Compagnie, on célébra des messes d'actions de grâces en l'honneur de la T. S. Trinité. Ces hommages reçurent l'approbation du R. P. Aquaviva : « C'est avec raison, répondait-il au Père Castori, que votre Révérence a jugé qu'il n'y avait pas lieu d'ordonner les suffrages. Nous n'avons qu'à bénir le Seigneur qui a daigné accorder à ce bon Père et à son compagnon une fin si glorieuse pour Dieu et ses Serviteurs, et qui, nous l'espérons, sera utile au salut d'un grand nombre ». Un peu plus tard, le Père Général écrivait à Tournon pour consoler les Pères du collège de la perte qu'ils venaient de faire : « Quant au bon Père, ne pensons plus qu'à le féliciter et tenons pour sûr que son sacrifice obtiendra de la divine Bonté des recrues nombreuses pour la Province » (1).

L'enquête judiciaire immédiatement ouverte, en précisant les faits, en fixant les responsabilités, donna un récit authentique, qui entra aussitôt dans le domaine de l'histoire.

Parmi les relations qui se répandirent dès la première année, celle de Lyon (2), la plus expressive de toutes

---

(1) D. 1. 7 et 8.

(2) D. 9. 1. Pillehotte. — *Les deux premiers de la Compagnie de Jésus, qui ont été massacrés en France pour la religion chrétienne par les hérétiques dans la ville d'Aubenas, au bas pays du Vivarais, le 7 de février, l'an de grâce 1593.*

dans son titre en gros caractères, et dans ses illustra-
tions qui reproduisaient au vif les horribles scènes du
drame, ne souleva aucune contradiction.

Et pendant deux siècles, l'attestation du martyre du
Père Salès et du Frère Saultemouche a été unanime à ce
point que rien n'est venu révéler la moindre opposition.

VII

Récente évocation d'une voix discordante.

Après deux cents ans de parfaite unanimité dans l'attestation du martyre du Père Salès et du Frère Saultemouche, une page retirée par son auteur et volontairement enfouie, ayant été déterrée par hasard, on a eu comme l'écho d'une voix qui s'éleva un jour contre le sentiment universel, puis se condamna elle-même à l'éternel silence. Comment cette voix fut-elle évoquée ?

Il y a eu deux *fidèles récits* d'un anonyme protestant, et tous les deux portant le même titre : *Le fidèle récit de ce qui s'est passé en la ville d'Aubenas lors de la guerre de la Ligue commencée en 1585.*

L'un fut destiné au public et répandu dès l'année 1594. Il a été reproduit *in extenso* au siècle dernier par Poncer dans son troisième volume des *Mémoires historiques sur le Vivarais*. Dans ce récit, il n'est pas dit un mot des deux jésuites.

Le manuscrit primitif de l'auteur anonyme était resté dans la famille Valeton. C'est là qu'à l'époque de la Révolution, M. Paul Delichères put le voir et noter

les faits particuliers qu'il n'avait pas rencontrés ailleurs,
entre autres, une relation du meurtre des deux jésuites,
en complète opposition avec ce que l'on connaissait
jusque-là (1). De son côté, M. Henry Deydier ayant eu
entre les mains ce même manuscrit, n'avait pas manqué d'enrichir ses *Notes généalogiques* d'un récit qui
présentait sous un jour si nouveau un des faits mémo-
rables de l'histoire locale (2).

C'était plus qu'il n'en fallait pour que ce fragment
de l'œuvre posthume de l'auteur anonyme ne tardât pas
à se produire au grand jour. Les manuscrits ne gardent
plus leurs secrets. Déjà quelques privilégiés avaient pu
lire, non sans étonnement, la note relevée par M. Deydier. Enfin le moment vint où l'érudit dont les nombreux ouvrages sur le Vivarais ont rendu si populaire
le nom du D\ Francus, non content d'avoir épuisé toutes les archives publiques, exhuma des écrits particuliers de M. Delichères et publia intégralement cette
relation contradictoire qui remontait juste à trois siècles (3) :

Ici, poursuit l'anonyme, après le récit de la surprise d'Aubenas, on doit répondre à une méchante calomnie dont les
jésuites ont chargé ceux de la religion : c'est d'avoir fait tuer
de sang-froid et cruellement un jésuite nommé Jacques Salès
et son novice, qui se trouvèrent dans la ville, et ce, pour

(1) On lit en tête du manuscrit de M. Delichères : *Notes prises sur un
manuscrit du temps, rédigé en 1594, qui est entre les mains de P. Valeton, inti-
tulé : Fidèle récit*, etc.

(2) Manuscrits de M. Henry Deydier, article Montlor.

(3) *Chronique religieuse du vieil Aubenas*, par A. Mazon, 1894.

avoir vaincu en dispute des ministres entrés dans la ville après la prise.

La vérité est que ces bonnes gens tombèrent entre les mains de quelques soldats voisins de la ville, qui avaient su comme le dit Salès n'avait cessé de prêcher séditieusement et contre le feu roi, et le roi régnant, dans Aubenas et ailleurs, lequel toutefois n'avait rien à craindre en sa personne, s'il se fût contenu modestement, puisqu'il était entre les mains de ses ennemis, et s'il eût doucement attendu l'issue de toute cette affaire.

Mais, comme quelques-uns voulurent l'arraisonner, le lendemain de la prise, dans la maison du baile la Faye, de la religion, qui s'employait bien pour lui, afin de savoir sur quoi il fondait sa mauvaise doctrine qu'il fût permis aux Français de se dispenser du serment de fidélité et se bander et liguer contre le roi, lui, au lieu d'être modeste et de se conformer aux maximes chrétiennes, se prit à invectiver contre l'honneur du roi et ceux à qui il parlait, disant que le roi de Navarre n'était pas roi de France, et ne le pouvait être, l'appelant hérétique et damné, et que ceux qui lui faisaient service étaient damnés.

Cette audace, accompagnée de plusieurs autres traits amers, réveilla en ceux qui l'oyaient la mémoire de discours séditieux qu'il avait auparavant tenus dans ses sermons, tellement qu'un soldat dont je n'ai su le nom et qui est mort depuis, ayant trouvé le moyen d'être seul avec lui, poussé d'un zèle toutefois bien inconsidéré, tua le dit Salès d'un coup d'arquebuse ; et après, tout aussitôt, d'autres en firent autant à son compagnon.

Ce n'était pas certainement un procédé louable, étant contraire au droit de guerre et à l'honnêteté, combien que si on eût fait le procès à ce boute-feu, par ses écrits mêmes, il y avait plus que de besoin pour le faire mourir exemplairement comme criminel de lèse-majesté (1).

M. Henry Deydier s'était contenté d'un résumé, en forçant les traits :

L'auteur du *Fidèle récit* dit que La Faye avait les jésuites chez lui, où il les arraisonnait pour qu'ils missent à l'avenir plus de modération dans leurs discours, mais que ces boute-feu continuèrent à soutenir leur doctrine pernicieuse, louant Jacques Clément d'avoir tué le roi Henri III, qu'alors un soldat indigné, poussé par un zèle inconsidéré, avait tiré sur Salès un coup d'arquebuse, et que tout aussitôt ses compagnons en firent autant au Frère Sautemouche (2).

Si l'on a été péniblement affecté, en entendant cette voix discordante, l'impression va changer. Non seulement on ne regrettera pas que M. Mazon ait publié cette version d'un anonyme protestant, mais après la magistrale étude critique qu'il vient d'en faire, on estimera qu'il a rendu plus éclatant le triomphe de la vérité. Que ne pouvons-nous reproduire presque en entier le chapitre IV du tome IV des *Notes et documents historiques sur les huguenots du Vivarais !*

Mais, comme pour confondre l'imposture, M. Mazon oppose récit à récit, ce serait reprendre les faits déjà

---

(1) *Chronique religieuse du vieil Aubenas*, p. 42.

(2) Il nous a été impossible de contrôler l'allégation qui concerne le panégyrique de Jacques Clément. M. Delichères semble avoir cité textuellement tout ce que le *Fidèle récit* contenait au sujet des jésuites, et il n'était pas homme à reculer devant l'imputation d'apologie du régicide, s'il l'avait rencontrée dans le manuscrit de l'auteur anonyme.

exposés, avec les nombreux témoignages qui les établissent. Pas n'est besoin de répéter ici les affirmations catégoriques de tous les témoins qui n'ont jamais assigné qu'un seul motif à la mort des deux jésuites : la haine de la vraie foi.

Nous plaçant donc immédiatement au point où en est M. Mazon après la première partie de son travail, c'est-à-dire « d'une part, devant le résultat concordant de deux enquêtes officielles de l'autorité civile et de l'autorité ecclésiastique présentant toutes les garanties désirables, et de l'autre, devant un témoignage isolé et d'origine suspecte », nous pouvons déjà conclure avec lui qu'entre les deux il n'y a pas à hésiter : d'un côté, le nombre des témoins, la religion du serment qui intervient avant leurs dépositions, l'accord parfait entre eux, la précision des moindres détails du double meurtre, la cause de la mort proclamée tellement unique qu'on n'admet aucune autre cause même secondaire, et de l'autre côté, un récit tellement *infidèle*, que son auteur lui-même n'a jamais osé le produire, sinon dans un ou peut-être deux entretiens tenus bien loin du théâtre des événements, pour le besoin le plus urgent du parti huguenot.

Les investigations de M. Mazon projettent la plus vive lumière sur ce personnage et le rôle qu'il a joué. Déjà en 1894, quand il publia cette page relevée par Delichères, la connaissance approfondie qu'il avait de cette guerre de la ligue, lui avait permis de soulever immédiatement le voile de l'anonyme, et de reconnaître le capitaine Valeton qui avait eu à remplir une double mission.

D'abord ce fut lui que les chefs du parti, qui n'étaient pas sans appréhension relativement aux suites que pourrait avoir la violation de la trêve, députèrent sans retard au connétable de Lesdiguières pour lui faire trouver bon le coup de main qu'ils avaient tenté contre la ville d'Aubenas. Mais Lesdiguières ne voulut rien entendre, et donnant libre cours à son indignation, menaça de punir l'attentat de Chambaud, en le forçant de rendre la place.

Il ne restait que le recours au roi pour sauver la situation et ce fut encore le capitaine Valeton qui fut député à la cour du roi, à Mantes. Le roi le reçut à souper, et entendit avec plaisir le récit qui lui fut fait de la prise d'Aubenas ; mais le rapport de Lesdiguières étant arrivé, Valeton n'eut plus accès auprès d'Henri IV, et dut se retirer non sans inquiétude.

« Là, poursuit M. Mazon, se trouve la clef du mystère, et la double mission de ce personnage auprès de Lesdiguières et à la cour explique tout.

« Chargé de la tâche difficile de justifier à Grenoble et à Paris la coupable équipée de Sarjas et Cie, on peut bien penser que le capitaine huguenot ne négligea rien de ce qui dépendait de lui pour réussir et qu'il consulta surtout les besoins de sa cause : ce qui l'amenaît tout naturellement à présenter les choses comme il le fait dans le *Fidèle récit*. Et, ayant devancé tous les autres courriers, il pouvait espérer d'atténuer par ses artifices l'horreur des attentats commis, et peut-être détourner le châtiment que le parti avait mérité en violant la trêve.

« Cet aperçu sur l'origine du manuscrit achève d'en
réduire la portée. A vrai dire, il n'y eut pas de version
protestante sur la cause de la mort des deux jésuites,
car il ne semble pas que les protestants aient parlé alors
autrement que les catholiques : pour tous, le P. Salès
et son compagnon avaient été mis à mort pour leur foi
religieuse. Le *Fidèle récit* ne nous donne que la version
d'un protestant, intéressé, pour se disculper, à charger
les victimes. Et peut-être le capitaine Valeton ne l'eût-il
pas écrite, s'il n'avait eu qu'une mission à remplir.
Mais quand, pour réparer l'échec subi à Grenoble auprès de Lesdiguières, il fut chargé d'aller plaider la
cause auprès du roi, il sentit le besoin de fixer sur le
papier la manière dont il avait présenté les choses à
Grenoble, afin que le rapport que Lesdiguières ne
manquerait pas d'envoyer au roi ne pût le mettre en
contradiction sur aucun point. Il écrivit donc, surtout
pour son usage personnel, le passage que nous avons
cité. »

« Si l'on peut s'en rapporter à lui, ce ne serait que
vingt mois après (octobre 1594), qu'il aurait relaté la
série des événements auxquels il avait pris part » (1).

Et alors sous peine de s'enlever tout crédit même
auprès des religionnaires, il dut renoncer à ses inven-
tions, et supprima purement et simplement toute l'affaire des deux jésuites » (2).

---

(1) Fait à Aubenas, le 4 octobre de l'an susdit 1594, par un patriote
véritable et amateur de la paix.

(2) Comment l'anonyme aurait-il pu se risquer à Aubenas et dans tout
le Vivarais à représenter le Père Salès comme un boute-feu !..., cet homme

S'il garda dans un tiroir la rédaction primitive, rien
toutefois ne put le décider à l'en faire sortir, et il dut
faire des recommandations aux siens à ce sujet, puisqu'il n'y eut aucune indiscrétion commise pendant
deux siècles.

Cette réserve de Valeton étonne à bon droit. Lui
dont la relation se terminait par ces mots : « Que si on
eût fait le procès à ce boute-feu, par ses écrits mêmes,
il y avait plus que de besoin pour le faire mourir
exemplairement comme criminel de lèse-majesté », il
retire ce qu'il a avancé, et dans des circonstances où
tout devait le porter à parler.

« Comment comprendre que Valeton si dévoué à son
parti n'ait pas agi après l'attentat de Jean Châtel, commis le 25 décembre de cette même année 1594, alors
que les ennemis des Jésuites, triomphants sur toute la
ligne, pouvaient faire mettre à la torture, puis exiler à
perpétuité le Père Guéret, pour le seul fait d'avoir été
le professeur de Jean Châtel un an avant son crime, et
faire pendre en place de Grève, 7 janvier 1595, le Père
Guignard, parce qu'il s'était trouvé, égarée parmi ses
papiers, une de ces feuilles, comme on en distribuait

---

d'une *très doulce conversation;* comme un ligueur exalté, et même un apôtre du régicide .., ce religieux d'une prudence qui ne fut jamais en défaut, d'une modération telle que les protestants qui l'avaient entendu ne
pouvaient assez s'en étonner ; à avancer que le Père Salès avait discuté
avec d'autres qu'avec les ministres, et sur d'autres questions que celles
qui avaient eu un si grand nombre de témoins ; qu'il avait été tué dans
la maison de La Faye.... d'une manière tout à fait clandestine, par un
soldat indigné qui profita d'un moment où il était seul avec lui..., et
qu'il n'y avait rien à rechercher de ce fait, puisque ce soldat inconnu
avait agi sans ordre..., et qu'il était mort ?

par milliers du temps d'Henri III, contenant des imprécations contre ce prince ? »

Alors qu'on cherchait des preuves, et que, pour les
plus futiles prétextes, on sévissait avec cette rigueur
contre les Jésuites, Valeton aurait été seul à tenir en
mains des preuves décisives, et ne se serait pas acquis
une gloire immortelle en les produisant !

L'étude de M. Mazon nous ménage d'autres surprises :

« Le parlement de Paris trouva même dans les faits
que nous venons de rapporter, matière à bannir les
Jésuites de son ressort ; d'autres parlements l'imi-
tèrent. Mais celui de Toulouse, dans le ressort duquel
le Père Salès avait prêché, n'ayant rien trouvé sans
doute à reprocher aux jésuites, résista à l'entraînement
et ne voulut jamais inquiéter ces religieux. Bien plus
— et le fait est assez piquant — c'est avec l'encouragement secret d'Henri IV, autant qu'avec l'appui déclaré
du parlement de Toulouse, que le comte de Tournon put
résister aux injonctions du parlement de Paris, qui
prétendait l'obliger à chasser les Jésuites de son collège
de Tournon. »

Mais il y a mieux encore : un fait va nous montrer
quelle imprudence Valeton aurait commise, s'il eût
parlé dans le Vivarais. Sur une simple rumeur que des
esprits malveillants intriguaient à Paris pour faire fer-
mer le collège de Tournon et dans ce but avaient précisément cherché à incriminer les Jésuites de ce collège
d'avoir fait des prédications séditieuses, on s'émut
vivement dans toute la région, « et à ce propos, dit
M. Mazon, il n'est pas sans intérêt de noter une mani-

festation des Etats du Vivarais, le seul fait de cette époque concernant les Jésuites que nous fournissent les procès-verbaux de cette assemblée, où l'on voudra bien voir, nous l'espérons, en même temps qu'une preuve éclatante de la correction des Jésuites de Tournon, un indice très appréciable en faveur de celle de leurs confrères passés et présents d'Aubenas ».

En voici le texte tiré de la séance du 3 juin 1595 :

Sur la plainte, faite en pleine assemblée, que aulcuns mal zélés au repos public et détracteurs de l'honneur d'autrui, ont publié et fait sonner jusqu'aux oreilles du Roi, que les Jésuites, qui sont encore en cette ville de Tournon, ont été envoyés en divers lieux de ce pays, pour y faire prédications séditieuses durant les semaines de Carême et de Quasimodo dernier passés, et que ledit seigneur de Tournon les y pousse, favorise, entretient et fait accompagner,

Ayant été requis par le Syndic du pays qu'il en fût fait déclaration en ces Etats — à ce que Sa Majesté soit informée au vrai de l'état desdits Jésuites —

L'assemblée en corps, composée des gens des trois Etats dudit pays de Viverois — après avoir entendu la teneur de ladite exposition — a déclaré et déclare par cet escript que les Pères Jésuites dudit Tournon se sont toujours *et en tout temps* depuis leur institution audit collège, maintenus en l'obéissance du Roi en leurs prédications et autres exercices, comportés avec toute modestie, mesme en leurs oraisons publiques et ordinaires, ont toujours prié Dieu pour sadite Majesté et font encore, sans que de leur part, commandement ni consentement dudit sieur de Tournon, soit arrivé aucun sujet de scandale à ses fidèles sujets.

A laquelle Majesté ladite présente assemblée en a voulu

donner le témoignage et la supplier très humblement d'avoir
agréable, au cas qu'elle ait pris finale résolution de faire
mettre à exécution l'arrêt de la cour de l'arlement de Paris
dans l'étendue de son royaume et terres de son obéissance, de
donner quelque surséance et temps pour les Pères Jésuites de
Tournon, afin que M. de Tournon, fondateur et patron du
collège, et les gens dudit pays puissent avoir le loisir et
moyen faire choix de régents et professeurs de la qualité
capable et suffisante requise pour continuer l'instruction de
la jeunesse du pays, laquelle ordinairement excède le nombre
de mille écoliers de ceux du pays de Viverois, outre les étrangers de Languedoc, Provence, Dauphiné et autres pays
voisins, et une grande partie étant de gentilshommes, pour
être le pays fort peuplé de noblesse, et que, pour être éloigné
de toute autre université, les bonnes lettres se pourraient avec
le temps trouver réduites en état d'ignorance et de barbarie.

Ainsi, c'est à deux ans seulement d'intervalle que le
Syndic du pays provoque cette déclaration, destinée à
informer Sa Majesté au vrai de l'état des Jésuites, et
l'assemblée en corps, composée des gens des trois Etats
du Vivarais, déclare que toujours et en tout temps les
Pères Jésuites dudit Tournon, aussi bien ailleurs que
là, se sont maintenus en l'obéissance du roi en leurs
prédications, etc.

« Il nous semble, poursuit M. Mazon, que s'il y avait
eu le moindre fondement dans cette accusation renou-
velée de Valeton, c'était l'occasion ou jamais de
rappeler les prédications séditieuses du Père Salès, en
dénonçant la congrégation tout entière à la vindicte
royale et à l'indignation publique. Pas une voix ne
s'éleva, et la déclaration fut aussi absolue que possible. »

M. Mazon ne peut finir sans rappeler ce qui fut fait au xvii° siècle en vue d'obtenir la canonisation des deux Martyrs d'Aubenas, et il ajoute : « Si le Père Salès avait été tel que le représente l'auteur du *Fidèle récit*, on ne comprend guère qu'il y ait eu pour lui un commencement de procès de canonisation sollicité par des évêques, par des Etats généraux et particuliers de province, par des personnages comme le marquis de Senecterre, la maréchale d'Ornano et Louis XIV lui-même. Est-ce que, s'il y avait eu le moindre soupçon du crime de lèse-majesté, on aurait osé demander au grand Roi d'intervenir en la circonstance ? C'est pourquoi la mémoire du Père Salès a été respectée même par les ennemis de l'Eglise et de la Compagnie de Jésus.. , sauf une exception, et cette exception offre encore ceci de particulier, que l'auteur du *Fidèle récit* ni aucun des siens n'a jamais songé à ébruiter la calomnie, sentant bien que cette tentative de justification de ses coreligionnaires ne trouverait aucun crédit, et qu'il a fallu plus de deux siècles pour qu'un érudit (Delichères) la déterrât par hasard au milieu de vieilles paperasses. On est donc en droit de dire que jamais cette accusation ne fut sérieusement alléguée ».

Elle ne fut qu'un stratagème de circonstance pour excuser les assassins ; et tous les amis de la vérité rendront, comme nous, hommage à M. Mazon, pour l'avoir démontré avec tant de savoir et de talent. Le vrai martyre du Père Salès et du Frère Saultemouche ressort de cette étude plus incontesté que jamais.

NOTES

---

1. — **La chapelle de Saint-Clair** qui fut choisie par M. le chanoine Eldin, curé-archiprêtre d'Aubenas, pour recevoir les reliques des Martyrs, en 1898, est attenante à l'église paroissiale. Les coffrets des reliques furent déposés dans un petit caveau pratiqué au sanctuaire même, tout près du Saint-Sacrement, du côté gauche de l'autel. Une dalle de marbre noir les recouvre, portant pour toute inscription les noms des Martyrs :

R. P. SALÈS
ET
F. SAUTEMOUCHE

Et fixée à la paroi du mur, une autre plaque de marbre blanc porte l'inscription suivante :

RELIQUIAE EX OSSIBUS
JACOBI SALES PRESBYTERI
SOCIETATIS JESU
ET GULIELMI SAULTEMOUCHE
EIUSD. SOC. COADJ. TEMP.
QUI ALBENACI AB HAERETICIS
PRO FIDE VENERABILIS SACRAMENTI
7 IDUS FEBR. A. D. MDXCIII
SUNT INTERFECTI.

2. — **Les procès de 1901** avaient à poursuivre un double but : par le premier *de fama praesenti*, il s'agissait d'établir par des témoignages recueillis dans la région, que le **fait** du martyre subi pour la foi par le Père Jacques Salès et le Frère Guillaume Saultemouche n'était nullement tombé dans l'oubli, après plus de trois siècles, malgré les changements et les perturbations qui ont enseveli tant de souvenirs : et par le second *de non cultu*, il fallait prouver que le souvenir toujours vivant des Martyrs n'avait cependant amené aucun abus contre la défense de l'Eglise, de rendre un culte public aux Serviteurs de Dieu, tant qu'elle ne leur a pas décerné elle-même les honneurs de la béatification ou de la canonisation.

La reconnaissance nous fait un devoir de conserver le souvenir de ceux qui y ont pris part. Voici comment Mgr Frédéric Bonnet, évêque de Viviers, constitua le tribunal ecclésiastique :

Président : M. Joseph Eldin, curé-archiprêtre d'Aubenas.

Assesseurs : MM. Paul Julian, docteur en théologie, licencié en droit canonique, aumônier de la Providence d'Annonay, et Paul Mingat, licencié en théologie et droit canon, vicaire à Aubenas.

Promoteur : M. Régis Deschanels, chanoine de Viviers, secrétaire général de l'évêché.

Secrétaire : M. Paul Pastré, licencié ès lettres, aumônier des Frères Maristes d'Aubenas.

Postulateur : M. Jules Blanc.

Le tribunal siégea dans la chapelle de Saint-Clair
les 12, 13 et 14 février, et entendit pour le premier
procès dix témoins :

MM. Louis-Philippe Tailhand, docteur-médecin à
    Aubenas ;

    Jean Veyrenc de Lavalette, avocat, docteur en
    droit, propriétaire à Aubenas ;

Mlles Marie Saladin, rentière à Aubenas ;

    Victoire Mathon, rentière à Aubenas ;

MM. Hippolyte Vincent, en religion Frère Lanfra-
    nus, Frère Mariste à Aubenas ;

    Louis Coulomb, curé-archiprêtre de Villeneuve-
    de-Berg ;

    Valéry Roure, membre du Conseil de fabrique,
    président du bureau des marguilliers, négo-
    ciant à Aubenas ;

    Henri Gallon, prêtre de Saint-Basile, économe
    du Petit-Séminaire d'Aubenas ;

    Auguste-Xavier Ligonesche, propriétaire et
    expert à Aubenas ;

    Théophile Rey-Herme, bachelier ès lettres, au-
    mônier des Sœurs de Saint-Régis à Aubenas.

Les sept témoins du second procès furent : MM. Ligonesche, Gallon, Frère Théodat, Sœur Eugénie, Marie

Saladin, Victoire Mathon et Théophile Rey–Herme (A. 5. et D. 4).

3. — Mgr Guillaume du Prat (1507-1560), mérite un souvenir de reconnaissance dans l'histoire du Père Salès, Jacques ayant fait ses premières études dans trois écoles fondées par ce prélat ; et dans chacune d'elles, à Beauregard, à Billom et à Paris, il fut entretenu, grâce aux libéralités faites par le fondateur.

4. — Les Pensionnaires de Billom. — Cette fondation de dix-huit bourses, à seule charge pour les bénéficiaires de prier pour *le remède de l'âme du donateur*, jouit dès le principe d'une si grande faveur auprès du public, que les demandes se multiplièrent sans proportion avec le nombre des candidats admissibles d'après la teneur du testament du fondateur, et que bientôt les recteurs du collège, ne sachant comment se défendre contre les importunités des seigneurs et personnes d'autorité qui sollicitaient l'admission d'enfants qui n'étaient point pauvres ou manquaient de talent, durent prier le R. P. Général de leur lier les mains, en leur traçant des règles précises pour l'admission de ces enfants. Ce règlement fut fait, et grâce à ses onze articles, où étaient exposées les conditions d'admission rigoureusement imposées par le fondateur, il devint plus facile d'écarter la plupart des demandes, sans blesser les solliciteurs *(ex libro fundationis collegii Billomensis, n° 94, Leges de pauperibus billomicis eligendis) (c. II)*.

5. — **Le collège de Verdun** fut fondé par M⁰ʳ Nicolas Psaume, évêque de cette ville. A la suite des relations qu'il avait eues à Trente et à Rome avec les Pères de la Compagnie, ce prélat leur avait voué une affection toute paternelle, et les appela auprès de lui en 1565. Il voulut qu'après sa mort son cœur reposât au milieu d'eux. On le plaça au bas des degrés du maître-autel de l'église, sous une plaque de marbre portant cette inscription gravée de son vivant :

NICOLAUS PSALMUS, AMICUS VESTER, DORMIT.
ORATE PRO EO. (c. III).

6. — **La première promotion aux grades académiques** ne put avoir lieu exactement à la fin de la seconde année à cause de la peste. Le fléau ayant sévi au fort de l'été, sur la rive gauche de la Moselle, toute communication avec l'autre rive fut interceptée, et un grand nombre d'élèves ne pouvant plus avoir accès à l'Université, les cours furent interrompus. Ce ne fut que vers la fin de décembre que tout danger ayant disparu, la réouverture des classes fut fixée au 1ᵉʳ janvier 1578. Le sérénissime duc Charles de Lorraine y parut entouré des princes et de toute la noblesse du pays. Il y eut d'abord un spectacle : on représenta sur la scène le touchant épisode de saint Jean l'évangéliste redemandant à un évêque le dépôt qu'il lui avait confié, et courant, malgré son grand âge, à la poursuite du jeune homme devenu chef de brigands. Puis, se déroula pour la première fois, sous la présidence du Père Nicolas Le Clerc, le cérémonial imposant usité alors pour la collation des grades. Parmi les dix récipiendaires, il y eut sept jésuites et trois externes (c. IV).

7. — Salès appliqué à l'étude de la théologie à 22 ans. — La décision semble avoir été prise par Maldonat. Il fit la visite de l'Université de Pont-à-Mousson pendant les mois de septembre et d'octobre de cette année, et le *status* de 1578-79 lui est expressément attribué : *(ex visitatione P. Maldonati mens. sept. et octo. 1578)*. C'est donc un Maître de la science sacrée, bon juge dans la matière, qui estima qu'il pouvait déroger aux usages de la Compagnie en faveur de Salès, en devançant pour lui le moment de vaquer à cette étude. On trouverait peu d'exemples d'une telle exception (c. IV).

8. — Le pensionnat de Pont-à-Mousson était bien différent de ceux de Billom et de Clermont à Paris, fondés exclusivement en faveur d'un nombre limité d'enfants pauvres. C'est au contraire sur les instances des familles riches qu'on avait dû l'ouvrir ; et comme, dans les commencements, la Compagnie se refusait absolument à prendre la direction des pensionnats, celui-ci avait été confié à des séculiers prêtres ou laïques. Mais les directeurs éprouvèrent tant de difficultés, que le Père Edmond Hay, recteur de l'Université, avait dû, au commencement de cette année, prendre quelques mesures pour faciliter la tâche. Et c'est en vertu de ces dispositions que Jacques Salès eut à surveiller, à certaines heures, une division de ces pensionnaires : *præerit uni cubiculo apud convictores ; catal. 1578.*

Ces fonctions ne furent pas de longue durée : vers le milieu de l'année scolaire, Maldonat étant venu de nouveau visiter l'Université, se refusa à sanctionner l'innovation qui avait été faite et retira ceux des nôtres qui avaient été chargés de surveiller les pensionnaires (25 février 1579).

Cependant, malgré les mesures de police prises par le Duc, les désordres ne firent que s'accroître, et l'année suivante, le Père Claude Mathieu dut céder aux instances de Son Altesse et prendre au mois de mai la direction du pensionnat (1580). Il appela à ce poste le Père Louis Richeôme, auquel il adjoignit des surveillants capables. Et quelques mois après, il pourvut à la garde de la porte du pensionnat, en confiant l'office de portier au Frère Guillaume Saultemouche : *paucisque post mensibus, F. Guillelmum Sallamochium apposuit convictorum collegio janitorem* ; Abram, l. 2. p. 74. (c. iv et ix).

9.—Les régents de philosophie à Pont-à-Mousson. — L'historien de l'Université ne manque jamais de signaler le nouveau régent de philosophie. On se rappelle que le cours de philosophie avait été inauguré en 1575, et que Jacques Salès avait suivi le premier cours, confié au Père Gonzalès. Cette année, 1580, c'était le viᵉ cours qui commençait, et l'historien le fait remarquer, parce qu'on avait pris l'habitude de compter les années de l'université par les cours de philoso-

phic. Le nouveau régent était l'éponyme de l'année (1).
(c. v.).

10. — La philosophie dans les Universités. —
La tâche était difficile et ardue. Alors, en effet, c'était le
même professeur qui devait fournir le cercle immense
de l'enseignement philosophique qui embrassait la lo-
gique, la physique et la métaphysique. Une année entière était consacrée à chacune de ces trois parties. Et
si l'on se rappelle que, d'après le règlement qui était
alors en vigueur, il y avait deux classes par jour, de
deux heures chacune, de 8 à 10 heures du matin et de
2 à 4 du soir, on reste étonné qu'un jeune homme qui
débutait dans l'enseignement ait pu suffire à tant de
travaux sans être accablé.

**11. — Le Père Salès et le B^x Edmond Cam-
pion. —** Si grande fut la dévotion du Père Salès envers le B^x Edmond Campion, que des historiens ont
supposé que ces deux religieux, entrés la même année
dans la Compagnie, avaient dû se connaître ou que,
du moins, mis en rapports épistolaires par quelque circonstance, ils n'auraient pu se cacher l'un à l'autre le
vif désir du martyre dont ils étaient animés, et qu'une
correspondance régulière s'en serait suivie (2). Ce qui a
pu faire croire, non sans vraisemblance, à cet échange
de lettres, c'est qu'en effet le Père Salès a eu en sa pos-

(1) D. 9. 4. b.
(2) D. 9. 3. b.

session la copie d'une lettre dans laquelle le Bˣ Campion, écrivant à un étudiant du séminaire anglais de Douai, manifestait le désir ardent qu'il avait de souffrir le martyre (1), et pour s'enflammer lui-même d'un semblable désir, le Père Salès aimait à relire cette page, où il trouvait des sentiments si conformes aux siens, s'arrêtant avec ivresse à certaines expressions dont la lecture nous inspire de l'effroi : « Ah ! si je pouvais, avait écrit Campion, même en servant de pâture aux chiens, rendre à mon Dieu ce qu'Il m'a prêté ! Qui suis-je ? et quelle est la maison de mon père, pour lui refuser ce sacrifice ? »

Et comme le Père Campion avait si promptement obtenu la grâce qu'il avait tant désirée, le Père Salès le prit pour spécial intercesseur auprès de Dieu. Il fit des instances pour obtenir une relique du Martyr. Il ne cessa de la porter sur son cœur et d'invoquer ce généreux athlète, dans l'espoir qu'il lui obtiendrait la grâce tant désirée de mourir comme lui (2).

12. — La double dénonciation. — Qu'une explication due à saint Thomas lui-même, et qui a obtenu depuis une faveur croissante, ait été dénoncée, ce ne

____

(1) Lettre de Campion à Georges Martin, 30 juillet 1575, dont la copie se trouvait encore au collège de Tournon, en 1876. Vers la fin du xviᵉ siècle ou au commencement du xviiᵉ, quelqu'un avait écrit à la marge : *Hanc epistolam maximi faciebat sanctæ memoriæ R. P. Jacobus Salesius.* Les paroles que le Père Salès baisait avaient été copiées en plus grosses lettres :

Ego vero si vel canibus alendis fenerari possim domino meo, quis sum aut quæ est domus mea ut recusem ? (Lettre du P. L. Cros).

(2) D. 9. 2. h et i ; D. 13. 3. e.

put être le fait que d'un homme peu familiarisé avec la théologie, comme le prouve l'idée par trop singulière qu'il s'en forma. Entendant dire et répéter que le corps de N. S. est présent dans la sainte Eucharistie *ad modum spiritus*, à la manière d'un esprit, il en vint sans doute à se persuader qu'on niait toute extension même virtuelle et intrinsèque, et qu'en conséquence ce divin corps, ne conservant aucune ordonnance interne des parties, n'avait plus ni forme, ni figure d'aucune sorte, car c'est ainsi que le R. P. Aquaviva résume l'accusation, dans une lettre qu'il adressa, le 21 mars 1587, au Père Nicolas Le Clerc, recteur de l'Université (1), pour le charger de s'informer du délinquant et d'exiger de lui qu'il rétractât cette opinion étrange.

Le Père Le Clerc qui était dans l'Université depuis sa fondation, avait occupé les chaires de théologie positive et scolastique, avait rempli la charge de vice-chancelier et depuis 5 ans remplissait celle de recteur, fut douloureusement affecté en apprenant qu'une accusation pareille, qui ne reposait que sur une grossière méprise et qui, à Pont-à-Mousson, ne pourrait faire tort qu'à son auteur, s'il venait à être connu, n'avait pas laissé d'émouvoir au loin celui auquel elle avait été adressée. Aussi s'empressa-t-il de rassurer le R. P. Général. Il est regrettable que nous n'ayons pas sa lettre. L'enseignement donné fut présenté sous son vrai jour, non seulement comme irréprochable, mais digne des plus grands éloges. Et sans doute, pour ne pas laisser

(1) D. 12. 1.

découvrir peut-être le malencontreux dénonciateur et l'exposer à la risée ou à l'indignation publique, le prudent et charitable Recteur garda le silence, et vraisemblablement le Père Salès lui-même ne fut pas informé de ce qui s'était passé. A quoi bon ?

Tel fut le sort de cette première tentative. Un mot au R. P. Général suffit pour en faire justice, et on n'y pensa plus. Mais quand Dieu veut éprouver une âme privilégiée de sa grâce, les moyens ne font jamais défaut. Le même personnage put arriver à ses fins, quatre mois plus tard, grâce à un concours de circonstances favorables. Au commencement de l'année, on avait introduit le *ratio studiorum* publié à titre d'essai en 1586. Aquaviva avait nommé des visiteurs dont la principale mission était de s'assurer qu'on observait fidèlement un récent décret relatif à la doctrine de saint Thomas, qu'on devait suivre avec fidélité : *exacte videre quemadmodum servetur quod in quinta congregatione decretum est de sequenda S. Thomæ doctrina.*

Or, un de ces visiteurs (1) étant arrivé dans les premiers jours de juillet, prêta facilement l'oreille à ce qui lui fut signalé concernant l'objet spécial de sa mission. Il se persuada que, dans la circonstance, il devait faire un exemple. Sans en conférer avec le recteur qu'il jugea sans doute avoir manqué de fermeté, sans considérer assez attentivement que le *ratio* autorisait la doctrine injustement incriminée, surtout en présence des

---

(1) Le Père Clément Dupuy, vice-provincial, qui gouverna ensuite lui-même la Province de France, de 1592 à 1597.

nouvelles hérésies (1), et qu'ici, il ne s'agissait même
pas de préférence accordée à d'autres docteurs, mais
simplement de celle qui avait été accordée à une explication de saint Thomas plutôt qu'à une autre explication du même saint docteur, il exigea, comme
nous l'avons dit, que le professeur revint à l'explication commune (c. vi).

13. — La justification du Père Salès. — Quelque
regret qu'il ait éprouvé, après avertissement, de n'avoir
pas suivi l'opinion commune, le Père Salès ne peut
cependant convenir qu'il ait abandonné saint Thomas,
et, avant toute chose, il affirme qu'en cela même il a
cru lui être resté fidèle, autant que les circonstances
le permettaient : *sed ego me divi Thomae nimirum hac
etiam in re sectatorem putabam.* Il pouvait le croire,
comme l'ont cru d'autres théologiens qui sont venus
dans la suite. Ils se sont appuyés sur le même passage
de saint Thomas dans son commentaire des *Sentences* :
« Le corps de Jésus-Christ, tout en restant vrai corps
dans l'Eucharistie, participe à cette propriété qu'a l'esprit de pouvoir être tout entier en même temps en
diverses parties, et c'est ainsi qu'il se trouve dans les
espèces eucharistiques » (2).

Mais on pourrait s'étonner, à juste titre, de cette
manière de suivre saint Thomas, en lui empruntant
dans un simple commentaire une explication donnée

(1) D. 17. 1.
(2) D. 16. 1.

accidentellement en réponse à une difficulté, et en paraissant délaisser l'explication magistralement développée dans la *Somme*. Aussi le Père Salès ne néglige pas
d'apporter les motifs de cette préférence.

On avancerait peu à vouloir expliquer une chose
obscure par une autre qui ne serait pas plus claire. En
citant ici l'appréciation de Dominique Soto qui trouvait quelque peu obscure l'explication donnée dans la
*Somme : neque enim illum vel Dominicus a Soto diffitetur
de hujusmodi quaestione in summa theologica obscurius
locutum esse*, le Père Salès semble avoir voulu insinuer
que le besoin de clarté n'a pas été étranger au choix
qu'il a fait entre les deux explications.

Mais surtout, il lui avait paru, ainsi qu'à beaucoup
d'autres, que cette comparaison du mode de présence
des esprits offrait un moyen plus facile et plus commode pour combattre les Sacramentaires : *deinde mihi
nec soli videbar contra Sacramentarios aliquid afferre
commodius aeque ac facilius*. On sait avec quel dédain
et quels sarcasmes ces hérétiques repoussaient les meilleures explications de la scolastique ; et il devint nécessaire de recourir à de nouvelles explications, comme
celle que saint Thomas s'était contenté d'indiquer.

« Cette explication, poursuivait le Père Salès, je l'ai
admise et soutenue, parce que je la croyais reçue et
approuvée par un grand nombre d'auteurs contempo-
rains. Je l'ai lue, en particulier, dans les écrits de notre
Père Jacques Gordon qui l'a enseignée à Paris en 1579,
et je l'ai pris pour maître : *denique sententiam illam quae
me tunc adstipulatorem habuit, credebam equidem probari*

*pluribus, nostro hoc tempore, quod ita legeram in scriptis
P. N. Gordonii, qui prorsus eamdem opinionem Parisiis,
etsi breviter, anno 1579 docuit, quo ego praeceptore postea sum usus.* Le Père Gordon, en effet, n'avait proposé
aucune autre explication : résumant d'un mot toute sa
pensée, il avait appelé ce mode d'être *spirituel*, en tant
qu'il participe à certaines propriétés de l'esprit, et,
grâce à cette conception. avait victorieusement résolu
toutes les difficultés des adversaires (1).

Le temps s'est chargé de compléter la justification
du jeune professeur :

L'historien de l'Université qui a écrit 5o ans plus
tard et en style très concis, n'a pas voulu entrer dans
la question. mais il a tenu du moins à dire que l'explication donnée par le Père Salès était véritablement pro
bable (2), et même assez reçue parmi les scolastiques,
sans être commune (3).

Le cardinal de Lugo. vers le même temps, la donnait
déjà comme étant assez communément enseignée par.
les théologiens, à la suite de saint Thomas (4).

Et tout récemment le cardinal Franzelin, allant plus

- (1) D. 16. 2.
(2) La probabilité de cette explication était reconnue comme incontes-
table. En 1630, quatre théologiens du collège romain eurent à qualifier
trois propositions *de existentia corporis Christi sub speciebus eucharisticis.*
La troisième disait : *Sub illis minimis particulis, probabile est Christum
existere more spirituali : totum in toto et totum in singulis; probabilius tamen
et conceptu facilius, etc.* Ad tertiam, répondirent ces théologiens, *Pars prior
nihil habet censuræ. De posteriori judicium est idem quod fuit de propositione
secunda.* — Arch. di Stato di Roma.
(3) D. 9. 4. c.
(4) D. 16. 3.

loin encore, semblait ne plus admettre d'autre explication (1).

Il est à croire que le Père Salès n'a pas eu connaissance de la manière singulière dont son enseignement
avait été travesti (2) ; autrement, qui n'admirera la
délicatesse de sa charité? Il n'y fait pas allusion. Mais,
quoi qu'il en soit, l'imputation du dénonciateur n'en
a été que plus noblement écartée, en disant simplement,
comme le fait le Père Salès, que cette voie ayant été
ouverte par saint Thomas lui-même, il s'y est engagé
à la suite de Gordon et de beaucoup d'autres pour
mieux combattre les Sacramentaires. Qu'il y ait pensé
ou non, le Père Salès ne pouvait mieux renverser
l'échafaudage d'imputations mensongères qu'on avait
dressé contre lui. A moins d'avoir perdu le sens, s'il
avait réellement enseigné que le corps de Notre-Seigneur
dans la sainte Eucharistie n'a ni étendue ni distance
de parties entre elles ni aucune figure humaine ou
autre, et ce, d'une manière absolue, pas plus intrinsè-
quement qu'extrinsèquement, comment aurait-il pu se
réclamer de saint Thomas, de Gordon et des autres? Et
comment aurait-il combattu les Sacramentaires, puisqu'il leur aurait donné au contraire pleine satisfaction,
en niant équivalemment que l'Eucharistie contienne
le vrai corps du Christ? (c. vi).

14. — **Le 14 octobre 1587.** — La série des événements, telle que nous l'avons présentée, nous fait un

(1) D. 16. 4.
(2) D. 12. 1.

devoir de préciser cette date, car c'est elle qui donne à la décision prise par le R. P. Aquaviva toute sa portée et sa signification. Ce qui le décida à devancer le temps et à accorder au Père Salès une distinction réservée d'ordinaire à cette époque à ceux qui s'étaient spécialement distingués pendant nombre d'années dans la carrière de l'enseignement de la théologie, ce fut sans doute la vertu dont le jeune professeur avait fait preuve. Mais la nature de la distinction accordée allait à glorifier et à consacrer la doctrine même qu'il avait présentée, et l'acte du R. P. Général en reste comme la justification authentique. Si cet enseignement eût manqué d'exactitude ou mérité un blâme quelconque, on conviendra que ce n'était pas le moment de conférer les honneurs du doctorat à celui qui en était responsable. Or, ce fut bien en cette même année 1587, le plus tôt possible en quelque sorte, dès la rentrée suivante, qu'eut lieu, en l'honneur du Père Gonzalez et du Père Salès, créés docteurs en théologie, la belle fête usitée en pareil cas.

Grâce à la publication récente des anciens catalogues de l'Université de Pont-à-Mousson, le doute n'est plus possible. Le catalogue de 1587-88 porte en toutes lettres :

P. Jacobus Salesius, Doct. Theol. a die 14 oct. 1587, et de même pour le Père Gonzalez.

Ainsi sont écartées les deux autres dates qu'on rencontre ici ou là : l'une postérieure d'une année. On lit dans un texte latin cité par le Père de Gissey : *Theolo-*

giae doctor creatus Mussiponti anno 1588 ; et l'autre anté-
rieure d'une année. Le Père Abram a écrit (l. 2. p. 59) :
*P. Joannes Baptista Gonzalez anno saeculi 86° cum Beato
Martyre Jacobo Salesio supremam Theologiae lauream
accepit,* et ailleurs : *et post annum magisterii laurea dona-
tus,* ce qui revient au même, puisque le Père Salès
commença à enseigner la théologie en 1585.

Mais le Père Abram s'est corrigé lui-même et mis
d'accord avec les anciens catalogues. Au l. 3. p. 99, il
précise tout à fait l'année et le jour : *Tertio decimo
philosophiae cursu quem Nicolaus Donjatius remigalibus
inchoavit, pridie idus octobris P. Joannes Baptista Gonzalez et P. Jacobus Salesius per Patrem Clerum, academiae
Rectorem, renuntiati sunt sacrae theologiae doctores,* etc
Or, le premier cours de philosophie ayant commencé
à la Saint-Rémi 1575, le treizième ne commença qu'à
la Saint-Rémi 1587, comme du reste le confirme encore
le même P. Abram, p. 145 : *Nicolaus Donjatius anno 1587
philosophiae cursum aggressus est.*

Ce fut donc bien en cette même année 1587, et le
14 octobre, *pridie idus octobris,* que la fête eut lieu, et
que la présidence du Père Le Clerc acheva de lui donner sa signification en ce qui concernait le Père Salès.
Ainsi se vérifia dans la circonstance la parole de Notre-
Seigneur : « Celui qui s'abaisse sera exalté. »

De tout ce qui s'était passé, il ne resta que l'édifiant
souvenir de l'exemple admirable de soumission que le
Père Salès avait donné, et un accroissement d'estime
pour l'excellence et la supériorité de son esprit et de
son jugement, comme en fait foi le *catalogus qualitatum*

de cette même année : *Praestans ingenium et judicium, eruditus in philosophia et theologia, accedit peritia linguarum*, etc. (c. vi).

15. — Les catholiques redevenus maîtres d'Aubenas après 25 ans (1587). — Cet important succès fut dû à Guillaume de Balazuc, plus connu jusque-là sous le nom de brave Sanilhac, et qui devint cette année même, par la mort de son père, seigneur de Montréal. Il s'empara habilement de la ville, presque sans coup férir, pendant la nuit qui suivit le mardi-gras, 10 février.

Les protestants qui avaient prolongé l'orgie jusqu'au milieu de la nuit, n'entendirent pas l'explosion qui ouvrit une brèche du côté de la porte de Belvèze, et se laissèrent surprendre au milieu de leur sommeil.

Nommé par Henri III gouverneur de la ville, il s'occupa aussitôt de bâtir une petite citadelle près du clocher de Saint-Dominique, pendant que, de son côté, le comte Louis de Montlor, seigneur d'Aubenas, faisait fortifier son château ; puis, il travailla à assurer à toute la province le bénéfice d'une trêve générale. La trêve fut signée le 8 août à Largentière, et ratifiée par le duc de Montmorency, gouverneur général du Languedoc (c. ix).

16. — Les précédentes stations d'Aubenas. — Cette année même 1592, le Père François Bonaud était venu de Lyon pour y prêcher le carême, et, avant son départ, avait reçu les encouragements du R. P. Général (1). L'année précédente, le Père Guillaume Pinée y avait vu ses travaux couronnés de si heureux résultats, qu'il s'était offert au P. Général pour se consacrer tout entier à cette mission (2).

Mais comment admettre que ces missions aient toujours été demandées par l'autorité séculière, sans qu'il soit fait mention du clergé paroissial? Cela s'explique par la difficulté où l'on était de pourvoir aux besoins du culte catholique, après les massacres de prêtres qui avaient eu lieu les années précédentes. Soulavie raconte (3) qu'il n'en était peut-être pas resté vingt dans tout le diocèse ; et le prieuré d'Aubenas dépendait du prévôt de Viviers, lequel n'y venait que rarement, s'il y venait, et s'en remettait volontiers au zèle du gouverneur (4).

17. — Le domaine de Sautemouche. — La profession du père de Guillaume était propre à faire désigner de son nom l'endroit où il avait fixé son séjour.

Quand il tardait trop à visiter ses clients, le besoin les forçait à se rendre chez lui. On disait alors : Je vais à Sautemouche ; et le nom est resté. Il désigne aujourd'hui un domaine qui fait partie du Vernet-la-Varenne, commune voisine de Saint-Germain-l'Herm. Du reste, la famille s'est perpétuée longtemps.

Au siècle suivant, un petit-neveu de Guillaume,

(1) D. 12. 5.
(2) D. 12. 0.
(3) *Histoire manuscrite du Vivarais*, p. 284.
(4) *Notes et documents*, t. I, p. 236.

Claude Sautemouche, entré aussi dans la Compagnie, eut la consolation de passer deux années (1641-1643) au collège d'Aubenas, auprès des reliques des martyrs, et mourut le 11 août 1653, au collège d'Auch, à l'âge de 35 ans, victime de la peste. Il avait été l'image vivante de son grand-oncle : caractère heureux, sens droit, réserve, prudence, amabilité. Dans son double office de portier et de sacristain, il montrait toujours un visage si serein, qu'il se conciliait aussitôt la bien-veillance de tous ceux qui l'approchaient. Le fléau fut si violent que le Frère Pierre Lebé qui donna les der-niers soins au Frère Claude, fut emporté sept jours après lui (1).

Au dix-huitième siècle, notamment de 1723 à 1725, dans les actes de Maître Chaudessoles, notaire royal au Vernet, on voit figurer la signature de Damien Saute-mouche qui exerçait, comme son aïeul, la profession de marchand, mais à poste fixe (c. IX).

18. — Le métier de Guillaume. — Guillaume avait appris l'état de cordonnier : *arte sutor*, dit le Père Abram, et le Père Tanner : *callebat sutoris officium*. Il se peut qu'il ait rempli cet office pendant le séjour qu'il fit à Billom. S'il l'exerça dans la suite, ce ne dut être que d'une manière peu suivie, car il fut le plus souvent portier du collège, notamment à Paris, à Pont-à-Mous-son, et c'est encore pour reprendre le même office qu'il était venu à Tournon.

(1) D. 13. 8.

19. — **Legs du Frère Guillaume au collège de Billom**. — Ayant fait vendre la campagne qui lui était échue en partage, il chargea le Père François Bonaud, recteur de Billom, de demander au R. P. Général de vouloir bien en affecter le prix à son collège ; et par lettre du 13 avril 1590, Aquaviva accorda l'autorisation demandée (1).

20. — **Le Père et le Frère.** — Quelle que soit la distance qui sépare le Père Salès du Frère Saultemouche à une foule de points de vue, l'histoire et la tradition se sont plu à relever plutôt les points de contact, tout ce qui a rapproché et uni ces deux religieux, au cours de leur vie et surtout à la mort (2).

Ils sont nés tous les deux de parents pauvres, à une année seulement d'intervalle (1556 et 1557), dans deux pays peu distants l'un de l'autre, Lezoux et Saint-Germain-l'Herm, de la province d'Auvergne, où fut fondé le premier collège de la Compagnie en France. Tous les deux sont entrés jeunes dans les maisons de la Compagnie et ont passé par les mêmes collèges de Billom, de Clermont à Paris, de Verdun, de Pont-à-Mousson et de Tournon ; souvent ils s'y sont trouvés ensemble. Tous les deux se firent toujours remarquer par leur ardent amour de l'Eucharistie et le saint désir de la souffrance. Tous les deux sont morts pour la défense de la présence réelle, le Frère Guillaume non moins que le

(1) D. 12. 4.
(2) D. 13. . u.

Père Salès, et ainsi ont été unis à jamais dans la gloire d'un même martyre (c. ix).

21. — **Le complot.** — « Ne faut ici taire les noms de ceux dont Dieu s'est servi pour faire cette besogne ». Ainsi s'exprime l'anonyme protestant, auteur du *Fidèle récit* de la prise d'Aubenas. Ni la difficulté de l'entreprise, ni les conséquences qu'elle pouvait entraîner ne les ont arrêtés. Mais le principal mérite revient aux organisateurs qui ourdirent le complot, trouvèrent les acteurs et distribuèrent les rôles.

Le rôle principal fut confié au capitaine de Sarjas qui commandait à Vals. Tout avait concouru à faire choisir cet homme pour l'exécution du coup de main à tenter contre la ville d'Aubenas : son audace, sa connaissance des lieux, surtout sa haine de sectaire qu'il avait su faire partager à tous ceux qui étaient sous ses ordres, sans parler de l'avantage qu'il avait sur tous les autres officiers, de n'éveiller aucun soupçon, puisqu'il n'aurait rien à faire avant la nuit fixée pour le coup de main ; c'était celle qui suivrait le vendredi, 5 février.

Quant au sieur de Chambaud, chef des religionnaires du Vivarais, non seulement il ne prendrait aucune part à l'action, mais ne négligerait rien pour éloigner tout soupçon de connivence. Il allait s'éloigner et se rendre à Privas, où ses partisans, secrètement avertis, le rejoindraient par petits groupes, hormis toutefois ceux de Vals qui resteraient à la disposition de leur capitaine.

Des mesures seraient prises pour que Jacques Chambaud fût averti sans retard du succès de l'entreprise.
Aussitôt qu'il serait maître de la ville, Sarjas devait
faire allumer trois grands feux sur l'Airette, près de la
porte de Belvèze.

De son côté, Jean Valeton, ministre de Privas, avec
quelques huguenots, devait faire le guet sur la montagne de l'Escrinet, et aussitôt qu'il aurait vu les trois
feux de la promenade de l'Airette, il allumerait un
bûcher préparé à l'avance en vue de Privas, et Chambaud, informé sur l'heure du succès de l'entreprise,
pourrait accourir pour forcer la citadelle et le château
(c. x).

22. — **Le coup de main.** — Quand vint la nuit
du vendredi, 5 février, Sarjas sortit de Vals avec cent
vingt hommes déterminés. Il comptait sur Samson
Laborie, avocat de Vals, pour le seconder dans le conseil ; sur Jean-Pierre Boule, de Vallon, pour l'aider
dans le commandement, et sur Bernardin Guérin, ministre de Vals, pour entretenir et surexciter le fanatisme
de ses soldats.

Le ciel était noir, le vent du nord soufflait froid et
impétueux, et les sentinelles de la ville, ne se doutant
de rien, n'avaient songé qu'à s'abriter de leur mieux
dans leurs guérites. Tout favorisait Sarjas. Il put approcher sans donner l'éveil, et après minuit, fit dresser
une échelle à l'endroit même qui était pour l'ordinaire
le mieux gardé, entre le château vieux et le château
neuf.

Tout alla bien au commencement : les assaillants montaient en silence, et déjà une quinzaine d'entre eux avaient escaladé la muraille, lorsque tout à coup l'échelle se brisa, et ceux qu'elle portait, surpris, embarrassés par leurs armes, et retombant les uns sur les autres au pied du rocher, oublièrent toute consigne et firent entendre d'horribles blasphèmes. La sentinelle du château neuf, réveillée en sursaut, donna l'alarme, en déchargeant son arquebuse.

Laborie qui était monté des premiers comprit le danger de la situation : la garnison allait sortir et accourir au rempart, le coup était manqué, et c'en était fait de lui et de ses hommes. Mais ce n'est pas en vain que Sarjas avait compté sur lui. Il n'hésita pas un instant, et entraînant sa petite troupe, dont les uns sonnent la charge, et les autres répètent le cri : « A mort ! à mort ! », il jette l'épouvante dans toute la ville.

Une partie de ceux qui cherchent à fuir se dirigent vers la porte des Cordeliers, sans savoir si on pourra la faire ouvrir ; mais déjà le sergent-major Ranchet qui en avait la garde et qui, ayant contribué à l'entrée des catholiques en 1587, ne voulait pas tomber entre les mains des huguenots, avait pris la fuite, en laissant la porte ouverte pour faciliter la sortie des habitants qui voudraient le suivre. C'est par là que Laborie fit entrer Sarjas et sa compagnie, et à 4 heures du matin, la ville était en leur pouvoir.

Ce résultat obtenu en quelques heures par une poignée d'hommes, sans avoir éprouvé aucune résistance ni subi aucune perte, étonna les huguenots, et l'auteur du *Fidèle récit* alla jusqu'à appeler *miraculeuse* la prise d'Aubenas.

Elle n'engageait pas moins la responsabilité du parti, surtout de son chef. Aussi, malgré la parole qu'il avait donnée d'accourir en force au premier signal, Chambaud fit une diversion pour mieux voiler sa participation au coup de main. Il se dirigea avec son armée du côté de Baix, se réservant de n'intervenir qu'à coup sûr. Les nouvelles qu'il y reçut le dimanche matin mirent fin à ses hésitations et il fit son entrée le soir même à la tête de 3.000 hommes.

La citadelle se rendit le mercredi suivant, 10 février. et Bournet, après avoir tenu vingt-cinq jours, n'ayant pas été secouru, livra le château (3 mars) (c. xi).

23. — **L'arrestation.** — Pierre Lantouzet qui en avait été chargé, raconta lui-même, trois jours après, au docteur Jean Platet quelques-unes des scènes qui avaient eu lieu. Jean Platet avait été arrêté lui-même avec le seigneur Henri de Fons, dans la matinée du samedi, et retenu prisonnier, d'abord dans la maison des Bonauds, où il fut témoin d'une partie des événements qui se déroulèrent le lendemain, puis transféré avec d'autres prisonniers dans la maison de Jacques de Fabre. C'est là qu'il fut rejoint par deux soldats, Pierre Lantouzet et Pierre Mareschal : et après quelques paroles d'introduction, Lantouzet, retirant mystérieusement d'une serviette une croix et des *Agnus Dei*, lui demanda, à lui et à son ami, ce que cela pouvait valoir. Aux questions qui lui furent posées, il avoua la provenance de ces divers objets, et raconta longuement tout ce qui s'était passé, n'omettant que les injures et les sévices que lui et ses compagnons s'étaient permis dans l'accomplissement de leur mandat (1) (c. xi).

24. — La maison Bérenger de la Tour. — Cette maison lui avait été cédée par les régents d'Aubenas, le 6 janvier 1563, en récompense et payement de tous les services qu'il avait rendus à la ville jusqu'à ce jour. Elle était située tout près de l'église Saint-Laurent. Pour y arriver, les prisonniers sortis de la maison Veyrenc qui était au milieu de la rue du Trau, avaient suivi la rue Saint-Laurent, et pour se rendre à la maison Lantouzet ou La Faye, ils durent reprendre le même chemin et continuer jusqu'au bout de la rue Triby (2).

25. — Martyrs de l'Eucharistie. — « A la clarté de l'histoire, les deux Martyrs apparaissent nettement caractérisés et en plein relief : ils sont tombés pour la défense de l'Eucharistie » (3).

La peinture, dont le propre est de fixer les traits caractéristiques, a renoncé à la palme et aux emblèmes communs, pour représenter le Père Salès tenant en main la sainte Eucharistie. Ces gravures ont dû être fort répandues dans les premières années qui suivirent

(1) D. 1. 8. c.

(2) Les trois dénominations anciennes ont disparu, et la rue actuelle du Quatre-Septembre remplace la rue Saint-Laurent, la rue du Trau et la rue Triby, en allant de l'église à la porte de Notre-Dame.

(3) F^d Tournier. — *Rapport présenté au Congrès eucharistique de Rome, le 5 juin 1905.*

sa mort, car les anciens historiens les ont tous signa-
lées et en ont approuvé l'heureux à-propos (1).

« Quelques-uns, dit le Père de Gissey, le portraient et
figurent avec l'Hostie au poing ; non mal à propos,
parce que l'on a coutume de portraire et effigier les
Martyrs avec quelque enseigne de leur martyre » (2).

« C'est ce qui a donné sujet à quelques peintres, dit
Jacques Branche, de le portraire avec la sainte Hostie
à la main, et non hors de propos, puisqu'on a coutume
de peindre les Martyrs, avec la marque ou la cause de
leur martyre » (3).

Ecoutons encore l'auteur de la *Synopsis* : « Ex iis
factum est ut non incongrue quidam sanctum hunc
virum expresserint manu complexum hostiam divinam, velut proprium suæ testificationis insigne » (4).

Presque tous ceux qui ont parlé du martyre du Père
Salès se sont attachés à mettre en lumière le motif particulier qui lui valut sa condamnation à mort.

Le Père de Gissey : « Le motif, voire même la cause
principale de son souhaité martyre, fut la dispute et
défense de cet auguste sacrement, en l'honneur duquel
il avait écrit bien proprement un livre de sa main, qu'il
présenta aux ministres, lors de son martyre » (5).

(1) Nous serions infiniment obligé à qui pourrait signaler quelqu'une
de ces images qui aurait échappé à la destruction.

(2) De Gissey, *Vie et martyre*, c. 5.

(3) Jacques Branche, prieur de N.-D. de Pebrac, *La Vie des Saints et
Saintes d'Auvergne et de Velay, 1652.*

(4) *Synopsis*, c. 10.

(5) C. 5. déjà cité.

Le Père Saint Jure : « Ce fut pour la défense du mystère de l'Eucharistie et pour en soutenir la vérité, qu'après une longue et savante dispute, il fut tué à Aubenas par les hérétiques d'un coup d'arquebuse » (1).

Saint Alphonse de Liguori : « Il mérita de mourir martyr, de la main des hérétiques, pendant qu'il défendait la présence réelle de Jésus-Christ dans le sacrement. Oh ! puissé-je, moi aussi, avoir le bonheur de mourir pour une si belle cause, en soutenant la vérité de ce sacrement, par lequel, ô très aimable Jésus, vous nous avez fait comprendre la tendresse de l'amour que vous nous portez » (2).

Dans le récit du martyre, c'est chez tous les historiens, la discussion sur la sainte Eucharistie qui ouvrit la crise finale. A peine eut-elle commencé, que la violence des ministres fit pressentir qu'elle se terminerait promptement par l'effusion du sang de leur adversaire.

Nous citerons une page de l'auteur de la *Synopsis* sur ce qui se passa le dimanche matin, et aux derniers moments qui précédèrent le martyre :

« Postero die, collectis viribus, festini in certamen redeunt ministri ; acris de Eucharistia instituitur disputatio : pugna erat in multas partes iniqua, cum uno tres, affatim cibo somnoque curati cum inedia vigiliaque confecto, feroces et armati cum vincto destitutoque certabant ; aderat tamen defensori suo cœleste

(1) La connaissance et l'amour de N.-S. J.-C. ; D. 15. 2.
(2) Visites au Saint-Sacrement ; D. 15. 3.

numen (nec enim sine aliquo miraculo tamdiu a
canina illa sua fame immunis deliquium minime est
passus); aderat veritas, religio, conscientia ; aderat in
imbecillo corpore robur ingenii visque doctrinæ ; itaque vel hostium admiratione quosquos illi objicerent
cavillorum laqueos nullo negotio evadere, explicare :
contràque ipsos iis nodis constringere, unde quamvis
manibus pedibusque colluctarentur, nequaquam evol-
verent sese ; jamque suæ illos pudebat inscitiæ, cum
Labatius admonitus instare tempus habendæ concionis
(dies enim erat Dominicus quem solum celebrant Cal-
vinistæ), usitata ipsis arte qua se pudori subduceret,
discedit continuo, veteri plenus veneno, novis iris ;
conscensoque suggestu, qua valebat temerariæ linguæ
petulantia, quidquid venit in buccam, quidquid suus
illi aut diaboli furor suggerit, evomit in Papistas, longe
plurima in Jesuitas et in primis in Salesium debacchatur ; nec puduit Eliæ magni sacrificium ad exemplum
proponere jam meditatæ iniquissimæ carnificinæ, re-
cordarentur animosi prophetæ zelum, quot unus prophetas Baali justa nece mactasset ; tum libellum Patris
Salesii de sanctissimo Eucharistiæ sacramento, quem
a ministro Railhet acceperat, manu præferens : Tollite,
clamat, tollite de medio hanc pestem, cum unico vobis
pseudo propheta et antichristo res est, sed tamen ejusmodi qui universum Galliarum regnum corrumpere
valeat. Talia vociferans, quod agebat perfecit, furentes
hæreticos tanquam oestro percitos prorsus in rabiem
egit. E pulpito digressus Sarjatium sibi obviam factum
sic compellat : Agedum. Sarjati, quod jam inter nos

constitutum erat exequi omnino et sine mora necesse
est ; ita enim obstinato animo est ille pseudo propheta,
ut nulla spes sit ut se nostras in partes convertat...

« Minister Labatius qui Patrem in via publica cum
suis satellitibus expectabat, ubi primum pedem e domo
extulisse vidit, iterum ipse (ut erat ingenio pugnaci)
cum aliis nonnulis de Eucharistia quæstionem movet ;
cum quæstiunculas feliciter omnibus explicaret Salesius. in furorem actus Labatius iterato inclamat : Tollite, tollite de medio hunc hominem nostræ religionis
pestem : indignus est qui diutius vivat. Tum repetitis
magno cum ardore iis quæ e pulpito in Salesium evo-
muerat. ut milites ad Patris necem accenderet, sese
hinc proripit, Sarjatio rem totam committens » (1).

Le Père de Gissey avait résumé ainsi la dernière lutte :

« Le prédicant Labat voyant le Père en la rue, derechef
l'attaque et l'agace avec quelques autres sur la réalité
du corps de notre Sauveur au Sacrement de l'autel. Mais
le Père. répondant à tout pertinemment, le ministre
Labat fut si courroucé que perdant patience et conscience, il crie : « Dépêchez cela, dépêchez cela ; il ne
mérite point de vivre, c'est une peste. » Puis réitérant
ce qu'il avait débagoulé en chaire. il tourne bride et se
retire » (2).

(1) *Synopsis*, c. vi.
(2) *Vie et martyre*. c. xv. Cf. M. le chanoine Mollier, *Saints et pieux personnages du Vivarais*.

Les orateurs ont souvent rappelé le souvenir de l'héroïque défenseur de la présence réelle :

« Quel est ce jeune religieux qui s'offre à ma vue, portant d'une main une hostie consacrée, et de l'autre la palme du martyre ? Sa seule présence fait fuir le démon de l'hérésie, et la religion reconnaissante appelle de ses vœux le jour où ce généreux athlète sera couronné par la sainte Eglise de l'auréole qu'il a si glorieusement méritée.

« C'est vous, illustre Salès, digne enfant de saint Ignace, vous qui professiez une si tendre piété envers le divin Agneau qui chaque jour renouvelle son sacrifice, vous qui le visitiez si souvent, et qui désiriez avec tant d'ardeur d'être immolé pour sa gloire ; votre ambition a été satisfaite.

« Vous avez défendu au péril de votre vie le Sacrement de nos autels, et votre sang versé pour la foi dans la ville d'Aubenas par la main des Calvinistes, se mêlant avec le sang de votre pieux compagnon, a honoré et noblement servi la sainte cause du catholicisme dans notre chère patrie » (1).

Les peintres et les historiens ont jugé que le Frère Guillaume Saultemouche, donné pour compagnon au Père Salès dans la mission d'Aubenas, méritait à juste

_____

(1) Discours prononcé le 1ᵉʳ octobre 1867 par M. Caillet, curé d'Andance, dans la cathédrale de Viviers, en présence de Mgr l'Evêque et de tout le Grand-Séminaire, à l'occasion de l'Adoration perpétuelle. (*Arch. de l'Evêché.*)

titre d'être placé à côté de lui et de partager sa glorieuse victoire. Il avait lui aussi une dévotion des plus marquées envers la sainte Eucharistie, et il la fit surtout paraître au moment du suprême combat. Comme le Père Salès insistait auprès de lui pour l'engager à se retirer et à se soustraire à la fureur des huguenots : « Non, répondit-il, je ne vous abandonnerai point, mon Père ; ains je mourrai avec vous pour la vérité des points que vous avez disputés ».

« Ainsi, le voilà, lui aussi, martyr de l'Eucharistie, confondant son sort avec celui du Père Salès dont il reste le compagnon jusque dans la mort, avec lui témoin jusqu'au sang de la même cause, semblable aux Innocents qui glorifièrent Dieu, non par la parole, mais par leur sanglante immolation, *non loquendo, sed moriendo* » (1).

Les dépositions recueillies à Aubenas, au procès de 1901, ont plusieurs fois rappelé cette tradition, bien que nulle question n'ait été posée à ce sujet.

« Ce qui m'intéresse le plus dans leur vie, c'est leur amour pour le Saint-Sacrement. Je suis persuadée qu'ils ont été martyrs pour l'Eucharistie » (2).

« Certainement, ils ont été martyrs, en défendant la présence réelle de Notre-Seigneur dans l'Eucharistie » (3).

---

(1) F. Tournier. — Rapport déjà cité ; D. 17. 5.
(2) Déposition de Marie Saladin, D. 4. 3.
(3) Déposition de Victoire Mathon, D. 4. 4.

« Je les regarde comme des saints, parce qu'ils sont
morts pour soutenir la foi catholique, et pour attester
la présence réelle de Notre-Seigneur dans la sainte
Eucharistie » (1).

26. — **Réparation des outrages qui se renouve-
lèrent pendant deux ans au Jardin Géorand.**
— L'abbaye de Sainte-Claire avait été ruinée par les
protestants en 1563, et les religieuses dispersées. Au
siècle suivant, sous l'administration de Mgr de Suze
qui cite le fait, comme un témoignage de la vénération
qu'inspiraient les Martyrs, des personnes de la noblesse,
voulant se consacrer à Dieu, se concertèrent pour fonder à Aubenas un nouveau couvent de Sainte-Claire, et
elles furent guidées dans le choix de l'emplacement
par leur dévotion envers les Martyrs. Rien ne leur
parut plus convenable que de multiplier les marques
de respect et de vénération, là même où les hérétiques
avaient multiplié leurs outrages à leurs dépouilles
sacrées. Le terrain fut acheté, et d'un commun accord,
ces pieuses personnes décidèrent que la chapelle de
leur monastère serait placée à l'endroit où les saints
corps avaient reposé pendant deux ans.

Avec un tel postulat, le projet, paraît-il, ne pouvait
que paraître absurde à quiconque resterait étranger à
la pensée qui l'avait inspiré. C'est ce qui arriva à l'architecte qui avait été mandé. Cependant, au lieu de
discuter, il dressa le plan selon les indications données,

(1) Déposition d'Auguste-Xavier Ligonesche, D. 4. 9.

comptant bien qu'il serait rejeté dès la première inspection. Il en fut tout autrement : après mûr examen,
on ne proposa que des modifications de détails. Alors
l'architecte crut devoir signaler les incommodités sans
nombre qu'allait entraîner cette disposition : la chapelle ne serait même pas dans le couvent, puisqu'elle
occuperait la pointe extrême de la propriété, et pour
une communauté qui a à s'y rendre si souvent dans la
journée, quelle distance à franchir chaque fois ! Et
pour lui, architecte, n'encourrait-il pas le reproche
d'avoir violé les règles les plus élémentaires de son
art ? Mais rien n'y fit : c'était en parfaite connaissance
de cause que les fondatrices avaient voulu tout sacrifier
à leur dévotion envers les *illustres athlètes du Christ*,
selon l'expression de Mᵉʳ de Suze. Et le nouveau monastère fut inauguré en 1647.

On voit encore aujourd'hui la partie supérieure de
cette chapelle, dont le sol a dû suivre, du moins en
partie, l'élévation de la rue, et en observant la diposi-
tion qui prévalut, on comprend tout le bien-fondé des
résistances de l'architecte, et on n'en admire que plus
cette dévotion envers les saints Martyrs, qui fit passer
par-dessus toutes les considérations de commodité et
d'esthétique pour que la réparation eût lieu exactement
où avaient été commis les outrages (1).

**27. — Reliques des Martyrs cédées par Mᵐᵉ de
Chaussy au collège d'Aubenas** — La cession eut

(1) D. 5. 2. B. c. : A. I.

lieu peu après la fondation de la résidence, et les reliques, déposées d'abord à la sacristie, furent vérifiées à
diverses époques : le 10 mai 1617, par le Père Jean-
François Suarez, provincial de Toulouse, et le 18 juin
1652, par le Père Guillaume Sommièvre, également provincial.

Après la construction de la nouvelle église, qui fut
ouverte le 17 février 1665, les reliques furent retirées
de l'ancienne sacristie, et placées sous le marchepied
de l'autel de saint Ignace avec une plaque de plomb
dans chaque boîte.

C'est là que le 7 novembre 1729, le Père Chenevier,
recteur du collège, retrouva les deux petites caisses, et
pour les mieux protéger, les mit toutes deux dans une
autre plus solide.

Le 29 novembre 1740, le Père de Créaux, recteur du
collège, fit une nouvelle reconnaissance.

En 1829, M. le chanoine Jean-Louis Vézian, principal
du collège, ayant retrouvé le procès-verbal du Père de
Créaux, voulut s'assurer si les restes des Martyrs étaient
encore sous le marchepied de l'autel de saint Ignace.

Le 23 juin, en présence d'une nombreuse commission,
les ossements furent retrouvés avec les plaques de
plomb portant les noms de chacun des Martyrs, et
furent replacés au même endroit, le 30 octobre, dans
deux boîtes de plomb (1).

Le 30 août 1867, nouvelle reconnaissance des reliques

____

(1) Le procès-verbal de cette exhumation et réposition a été publié
récemment par l'abbé de Gigord, *La Compagnie de Jésus à Aubenas 1904.*

par ordre de Mgr Delcusy, sous la présidence de
M. Robert, vicaire général, promu cinq ans plus tard au
siège de Constantine, ensuite à celui de Marseille.

Enfin, le 25 juin 1898, dernière reconnaissance des
reliques et leur translation le jour suivant dans la chapelle de Saint-Clair à l'église paroissiale d'Aubenas (1).

**28. — Une relique du Père Salès cédée au
cardinal de Joyeuse**. — Parmi ceux qui s'adressèrent
à Mme de Chaussy pour obtenir des reliques, le cardinal
François de Joyeuse fut un des plus pressants. En raison même du lieu d'origine de sa famille, il s'était
vivement intéressé aux événements qui s'étaient passés
à Aubenas, et tout ce qu'il avait appris de l'héroïsme
des Martyrs lui avait inspiré de grands sentiments de
respect et de vénération.

Une fois qu'il revenait des eaux de Vic-le Comte, il
se retira quelques jours au collège de Billom pour
faire les exercices spirituels. Et dans ses entretiens avec
le Père Jean Auzonne et avec la communauté, on put
voir combien il lui était doux de rappeler le souvenir
des Martyrs d'Aubenas, et combien il s'estimait heureux d'avoir obtenu de leurs reliques.

Jusqu'à la fin, il ne cessa de les regarder comme
son plus précieux trésor, et le 15 août 1615, quelques
jours seulement avant sa mort, il voulut de nouveau
adresser d'Avignon, où il était tombé malade, ses remer-

(1) D. 17. 6. : N. 1.

ciements à Mme de Chaussy : « Ce présent (1), lui disait-il, m'a été d'autant plus agréable que je l'estime être d'un grand Martyr et Serviteur de Dieu » (2).

(1) C'était un fragment d'un bras du Père Salès.
(2) Madame de Chaussy produisit cette lettre à la fin de sa déposition du 21 octobre 1627. (D. 3. 3. 15.)

DOCUMENTS

DOCUMENTS

D. 1. — Dépositions des huit témoins qui furent entendus au cours de l'enquête de 1593, ordonnée par les Etats du Vivarais et conduite par Louis de Chalendar, chef de justice du roi, et Pierre Tranchard, chef de milice, etc.

D. 1. 1. — De **Jacques Valens**, de Chomérac, âgé de 23 ans, à Bourg-Saint-Andéol, le 11 février 1593.

a. — Se, die veneris proxime elapsa, quinta praesentis mensis, fuisse Albenaci, et postridie nempe sabbato, sexta ejusdem mensis, insonuisse classicum cum vocibus : macta ! macta ! et eam ob rem se valde obstupuisse, propterea quod induciae tota Provincia colerentur, annitente Illustrissimo Duce de Montmorency pro Rege, quibus non obstantibus, quemdam Joannem Petrum dictum, ex oppido Vallon, pro capitaneo se gerentem, adjuncto ei alio quodam quem denominant capitaneum Parraud, simulque Vialet cum plerisque aliis sequacibus et complicibus, illis omnibus Calvinianae communitatis, et insuper quemdam dictum Dominum de Sarjas e Vals oriundum, et Samsonem Laborie e Vallon prognatum, in eamdem urbem Albenacum irruptionem fecisse, admotis scalis qua parte est Castellum vetus, ingressosque multis detestandis caedibus aliisque factis hostilibus urbem funestasse, violata fide publica.

b. — Ac inter caetera, memoratum Dominum de Sarjas in aedibus Michaelis Veyrenc in jure utroque doctoris captivos fecisse P. Jacobum Salesium ejusque socium e societate Jesu, quos circa auroram diei sabbati captos idem Sarjas commisit custodiae apparitoris Lantouzet e Vals orti, qui eos deduxit in aedes Ludovici La Faye intra eamdem urbem, ubi captivi biduum substitere.

c. — Unde exacti ad earumdem aedium fores necati sunt, Salesius quidem ictu sclopeti a tergo displosi per militem praefati oppidi Vals, dum de geniculis Deum oraret, ejus autem socius repetito pugionum ictu confossus interiit.

d. — Tum milites per ludibrium talaribus eorum tunicis induti in trivium processerunt urbemque circumierunt, gloriabundi, jactantesque a se Pseudoprophetas mactatos esse, quae quidem tunicae a tergo pertusae erant ac perforatae.

D. 1. 2. — De **Jacques Boyron,** d'Aubenas, âgé de 18 ans, à Largentière, le 11 avril 1593.

a. — Esse se apprime memorem quod cum consulatum Albenaci, ubi et commorabatur, gereret suus pater, suscepissetque alendum R. P. Jacobum Salesium cum socio, utrumque e societate Jesu, qui in eadem urbe degebant ad verbum et doctrinam Dei praedicandam, hospitabanturque ejusdem Caroli consulis dispensatione in aedibus defuncti Michaelis Veyrenc jurisperiti, in quibus aedibus de nocte cubitabant, et ipse testis una cum illis.

b. — Ac per id tempus valebant induciae, et sextus erat februarii dies, cum Calviniani, nihil obstantibus induciis, in urbem irrumpunt, eaque potiuntur. Ductores autem erant Dominus de Sarjas, Samson Laborie, centuriones Joannes Petrus, Parraud, Vialet, Le Barbier cum plerisque aliis eorum complicibus, qui e Vals, Vallon, La Gorce, Villeneuve-de-Berg, Privas aliisque circumpositis oppidis calvinianae sectae erant oriundi, ac in urbem Albenacum irruperant hora circiter una ante diem.

c. — Cumque urbem invasissent, P. Jacobum Salesium cum socio captos fuisse circa solis ortum in memoratis jam aedibus domini Michaelis Veyrenc a praedicto Domino de Sarjas, quem testis deponens apprime sibi cognitum asserit. Is nimirum illos in atrio videns exclamavit : hùc adeste Pseudoprophetae, egressosque per vicum du Trau vulgo dictum deduxisse in aedes quas postmodum testis comperit esse domini Ludovici La Faye, dictasque de Lantouzet.

d. — Postridie qui Dominicus erat dies, dictum Sarjas multis militibus stipatum pomeridiano tempore strictis gladiis in exitu a concione per Ministros Calvinianos coacta, detrusisse e praedictis aedibus P. Salesium ejusque socium, et utrumque in vico publico trucidasse, magno omnium scandalo praesertim vigentibus induciis.

e. — Quos et idem testis exanimes vidit et solo indusio coopertos in praedicto vico publico et juxta aedes dicti Lantouzet.

f. — Eosque trucidatos esse in odium disputationis quam inierant cum uno quodam cui nomen Labat ministro de Villeneuve-de-Berg, et alio cui nomen Railhet ministro de Meyras et tertio quem non novit, ministro de Vals, his omnibus Calvinianis.

D. 1. 3. — De **Blaise Thomas**, marchand d'Aubenas, âgé de 35 ans, à Largentière, le 11 avril 1593.

a. — Cum fides publica data esset, et induciae Vivariensi Provinciae concessae, factae quidem per Dominum de Montréal Gubernatorem, ex parte Catholicorum in eadem Provincia, viris ex utraque parte ultra citraque deputatis, et auctoritate Illustrissimi Ducis de Montmorency locumtenentis generalis in Provincia de Languedoc ratae firmataeque, urbem Albenacum a Calviniana factione tentatam captamque fuisse 6 februarii proxime elapsi, qui sabbati erat dies, una fere hora ante diem, per Dominum de Sarjas, per centuriones Joannem Petrum, Parraud, Vialet, Le Barbier de Vals, aliosque eorum complices.

b. — Ipse vero deponens captus fuit a praedicto capitaneo Le Barbier, detentusque in domo viduae du Boys usque ad sequentem diem jovis undecimum ejusdem februarii, per quos dies dum in dicta domo viduae detineretur, addit eo venisse quemdam Vitalem cognomento Simplicem ex pago Bruel paraecciae Vals, indutum toga talari defuncti Patris Jacobi Salesii quem cum suo socio mactaverant die dominica postriduana ab urbe intercepta.

c. — Dicebat autem Vitalis gloriabaturque a se dictum P. Salesium occisum jussu praefati Domini de Sarjas propter disputationes cum ministris Calvinianis, qui urbis interceptioni interfuerant, consertas : horum autem ministrorum unus quidam Labat, alius vero Railhet vocitabantur.

d. — Idem Vitalis togam dicti Patris per ludibrium et derisionem indutam ferebat per urbem totam, ut asserit idem testis, quod acriter sane omnium animos pupugit. Addit praeterea idem testis Blasius Thomas a se visam esse dicti Patris togam a postica parte pertusam gemina vel gladii punctione vel displosione sclopeti.

D. 1. 4. — De **Moïse Félix,** d'Aubenas, âgé de 30 ans, à Largentière, le 11 avril 1593.

a. — Urbem Albenacum die sabbati 6 februarii recens elapsi captam occupatamque fuisse per Novantes, factique hujus auctores fuisse Dominum de Sarjas, centuriones Joannem Petrum, Parraud, Vialet, Le Barbier de Vals, et alios eorum complices.

b. — Seque horum testem captum fuisse in domo Stephani Seurlhet sub custodia centurionis Moreau qui et ipse inter captores urbis recensebatur, et postridie qui Dominicus erat dies, isque septimus dicti mensis, venisse in domum dicti Seurlhet quemdam Vitalem nomine, cognomento Simplicem tractus de Vals, sibi apprime cognitum, vestitum per deridiculum et contumeliam toga oblonga defuncti P. Jacobi Salesii quem crudeliter una cum socio eadem die dominica ibidem Albenaci enecarant, nulla data occasione, postquam cum captivum ferme biduum detinuissent. Addit, praesente se et audiente, Blancam Rejange dicti Seurlhet conjugem paenas dicto Vitali Simplici intentantem, in haec verba prorupisse adversus Vitalem : « Vae misero tibi ! Ut quid Jesuitam et socium occidisti viros utique frugi probataeque vitae ac doctrinae ? » Qui Vitalis Simplex respondit Blancae : « Papista es-tu ? » — « Neutiquam sane, respondit illa, sed Jesuitae inculpatae vitae erant, sique ad eorum dicta applicati animi fuissent, nequaquam sane tanta esset vitiorum proluvies ». Subjunxit iterum Simplex Jesuitas cum suis Ministris disputasse ac ideo occisos esse ; quod idem fama publica ferebat, ut deponit testis, quo tempore ipse captivus Albenaci detinebatur.

c. — Et in Patris Salesii toga, qua indutus Simplex in publicum procedebat, displosae glandis aeneae vestigium ad scapulas visebatur, qua parte semiustulatam testis animadvertit.

D. 1. 5. — De **Jeanne Chalella,** d'Aubenas, âgée de 18 ans, à Largentière, le 11 avril 1593.

a. — Se bene scire sabbato 6 februarii proxime praeteriti, sub auroram, urbem Albenacum fuisse occupatam a Calvinianis, vigentibus inter utramque partem induciis, quibus libere et absque periculo ab omnibus hac illac itabatur.

b. — Et in dicta urbis occupatione captum fuisse P. Jacobum Salesium ejusque socium, Jesuitas egregiae doctrinae et conversationis viros, et postridie, nempe Dominica, horis pomeridianis utrumque ex mera malitia caesum esse, quod scit ipsa testis, quippe quae eos viderit jugulatos ante furnum Joannis pistoris, in vico publico Triby dicto, in eadem urbe, ibique per reliquum diem exposita cadavera ore in terram prono substitisse, ex quo et ipsa testis valde horruit, relictis ibidem per quinque sexve dies corporibus insepultis, donec in stabulum juxta eumdem vicum comportata sunt.

c. — Ait praeterea inaudisse se fama ac rumore publico quemdam Jacobum Baume lanium albenacensem caedis hujus adjutorem fuisse.

d. — Vidisse se quemdam Vitalem, cognomento Simplicem, centuriae tympanistam, indutum per contumeliam et derisum altera Jesuitarum veste, altera vero quemdam alium quem de nomine notum non habet.

e. — Harum autem vestium una tota cruore erat conspersa, et gladiorum aut pugionum ictibus pertusa.

D. 1. 6. — De **Jeanne Gayffier**, d'Aubenas, âgée de 28 ans, à Largentière, le 11 avril 1593.

a. — Mense februarii recens elapso, quota die non meminit, nisi quod sabbatum erat, urbem Albenacum sub horas matutinas fuisse a Calvinistis interceptam, ac inter caetera audiisse conspirationis Duces fuisse Dominum de Sarjas, Centuriones Vialet et Le Barbier, de Vals, Joannem Petrum de Vallon, aliosque quamplurimos Vivaros omnes et ex hac vicinia prognatos eorum fautores et hujus facti complices, ad haec terrorem captae urbis ingentem fuisse.

b. — Ac inter caeteros, P. Jacobum Salesium cum socio, utrumque e societate Jesu, captivum factum per Dominum de Sarjas in aedibus, in quibus tunc hospitabantur, haeredum defuncti Michaelis Veyrenc, et hinc abductos in aedes Lantouzet, quae nunc sunt domini Ludovici de La Faye Albenacensis, et prope domum depositricis.

c. — Et postridie, nempe Dominico, ex dictis aedibus de Lantouzet extractos esse et ductos ante domum de Géorand, ubi eos crudeliter peremerunt, coepto homicidio a persona Patris Salesii, transfixo ejus corpore per ictum sclopeti a tergo displosi, dum uterque Deum de genibus precaretur, diceretque : « Domine, dimitte illis ». Deinde ejus socium pugionibus confoderunt.

d. — Adstantesque milites, indutis per ludibrium eorum vestibus, funebre illud Catholicorum carmen per vicos publicos cecinerunt : « *exaudi, exaudi* ». Asserit insuper se vidisse eorum enectorum corpora humi jacentia, sanguine per vicum fluente, cui spectaculo semper interfuit dictus Dominus de Sarjas, qui eos contuebatur cum multis militibus vallensibus ex sua centuria, de re facta cachinnantibus.

c. — Cumque haec dictorum Jesuitarum carnificina exerceretur, conscendisse in domum depositricis militem quemdam, de Vesseaux, cujus nomen nunc non tenet, et acerbissime prae moerore et tristitia ex eo facto concepta ingemuisse.

D. 1. 7. — De **Guillaume Rigaud,** de la Ville-Dieu, âgé de 20 ans, à Largentière, le 24 mai 1593.

a. — Verum esse quod mense februario ultimo maneret discendae sartrinae causa cum Joanne mercatore-sartore Albenacensi, quodque 6 ejusdem mensis, nempe sabbato sub auroram eadem urbs tentata occupataque fuisset a Calvinianis, ubi ita trepidatum est, ut cum hero suo in aedes dictas de Lantouzet in vico Triby positas decesserint, in quibus captivus detinebatur P. Jacobus Salesius cum suo socio.

b. — et postero die qui Dominicus erat, a prandio eo venerit Dominus de Sarjas cum copiosa militum manu, ingressique domum dictos P. Salesium sociumque arripuerint, apparitorque Lantouzet eosdem foras eduxerit, cumque una in vico publico essent, idem iste testis viderit militem sibi incognitum displodentem in P. Salesium aversum uno passu dissitum, unde et ejus togam adussit, de genibus nixum et preces effundentem, ejus autem socium pugionibus transfixum, quocirca et utrumque exanimem humi corruisse, hoc ipso teste omnia prospectante e fenestra superioris tabulati, ex qua fenestra intro secessit rei atrocitate perculsus, audivitque Patris socium, dum pugionibus confoderetur, inclamantem : « patere, caro, patere ».

c. — Postmodum autem mansit uterque exanimis in vico publico usque ad primam a meridie horam, nudus quidem alter, alter autem solo indusio coopertus. Tum deinde raptati sunt in vicum de Géorand. Eodem die idem testis advertit militem talari Patris toga per contumeliam ac deridiculum indutum. Nomen autem homicidarum istorum prorsus ignorat.

d. — Deponit insuper se audivisse dici causam necis in dictorum Jesuitarum personis patratae esse propterea quod cum Ministris calvinianis tum Albenaci agentibus disputassent, quibus Ministris nomina erant, uni quidem Labat, alteri vero Railhet, tertio autem Guérin pedemontanus, qui quidem omnes Ministri una cum Domino de Sarjas domum de Lantouzel ingressi fuerant.

D. 1. 8. — De Maître **Jean Platet**, de Villeneuve-de-Berg, âgé de 38 ans, docteur en droit civil et canonique. à Largentière, le 6 juillet 1593.

a. — Sibi esse recentem adhuc memoriam, quod 6 februarii proxime praeteriti urbs Albenacum capta est a Calvinianis sub auroram, ubi et ipse inter nonam et decimam horam matutinam ejusdem diei captivus factus cum Domino de Fons in domo des Bonauds per Dominum de Sarjas stipatum domino Labat et alio Ministro de Vals et Ludovico de la Faye, in qua quidem domo reliquum sabbati diem sub militum custodia relictus est.

b. — Postero autem die, nempe Dominico, septimo dicti mensis februarii, miles e numero custodum, Claudius Chabanes dictus, e fenestra in vicum prospectans, submissa voce ipsum testem qui haec deponit, in haec verba compellavit : « Veni visum, trucidantur Jesuitae » ; et illico auditum a se ait alterum praedictorum Jesuitarum inclamantem : « Jesu mi », vel : « Mi Domine Deus ».

Detrectavit autem ad fenestram se sistere, veritus ne eadem in se et in dictum de Fons carnificina exerceretur, utroque pavore correpto, quod talia fierent, cum jam dies esset solidus ex quo urbe plene potiebantur. Dictis vero Jesuitis nomen erat, alteri quidem P. Jacobus Salesius, alteri autem, nempe ejus socio, quale foret, incompertum habet. Fuit uterque morti traditus in vico publico Triby dicto, postquam ex aedibus de Lantouzet educti essent, in quibus per totam noctem detenti fuerunt, quo ad eos calviniani dogmatis Ministri tres, disputationis gratia, convenerant, sicut inaudierat dici a militibus, qui in ipsius cubiculum ventitabant, ex quo ipse testis nusquam pedem dimovebat. Hos inter Ministros recensebantur Labat minister de Villeneuve-de-Berg, Railhet minister de Meyras et praeterea minister de Vals Pedemontanus nomine Guérin.

c. — Postridie, aut post aliquot dies, ipse testis et praedictus de Fons ad domum Jacobi de Fabre migrare jussi sunt et compluribus militibus ad custodiam sunt traditi ; cumque ambo aegri supra unum lectum jacerent, accedentes ad lectum milites duo, videlicet Petrus Lantouzet de Vals et Petrus Mareschal etiam Vallensis, cum praedicto de Fons colloqui coeperunt, et Lantouzet ex marsupio crucem duos digitos longam eduxit, et duos agnos cereos ovatae figurae inclusos ebeno aut ligno nigro et vitro, obtuleruntque haec omnia eidem de Fons, interrogantes de pretio, et an crux esset aurea. Respondit ille videri sibi crucem auream, et agnos Dei valere circiter quinque solidis.

Addiderunt milites haec omnia se Jesuitis eripuisse ; qua occasione, sciscitati sunt captivi ? ubi eos reperissent, et quid illi tunc agerent ? Responderunt milites Jesuitas a se inventos in domo haeredum defuncti Michaelis Veyrenc, ubi cubabant, inventos autem genibus flexis orantes. Et inclamantibus militibus : « cedo marsupium », continuo illud tradidisse, ubi pauxillum pecuniae erat, triginta scilicet aut quadraginta solidi. Dixere praeterea iidem Jesuitae militibus : « nolite nos pro pecunia nostra interficere ; si enim pecunia redimi nos oportet, redimet Dominus de Tournon ; sin autem propter Deum vultis nos interficere, adsumus ad excipiendam mortem parati ».

Gestabat vero praedictus Lantouzet pallium nigrum ereptum uni ex supradictis Jesuitis, quantum ipse testis judicare et cognoscere potuit.

Dicit praeterea quod post expugnationem arcis Albenacensis, ipse et praedictus de Fons ducti sunt ad oppidum de Vals
a Domino de Sarjas, ibique captivi detenti in subterraneo carcere obscuro, foetido et humido cum gravi valetudinis detri-
mento. Non obstantibus litteris securitatis quas praedictus
testis acceperat ab Excellentissimo Duce de Montmorency,
quaeque inscriptae erant in publico registro regiae Curiae de
Villeneuve-de-Berg, non obstantibus etiam diversis jussioni-
bus, quas praedictus Dux de Montmorency miserat ad eumdem Dominum de Sarjas, tum per litteras, tum per satellites
Locumtenentis Praepositi Generalis, Dominus de Sarjas captivos suos quotidie inhumanius habebat usque ad dies aliquot ante suae liberationis diem, scilicet hesternum, quin-
tum hujus mensis julii, quam obtinuit persoluta summa mille
aureorum nummorum per obligationes, remissiones et sub-
missiones a suis tum affinibus tum amicis factas. Praedictus
vero de Fons ab eo liberationem obtinere non potest, nisi bis
mille aureos persolvat quos promittere ad mortem vitandam
coactus est ; alioquin in illo carcere misere morietur, siquidem solvendo non est, licet omnia bona sua vendat.

Prout in his foliis continetur, deposuerunt testes inibi no-
minati coram Nobis.

Chalendar Locumtenens.

Tranchard Locumtenens Praepositi Marescallorum.

Ego scribens sub praedictis Dominis Locumtenente et Prae-
posito.

Rosser.

D. 2. — Actes épiscopaux.

D. 2. 1. — Lettre de Mgr **Jean de l'Hostel**, évêque de
Viviers, portant approbation, à la prière de M. Delacourt,
promoteur du diocèse, des informations de Bourg-Saint-
Andéol et Largentière, sur le martyre du P. Jacques

Salès et du F. Guillaume Saultemouche, le 3o octobre 1606.

Visa humili Procuratoris nostri fiscalis seu nostri per totam nostram dioecesim Promotoris supplicatione, ac Processus hujus, schedae nostrae annexi, oblatione, ac illius toto discursu perlecto, historiaque, prout illic continetur, in memoriam revocata, recensitis denique Judicum ac Testium nominibus, Nos Joannes de l'Hostel, Dei ac Sanctae Sedis Apostolicae gratia Episcopus et Comes Vivariensis Principesque d'Uzerae et Castrinovi ad Rhodanum, certiores facimus omnes ad quos hae nostrae pervenerint, Nos eamdem historiam, prout in dicto Processu deducitur, a fide dignis saepius audivisse, et communi totius Provinciae fama excepisse, nominatosque illic tam Judices quam Testes nulla contra integritatem testi debitam labe unquam notatos, imo ex illis plures illibatam fidem publicam, ex eorum quam habemus notitia. retinuisse, ac qui sunt adhuc superstites retinere.

Ac proinde dictum Processum verum, certum, indubitatum confidimus, credimus, affirmamus. Et ut Dei Optimi Maximi honori inserviat, et sit Ecclesia Catholica, pro cujus dicti duo Religiosi societatis Jesu defensione sanguinem fuderunt, illustrata fideli martyrii testificatione, eumdem Processum nostrae Dignitatis auctoritate publica apud quoscumque statuimus, confirmamus, offerimus. Ac ne quid nostrae Informationi desit, eumdem per praesentes subscriptas manu nostra ac nostri Secretarii, sigillo Camerae nostrae Episcopalis muniri voluimus.

Datum in Episcopio nostro Burgi Sancti Andeoli nostrae Vivariensis Dioecesis, tertio Calendas novembris, anno Domini millesimo sexcentesimo sexto.

de Hospitio Ep. Vivariensis.

De mandato praefati Reverendissimi Domini nostri Vivariensis Episcopi et Comitis.

(Locus sigilli).

Payani secretarius.

D. 2. 2. — Lettre de M⁹ʳ **Pierre-André de Lébe-ron,** évêque de Valence et Die, relatant les témoignages qu'il avait officiellement recueillis, aux instances de M. Dupoyet, promoteur du diocèse, sur la mort du P. Jacques Salès et de Guillaume Saultemouche, son compagnon, le 3 février 1607.

Nos Petrus Andreas de Leberon Dei et Sanctae Sedis Apostolicae gratia Episcopus et Comes Valentinensis et Diensis notum omnibus praesentibus et futuris facimus a Procuratore fiscali et Promotore nostrae dioecesis humiliter expositum fuisse : septimo idus februarii anni millesimi quingentesimi nonagesimi tertii, in urbe Albenaci dioecesis Vivariensis, per haereticos proditorie occupata contra foedera et publicas pactiones, Reverendum Patrem Jacobum Salès presbyterum Societatis Jesu, memoria colendum ob ejus vitae integritatem, pietatem et religionis cultum, ibi concionantem et divinis officiis invigilantem, et Guillelmum Saltamochium ejus socium, uno die detentos fuisse sub custodia militum, et postmodum vulneribus crudeliter confossos, interemptos, dimissos insepultos aliquot dierum spatio in vico publico in odium Religionis Christianae, et disputationum de fide catholica inter praedictum Patrem Salès et impios praedictae sectae fautores et Ministros habitarum, et ob eorum constantiam et perseverantiam in fide Christi a qua nullis minis et cruciatibus ullo modo dimoveri potuerunt, sed constantes et libentes in honorem Christi morti se subjecerunt.

De quibus omnibus cum ubicumque fama percrebuerit et constans sit apud omnes non intermoritura, tamen, ut posteris eadem fides pateat et nota sit, petit ut de praemissis, hic coram Nobis vocati et astantes incolae hujus Civitatis, cujuscumque ordinis et conditionis, inquirantur et examinentur, et de eorum testimoniis authenticae litterae concedantur.

Cui supplicationi annuentes de contentis in ea, egregii Domini Ludovicus Symian, doctor in sacra theologia, archidiaconus ecclesiae cathedralis sancti Apollinaris, Franciscus Collombier canonicus et praecentor, et Jacobus Lambert ca-

nonicus etiam et sacrista dictae ecclesiae : nobilis Aymarus
de Dorne, Judex major praedictae Civitatis ; egregius dominus Claudius Froment doctor regius in Universitate dictae Civitatis ; magistri domini Claudius de Landes secretarius ejusdem Universitatis, Raymundus Destret syndicus ejusdem
Universitatis ; magister Antonius Bergeron notarius publicus ;
honorabiles Ludovicus Lyoux, Augustinus Ferrandin, Achil-
leus du Faure et Antonius Bon, burgenses dictae Civitatis,
omnes majores quadraginta quinque annorum, per Nos in-
terrogati, inquisiti et examinati, eorumdem juramento solemniter praestito, unus post alium divisim, et omnes simul in
turma dixerunt, renuntiaverunt et attestati sunt praedictum
Reverendum Patrem Jacobum Salès presbyterum Societatis
Jesu per eos cognitum in hac civitate Valentiae egregium con-
cionatorem, memoria observandum, in dicta urbe Albenaci
degentem et ibi concionantem et praedicantem, pro fide
Christi in mense februarii et in principio ejusdem mensis
cum socio suo praedictae Societatis Jesu, post praedictae urbis occupationem ab haereticis in praejudicium induciarum
publicarum patriae Vivariensis, a praedictis haereticis et
eorum militibus crudeliter trucidatos et occisos fuisse, eorumque corpora aliquot diebus insepulta remansisse in publico
vico, in odium Religionis Christianae.

De quibus omnibus tunc ubique fama percrebuit et constans apud omnes fuit et perseveravit, et quilibet eorum confirmavit testibus chirographis suis adscriptis.

In cujus rei testimonium et attestationem publicas authen-
ticas litteras manu nostra et secretarii nostri subscriptas sigillo Camerae nostri Episcopatus muniri fecimus.

Datum in palatio Episcopatus Valentiae die tertia februarii
anno Domini millesimo sexcentesimo septimo.

Petrus Andreas de Leberon Episcopus Valentinensis et
Diensis.

Ludovicus Symian archidiaconus praefatus ;

F. Collombier praecentor ;

Jacobus Lambert, sacrista ;

A. de Dorne ;

C. Froment ;

de Landes ; Destret ;

Lyoux ; Augustin Ferrandin, A. Dufaure, Antoine Bon, Dupoyet, procur. A. Bergeron.

(Locus sigilli) De mandato dicti Reverendissimi Domini Episcopi et Comitis.

de Boyssia secretarius.

D. 3. — Quelques extraits des dépositions recueillies au procès informatif de 1627.

D. 3. 1. — De **Guillaume de Balazuc,** seigneur de Montréal, qui était gouverneur d'Aubenas avant la prise de la ville, étant pour lors gouverneur de Villeneuve-de-Berg, âgé de 65 ans, dans l'église de Villeneuve, le 14 octobre 1627.

1. — Novisse Patrem Jacobum Salesium Societatis Jesu presbyterum et Guillelmium Saltamochium ejusdem Societatis, frequenter tractasse cum illis, quo tempore in dicta urbe manserunt.

2. — Eos ibi mansisse circiter quatuor menses ad fidem catholicam praedicandam, et in hunc finem a Patre Provinciali qui tunc erat Provinciae Lugdunensis Societatis Jesu sibique petenti datum fuisse, quia Gubernator erat Albenacensis, ad confirmandos in fide catholicos et ad audaciam Ministrorum calvinianorum refrenandam.

4. — Eos habuisse maximam spem consequendi vitam aeternam per misericordiam Dei et Jesu Christi merita, cum eos bonos religiosos et vitae integrae esse noverit. Hanc spem Patrem Jacobum Salesium gaudiose ut ab ejus ore audivit maximopere sensisse, cum de repente adesse hostes et haereticos urbem invasisse conclamatum est ; nam tunc sine timore in genua provolutus humiliter et attente, si quando

alias, ut dicebat, orationem dominicam recitavit, qua peracta mortem non timebat, sperabat enim Deum adfuturum et beatitudinem daturum.

5. — Utrumque excelluisse in fide catholica ob mortem patienter passam a Calvinianis inhumaniter illatam, et Patrem Jacobum dictam fidem alios docuisse maxima cum aedificatione et fructu, quod ex concionibus ejus, quibus intererat, se scire affirmavit.

6. — Eos habuisse magnam caritatem erga Deum, et in ea excelluisse, ut videre erat ex colloquio praesertim familiari, praesertim pridie quam Albenacum caperetur, cum Pater Jacobus coram me in Castello dixerit cuidam petenti an timeret talem catapultam ? — « Timeo de manu tua, de manu autem haeretici nequaquam. O felicem manum, o felicem catapultam quae mihi vitam eripiet ! »

10. — Se credere Patrem Jacobum multos ad fidem catholicam et obedientiam sanctae Romanae Ecclesiae convertisse, se meminisse tamen et certum esse de Judith de la Teule Albenacensi et uxore Joannis Petri Vincent, ab ipso Patre Jacobo accepit in pervigilio captionis urbis, et fuere ultima verba quae a Patre Jacobo audivit.

12. — Se credere damnatos fuisse ad mortem pro fide catholica, et id frequenter audivisse, a Ministris haereticorum infensissimis Ecclesiae Romanae et Religiosis Societatis Jesu, et ut rumor est, suadente inter omnes Ministro quodam nomine Labat, tam in templo inter praedicationem quam extra, cum quibus Pater Jacobus ardenter disputarat.

13. — Se non interfuisse illorum morti, accepisse tamen a multis Patrem Jacobum orasse pro occisoribus suis, animam suam Deo commendasse, digitos suos in formam crucis positos osculatum fuisse, et Guillelmum Saltamochium hortatum ad patientiam his verbis : « patere, caro, patere » ; Patrem Jacobum Salesium catapulta percussum, Guillelmum vero pugionis crebrius repetitis ictibus sublatum in urbe Albenacensi, septimo februarii anni Domini millesimi quingentesimi nonagesimi tertii.

14. — Eos devote, pie et constanter perseverasse usque ad finem vitae in fide catholica et ob fidem in verum Deum mortem sustinuisse, ut vulgo ab omnibus creditur.

15. — Publicam esse famam et vocem ipsos mortuos esse vere martyres et a populo pro talibus haberi et honorari, et a multis id audivit.

16. — Non fuisse mortuos ob delictum proprium vel ob aliam causam illis imputatam, aut ob alios respectus humanos, nec aliter rem se habere posse, scilicet ut non sint mortui martyres, ita audivisse et insuper credere vere mortuos Martyres.

17. Accepisse se magna cum irreverentia illorum corpora tracta fuisse ad hortum cujusdam nuncupati de Géorand. Quoad reliquias vero, pietate, vigilantia et industria nobilis matronae Leonardae de Chaussy asportatas fuisse maximo cum honore in urbem quae dicitur Ruoms, quas ex suo consilio dicta nobilis matrona petierat a Domino de Chambaud haeretico et gubernatore tunc Albenacensi.

19. — Scire se inter caeteros dictam nobilem matronam de Chaussy erga illos habere devotionem, et pietatis causa erga Patrem Jacobum in fonte baptismatis Jacobi nomen imposuisse uni ex filiis suis. Item civem Villanovensem causidicum vocatum Platet eorum auxilium frequenter implorasse, quod ab ore proprio accepit.

20. a. — Audivisse a multis : eo die quo occisi sunt, stultum aliquem togam vel sottanam Patris Jacobi induisse, et gestando pileum in lancea appensum decantasse irridendo : « *Exaudi, Exaudi* » ; et aliquo tempore post, occisum fuisse in duello filium Domini Joannis de Sarjas qui proditorie Albenacum ceperat, et ad mortem Patrem Jacobum et Guillelmum Saltamochium damnarat ; quo tempore factum est, ut cum cadaver illius sepeliendum deferretur Albenacum, illud deposuerint portitores in eodem plane loco ubi Martyres fuerant occisi, et cadavere deposito stultus alius galero suo in pertica appenso, sicque in altum elevato, decantabat : « *Exaudi, Exaudi* ». Quod mirati sunt multi, et in poenam

divinitus permissum ob mortem Martyribus inflictam suadente patre defuncti, creditum est et observatum.

b. — In dimicatione facta inter haereticos Villanovae et
catholicos urbem obsidentes, inter omnes generose pugnan
tem nobilem Jacobum de Bonas, filium nobilis matronae
Leonardae de Chaussy, triginta quatuor vulnera gravia accepisse, et pene mortuum derelictum optime convaluisse et
precibus dictorum Martyrum conservatum ab ipsomet audivit.

D. 3. 2. — De **Claude de Serres,** d'Aubenas, com-
mandant de la milice du Seigneur de Montréal, âgé
de 65 ans, dans l'église de Villeneuve-de-Berg, le 14
octobre 1627.

1. — Novisse Patrem Jacobum et Guillelmum Saltamochium et allocutum fuisse Albenaci, ex commissione sibi
facta a Domino de Montréal.

12. — Credere se damnatos fuisse ad mortem pro fide
catholica, et id frequenter audisse, a Ministris haereticorum,
qui tunc aderant, et a Domino de Sarjas, qui cum Martyres
sabbato nollent accipere jusculum carne conditum, et Pater
Jacobus repulsae causam declarare vellet, recusavit ut in eo
loco id faceret, sed coram Ministris, ut audiret eos disputan-
tes ; post aliquam brevem disputationem exclamaverunt
Ministri : « Sufficerent isti ad inficiendum totum orbem,
occidite ». Ista dixit non audivisse suis auribus, sed a multis accepisse.

13. — Se non interfuisse illorum morti, accepisse tamen
Patrem Jacobum catapulta percussum, Guillelmum vero pugione sublatum dicentem : « patere, caro, patere », Albenaci,
7 februarii anni Domini 1593, ante domum de Vauclerc,
intra ipsius urbis muros.

14. — Constanti animo usque ad finem vitae in fide catholica perseverasse et ob fidem in verum Deum mortem sustinuisse.

15. — Publicam esse famam ipsos mortuos esse Martyres, et a populo pro talibus haberi et honorari, idque a multis audivit.

16. — Non posse rem se aliter habere, scilicet ut non sint mortui Martyres, ac pro certo credere non fuisse occisos ob aliquod delictum proprium, vel ob aliam causam ipsis imputatam, sed ob causam fidei et amorem Dei, et ita audivisse frequenter.

17. — Audivisse eorum corpora pene nuda fuisse relicta, postea sepulta fuisse in horto de Géorand cum magna irreverentia, quorum reliquias nobilem matronam Leonardam de Chaussy petiisse a Domino de Chambaud et obtinuisse accepit a multis.

18. — Quaedam eorum ossa decenter in collegio Albenacensi Societatis Jesu servari, et audivisse nobilem Leonardam de Chaussy etiam apud se aliquid habere ex eorum ossibus.

19. — Eos ego ipse veneror ut Martyres et me eorum precibus commendo ; audivi etiam multos alios invocare eos ut Sanctos, inter quos numeratur nobilis Leonarda de Chaussy.

20. — Audivisse, eo die quo occisi sunt stultum aliquem togam Patris Jacobi vel Guillelmi induisse et per urbem decantasse irridendo : « *Exaudi, Exaudi* » ; et post aliquod tempus occisum fuisse in duello filium Domini Joannis de Sarjas haeretici qui proditorie Albenacum ceperat et ad mortem Patrem Jacobum et Guillelmum damnaverat, quo tempore accidit ut cum cadaver illius sepeliendum deferretur Albenacum, illud deposuerint portitores (deficientibus quasi viribus, licet domus ad quam volebant intrare distaret tantum tribus passibus) in eodem plane loco ubi Martyres fuèrant occisi, et cadavere deposito, stultus alius, galero suo in pertica appenso, sicque in altum elevato, decantabat : « *Exaudi, Exaudi* », quod mirati sunt multi, et in poenam divinitus permissum ob mortem Martyribus illatam suadente et auctore patre defuncti creditum est. Istud non accepit modo, sed vidit.

D. 3. 3. — De **M**^{me} **Léonarde de Chaussy**, de Ruoms, âgée de 72 ans, dans la chapelle du château de Chaussy, le 21 octobre 1627.

1. — Novisse Patrem Jacobum Salesium Societatis Jesu sacerdotem et Guillelmum Saltamochium ejusdem Societatis, ut hospites et servos Christi in domo sua excepisse frequenter, etiam paulo antequam Albenacum ab haereticis caperetur.

7. *a.* — Ipsos habuisse caritatem erga proximum, et Patrem Jacobum laborasse multum in erudiendis proximis, cujus rei Pater Jacobus specimen dedit postremo tempore quo eum in sua domo excepit, nam clausus in suo cubiculo omnes servos domesticos unum post alium ad se vocans hortatus est ad timorem et amorem Dei, ad observantiam divinorum mandatorum, ad obediendum Dominis suis eisque fideliter serviendum.

b. — Utrumque quaesivisse salutem animarum et in hunc finem quindecim diebus ante captam urbem ad suam domum venisse cum Domino de Montréal gubernatore tunc Albenacensi, ut disputaret cum Ministro calvinista, petente Nobili de Vents ad veritatem cognoscendam fidei nostrae, et animae satisfactionem. Venit quidem nobilis, Minister vero timuit in certamen venire.

8. — Eos agnovisse pios maxime, cum magna reverentia et devotione orare solitos, advertisse Guillielmum devote rosarium frequenter recitantem, et audivisse repertos esse preces fundentes quando urbs capta est ab haereticis, et Patrem Jacobum solitum quotidie celebrare missam.

12. — Audivisse frequenter et firmiter credere eos damnatos fuisse ad mortem pro fide catholica a Domino de Sarjas et Ministris haereticorum infensissimis Ecclesiae Romanae et Religiosis Societatis Jesu, cum quibus Pater Jacobus ardenter disputarat, et sermonem convertens ad haereticos adstantes dixit : « Date mihi biblia sacra, et ostendam vobis quomodo vestri Ministri decipiant vos et ad Inferos dedu-

cant » ; ex Ministris calvinistis unum nomine Labat rabie
plenum exclamasse : « Occidite, occidite hos falsos prophetas; sufficerent isti ad inficiendum totum mundum ».

13. — Non interfuisse illorum morti, nec vidisse morien-
tes ; audivisse jusculum carne conditum eis porrectum die
sabbati noluisse gustare ; Patrem Jacobum, cum ad mortem
duceretur, digitos suos in formam crucis composuisse, quos
unus ex militibus ensis capulo extremo tundebat.

14. — Constanter perseverasse usque ad finem vitae in
fide catholica, et ob fidem in verum Deum mortem sustinuisse, ut vulgo ab omnibus creditur.

15. — Publicam esse famam ipsos mortuos esse vere Martyres, et a populo pro talibus haberi et honorari, in cujus
rei testimonium protulit nobis epistolam ad se scriptam ab
Illustrissimo Cardinali de Joyosa piae memoriae his verbis :
« Madamoyselle, je vous baise les mains des Reliques que
vous m'avez envoyé de ce bon Père de Sales ; c'est un pré-
sant qui m'a esté d'autant plus agréable, que je l'estime
estre d'un grand Martyr et Serviteur de Dieu. Vostre très
affectionné à vous servir, Le Cardinal de Joyeuse ». Dixitque
dare se hanc epistolam collegio Albenacensi Societatis Jesu
in futurum testimonium.

16. — Non fuisse mortuos Martyres ob delictum proprium
vel ob aliam causam illis imputatam, vel ob alios respectus
humanos, nec aliter res se habere posse. Ita accepit et insuper credit vere mortuos Martyres.

17. a. — Audivisse eorum corpora cum magna irreverentia tracta fuisse ad hortum de Géorand extra muros urbis,
ibique sepulta a fabro lignario, nuncupato Ponchut, ad quae
recuperanda ob pietatem et devotionem erga Martyres, dedisse
Consuli Albenacensi suo amico, licet haeretico, epistolam
reddendam Domino de Chambaud calvinistae Albenacensi
gubernatori, si prius verbo promitteret satisfacturum se peti-
tioni in sua epistola contentae. Promittit Gubernator, legit
epistolam qua reliquiae et ossa Martyrum petuntur, annuit,

et qui sepelierat effodit ea, et distinguendo separatim, albis linteaminibus involvit, et quasi furtim ad urbem quae vocatur Ruoms, deferuntur, in cujus templo reponuntur comitante et gratias Deo agente tota supplicationis turba quae obviam iverat, denique in capella Dominae dictae de Chaussy honorifice sepeliuntur.

b. — Patrem Rectorem collegii Avenionensis Societatis Jesu misisse ad se Patrem Carolum Janin et Patrem Christophorum Guyot ejusdem Societatis ad asportanda Martyrum corpora, quibus et tradidit, quibusdam Patris Jacobi et Guillielmi Saltamochii ossibus sibi reservatis, quorum postea majorem partem dedit collegio Albenacensi Societatis Jesu, quod verbo testata est et scripto ad dictum collegium Albenacense in perpetuam memoriam.

19. *a.* — Scire se multos erga illos habere devotionem, et a se petiisse quamplurimas horum Martyrum reliquias, misisse se ad Illustrissimum Cardinalem de Joyosa, ut supra dixit, et ad dominum Le Blanc causidicum Podiensem, et alium civem ejusdem urbis, cujus non recordatur nomen, qui omnes se in necessitatibus, eorum precibus commendant. Reliquiae autem eae erant Patris Jacobi Salesii, sicut eae quas per Patrem unum Societatis Jesu misit ad Dominum Baltazarem de Hottos Baronem de la Roche, qui enixe petierat et decreverat se Patri Jacobo Salesio commendare ad levamen aliquod obtinendum pro asthmate quo laborabat, quod fecit et levamen obtinuit.

b. — Ipsammet expertam esse opem horum Martyrum, quos invocare solet et reliquias ferre ; quod praestat ejus filius Dominus Jacobus de Bonas, cui nomen Jacobi imponi voluit in baptismate in honorem Patris Jacobi Salesii cui hoc voverat, gestans adhuc in utero hunc filium, si precibus suis post ejus ortum, illum conservaret in vivis ; ut expostularat a Deo per Patrem Jacobum, ita factum est.

20. *a.* — Ipsammet magnopere ab asthmate quo laborabat liberatam fuisse ; audivisse praedictum Dominum Baltazarem de Hottos Baronem de la Roche et Claram Vidalle matronam

Albenacensem hujusmodi morbo laborantes, commendasse
se Patri Jacobo Salesio et solatium recepisse.

b. — Credere se filium suum Dominum Jacobum de Bonas
in bello contra haereticos generose pugnantem, post triginta
quatuor vulnera gravia ab hostibus inflicta, convaluisse et
liberatum a morte per preces Patris Jacobi, cui se quotidie
ipse commendabat, et jam commendat, ut ipsemet nobis
declaravit, addens referre se jam vitam Beatae Mariae et
Patri Jacobo Salesio, quibus se commendabat tempore belli
pietate quadam extraordinaria.

c. — Quodam die, cum esset in aula domus quam habet
in urbe dicta de Ruoms, corruisse trabem unam superiorem
cum asseribus ex una parte, cum periculo majoris ruinae,
haesisse tamen partem alteram trabis in suo loco, supra
quam reposita erat arca, in qua reliquiae Martyrum asserva-
bantur ; ubi cessasse videt periculum, et domum tutam, gratias reddit Deo, perlustrat aulam, videt arcam pendulam
supra trabem haerere et quiescere, quae tamen suo pondere
casura erat, miratur, et inter admirationem pervenit in mentem in ea clausas decenter esse reliquias, gratias agit Sanc-
tis qui vitam servassent, convocat vicinos qui arcam, ut erat,
videntes miraculum esse exclamarunt.

d. — Miraculum accidisse anno Domini millesimo sexcentesimo vigesimo secundo, vigesimo sexto octobris, quod tale
est :

Philippus Daudan agricola, qui annum septuagesimum
attigerat, deciderat ex alta turri murorum urbis dictae de
Ruoms, vix digitos movere poterat, nam ossa corporis pene
confracta erant.

Invisit illum Domina Leonarda de Chaussy, hortatur ad
patientiam et ad devotionem erga Martyres Albenacenses,
promittit valetudinem, si eorum auxilium implorat; id praestat nocte solus : et cum se in neutram partem lecti movere
posset, sedet solus super lectum et brevi postea deambulavit.
Hoc testis deponens vidit ; et confirmavit nobis dominus
Claudius Roussel isti depositioni praesens, qui supra dictum
Philippum Daudan ut parochus inviserat, et ista omnia viderat.

D. 3. 4. — De **Guillaume Rigaud** qui a déjà déposé
à Largentière le 24 mai 1593 (D. 1. 7.), et qui dans la
suite s'est fixé à Vogüé, âgé de 55 ans, témoin oculaire,
dans l'église de Vogüé, le 22 octobre 1627.

1. — Novisse Patrem Jacobum et Guillielmum Saltamochium, Albenaci, quia ibi manebat.

11. — Capta urbe Albenacensi, captos fuisse Patrem Jacobum et Guillielmum, ductos fuisse ad domum de Lantouzet,
ibique mansisse incarceratos diem integrum et dimidium,
ubi ipsemet erat et detinebatur in carcere, tanquam hostes
calvinianae doctrinae, et propagatores Romanae Ecclesiae, et
ob fidem catholicam, capta urbe Albenacensi.

12. — Credere se eos damnatos fuisse ad mortem pro fide
catholica a Domino de Sarjas haeretico et a Ministris, quibus
jussus domus januam aperuit.

13. — Ex fenestra domus ex qua egressus erat Pater Jacobus, se vidisse dictum Patrem Jacobum catapulta occisum
fuisse a tergo, et propter criminis horrorem fenestram subito
deseruisse ; unde factum est ut Guillielmum occidere non
viderit, audivisse tamen eum confossum fuisse pugione cla-
mantem : « Patere, patere, caro », idque die Dominica ante
domum de Valclaire.

14. — Constanti animo usque ad finem vitae in fide catholica perseverasse, et ut vulgo creditur ob fidem in verum
Deum mortem sustinuisse.

15. — Publicam esse famam ipsos mortuos esse Martyres,
et a populo pro talibus haberi et id audivisse a multis.

16. — Non fuisse mortuos ob delictum proprium, vel ob
aliam causam illis imputatam aut ob respectus humanos, nec
aliter rem se habere posse, scilicet ut non sint mortui Martyres, et ita audivisse.

17. — Vidisse eorum corpora cum solo indusio fuisse relicta, et stultum aliquem nonnihil ex eorum vestibus acce-

pisse, et per urbem clamasse : « *Exaudi, exaudi* », ut accepit.

D. 3. 5. — De **Judith de la Teule,** d'Aubenas, âgée de 60 ans, dans l'église de Saint-Laurent d'Aube-nas, le 25 octobre 1627.

1. — Se novisse Patrem Jacobum Salesium et Guillielmum Saltamochium ; egisse cum Patre Jacobo domi suae, ipsa nocte qua urbs capta est, de rebus fidei ; in hunc enim finem Pater ad me se contulerat, et ut promoveret conversionem meam, quod tunc fecit, nam antequam abiret, sum ei pollicita me calvinianam haeresim abjuraturam.

12. — Eos damnatos fuisse ad mortem pro fide catholica a Domino de Sarjas et Ministris, praecipue ab uno, videlicet Labat clamante : « O falsi prophetae ! »

13. *a.*— Se non interfuisse illorum morti ; accepisse Patrem Jacobum catapulta percussum ab homine valde simplici, qui post perpetratum scelus toga indutus dicti Patris, ad meam domum se contulit, et jocando dicebat : « En toga Jesuitae, vide foramen globi plumbei ; catapulta occisus est » ; quod cum deprehendisset verum esse, dixit prae dolore exclamare tantum potuisse.

b. — Guillielmum vero Saltamochium pugione sublatum, dicentem : « Patere, caro, patere », ante domum de Vauclerc, intra ipsius urbis muros.

14. — Audivisse constanti animo usque ad finem vitae in fide catholica perseverasse et ob illam mortem sustinuisse.

15. — Publicam esse famam ipsos mortuos esse Martyres, et a populo pro talibus haberi et honorari, idque a multis audivit.

16. — Credere se non fuisse occisos ob aliquod delictum proprium, sed ob causam fidei et amorem Dei, et ita audivisse.

17. — Accepisse eorum corpora pene nuda relicta, postea

sepulta fuisse in horto de Géorand cum magna irreverentia, et post aliquod intervallum nobilem matronam Leonardam de Chaussy ad se adsportari curasse.

19. — Audivisse multos esse devotos erga Martyres, inter quos nominavit honestam matronam Claram Vidalle Albenacensem, quae cum laboraret asthmate nec fructus crudos comedere posset sine gravi incommodo, commendavit se Patri Jacobo et vovit se quotidie orationem aliquam in ejus honorem recitaturam, si libera fieret ab asthmate et a dolore stomachi; ab utroque intercessione Martyris liberata. Quod ipsamet dicta Clara Vidalle juramento testata est.

D. 3. 6. — De **Jeanne Guigou,** d'Aubenas, âgée de 5o ans, dans l'église de Saint-Laurent, le 25 octobre 1627.

1. — Se novisse Patrem Jacobum et Guillielmum Saltamochium; egisse secum familiariter Patrem Jacobum, eique dedisse mutuo Biblia sacra, post multas adhortationes, quibus rogabat eam Pater ut fieret catholica.

11. — Capta urbe, capti sunt ab haereticis, quia erant Jesuitae et catholicam fidem praedicabat Pater Jacobus, et ducti sunt ad domum domini de Lantouzet in odium religionis Ecclesiaeque Romanae.

12. — Accepisse a Ministris calvinianis fuisse damnatos ad mortem, et cum egrederentur ex domo de Lantouzet, propriis auribus audivisse Patrem dicentem : « Occidite me crudelissima morte, hanc patienter sustinebo, et vitam Fratri meo socio servate ».

13. — Non interfuisse morti; accepisse Patrem Jacobum percussum fuisse catapulta, Fratrem vero pugione, et dixisse hunc : « Patere, caro, patere » ; et paulo ante mortem, cum afferretur jusculum, recusasse dicendo : « Ad quid hoc ? in posterum non manducabimus ».

14. — Audivisse illos constanti animo usque ad finem vi-

tac in fide catholica perseverasse et ob illam mortem sustinuisse.

15. — Publicam esse famam ipsos esse mortuos Martyres,
et a populo pro talibus haberi et honorari.

16. — Existimare se non fuisse occisos ob aliquod delictum
proprium sed ob causam fidei.

17. — Vidisse se illos qui eorum reliquias colligebant in
horto de Géorand, et interfuisse cum id fiebat, et audivisse
eas delatas fuisse ad nobilem matronam de Chaussy.

19. — Ego ipsa Martyres veneror et colebam adhuc haeretica ; nam cum tres globuli rosarii Patris ad me pervenissent,
eos pietatis causa servavi, existimans aliquid boni eis inesse,
hosque ad collum liberorum meorum quos lactabam, appen-
debam ; vestemque integram et novam pro uno globulo a
quodam catholico oblatam recusavi adhuc haeretica ; hos
nunc catholica majori pietate et religione servo.

D. 3. 7. — De **Marie Gamond,** d'Aubenas, âgée de
50 ans, témoin oculaire, dans l'église de Saint-Laurent,
le 25 octobre 1627.

1. — Vidisse se saepe Patrem Jacobum Salesium et Guillielmum Saltamochium, cum eis autem non egisse ; matrem
vero suam frequenter audivisse Patrem concionantem.

9. — Vidisse se propriis oculis utrumque in morte crudeliter illata perferenda in patientia excelluisse.

11. — Capta urbe, captos esse ab haereticis quia erant Jesuitae, et ductos ad domum de Lantouzet in odium Ecclesiae
Romanae.

12. — Dominum de Sarjas venisse ad domum dicti de Lantouzet, cumque collo apprehendisse et evaginato pugione
clamasse : « redde mihi homines sceleratos quos domi tuae
habes » ; audivisse a militibus qui dicebant Dominum de
Sarjas et Dominum de Langlade fuisse causam necis eorum,

hunc vero, quia cum ante captam urbem detineretur Albenaci
in carcere a catholicis et a nuru sua inviseretur quam haereti-
cam fecerat, factum est ut ipsa resipuerit suasione Patris
Jacobi et ab haeresi defecerit, quod ubi cognovit socer, ob-
tenta libertate, decrevit una cum dicto de Sarjas illum occi
dere.

13. — Vidisse e fenestra domus suae cum occisi sunt, die
Dominica, Patrem Jacobum catapulta, Fratrem vero pugione,
et hunc dixisse : « Patere, caro, patere, vitae meae finem im-
ponite ». Et paulo antequam ducerentur ad mortem. jusculum recusasse dixisseque Patri Jacobo suadenti ut acciperet :
« nunquam amplius manducabo, actum est de nobis ».

14. — Illos constanti animo usque ad finem vitae in fide
catholica perseverasse, et ob illam mortem sustinuisse.

15. — Ipsos esse mortuos Martyres publicam esse famam,
et a populo pro talibus haberi et honorari.

16. — Non fuisse occisos ob proprium aliquod delictum,
sed ob causam fidei.

17. — Se vidisse eorum corpora nuda relicta fuisse cum
maxima inhumanitate et irreverentia, et postea ad hortum de
Géorand delata.

20. — Brevi ante eorum mortem, e fenestra vidisse pavi-
mentum ejus loci in quo sunt interfecti, totum rubicundum
et veluti aspersum sanguine, coelum inspexisse, quod vidit
ejusdem coloris, timore perterritam, matrem etiam haereti-
cam advocasse ; quod ubi illa vidit, dixit : « ista denotant
crudelem aliquam occisionem ». Et post eorum necem iterum
dixit : « bonus ille Pater inter conciones quas etsi haeretica
audiebat, praedixerat fore ut urbs Albenacensis grave aliquod
damnum experiretur, et quod innocens pro reis malum susti-
neret non leve. Hoc ipse expertus est ».

D. 3. 8. — De **Jacques Rouvière,** de Vals, où il
exerçait la charge de notaire royal, âgé de 50 ans,

témoin oculaire, dans l'église de Saint-Laurent d'Aubenas, le 25 octobre 1627

13. — Fortuito et casu eorum morti interfuisse, morientesque vidisse ; occisos fuisse a quodam vocato Beulaigue, Patrem catapulta. Post ejus ictum ter dixit : « Jesu, Maria ! » ; Fratrem vero pugione, qui manibus in formam crucis junctis clamabat : « Patere, caro, patere ». Occisi sunt fere ante domum de Lantouzet, septimo februarii anni Domini millesimi quingentesimi nonagesimi tertii, capta urbe Albenacensi.

14. — Vidisse se illos constanti animo usque ad finem vitae in fide catholica perseverasse et ob illam sustinuisse mortem.

15. — Publicam esse famam ipsos esse mortuos Martyres, et a populo pro talibus haberi et honorari, et sic se credere.

16. — Credere se ob causam fidei tantum ipsos fuisse occisos, non autem ob aliquod delictum proprium.

17. — Vidisse eorum corpora nuda per urbem trahi cum maxima ignominia, eorumque vestes stultum induisse, qui dicebatur Vital *lou simple*. Die vero sequenti post illorum necem, in derisum alter nomine Paquaquam pileum quadratum gestans et tympanum pulsans totam urbem percurrebat.

Audivisse agricolam septuagenarium, cum ex casu totus confractus vix digitos movere posset, invocatione Patris Jacobi et Guillielmi Saltamochii ejus socii, valetudinem pristinam recuperasse.

D. 3. 9. — De **Jean Cachon,** d'Aubenas, forgeron, âgé de 52 ans, témoin oculaire, dans l'église de Saint-Laurent, le 25 octobre 1627.

1. — Se cognovisse Patrem Jacobum Salesium et Guilielmum Saltamochium, et illum concionantem audivisse frequenter.

11. — Capta urbe, illos captos esse ab haereticis, quia

erant Jesuitae, et in odium religionis catholicae, ductosque esse ad domum de Lantouzet, et ibi detentos fere per duos dies.

12. — Damnatos fuisse ad mortem a Ministris calvinianis, praesertim a Ministro Labat, cum quo Pater Jacobus disputarat et insuper superaverat.

13. — Interfuisse se eorum morti et audivisse Guilielmum dicentem : « Patere, caro, patere », et fere jam mortuos variis hastilibus a quodam sibi ignoto confodi crudeliter vidisse.

14. — Se vidisse eos constanti animo usque ad finem vitae in fide catholica perseverasse et ob illam mortem obiisse.

15. — Publicam esse famam ipsos esse mortuos Martyres, et a populo pro talibus haberi et honorari.

16. — Credere se non fuisse occisos ob aliquod delictum proprium, sed ob causam fidei.

17. — Se vidisse cum eorum corpora nuda, fune ad pedes ligato, per plateas cum dedecore trahebantur ; fuisse sepulta in horto de Géorand, et interfuisse cum eorum reliquiae collectae sunt pietate et industria Dominae de Chaussy, ad quam delatas esse audivit, et togam vel sottanam alterius stultum aliquem induisse et per urbem gestasse.

D. 4. — Quelques extraits des dépositions recueillies au procès complémentaire de 1901.

D. 4. 1. — De Louis-Philippe Tailhand, docteur-médecin à Aubenas, dans la chapelle de Saint-Clair.

5. — J'ai toujours eu de l'affection et de la dévotion pour ces Serviteurs de Dieu, et je désire très vivement leur béatification.

6. — Je les ai regardés toujours comme des saints, et je suis persuadé qu'ils ont été martyrs et qu'ils ont été tués en haine de la foi.

7. — Plusieurs m'ont tenu le même langage. D'ailleurs, une manifestation solennelle a eu lieu, il y a peu de temps, pour transporter leurs restes de l'église de l'ancien collège à l'église paroissiale. La population, par son empressement à venir assister à cette cérémonie et l'attitude recueillie et respectueuse qu'elle a eue, a prouvé clairement quels étaient ses sentiments. Cette manifestation a été toute spontanée, la population n'ayant connu le fait que le jour même.

En 1829, j'étais élève au collège d'Aubenas, lorsqu'on découvrit les ossements dans la sacristie du collège. Cela m'a surpris, ignorant, vu mon jeune âge, qu'il y avait des ossements de martyrs dans la sacristie. Mais quatre de mes professeurs, ordonnés prêtres avant la Révolution, nous ont dit qu'ils en avaient entendu parler dès leur jeune âge, et qu'à Aubenas on avait de la vénération pour ces Martyrs. Ma mère m'en a souvent parlé. Elle a connu son grand-père mort en 1805, âgé de 83 ans, et elle m'a toujours assuré qu'on avait toujours conservé, dans la famille, un grand respect pour ces deux religieux. Au collège, je me rappelle que mon professeur nous faisait lire, dans un vieux livre, l'histoire de ces religieux pour nous inspirer du respect pour leur mémoire.

En 1867, j'étais témoin lorsqu'on a transporté les restes de ces Serviteurs de Dieu de la sacristie près de l'autel de saint Régis. J'ai trouvé, dans la boîte qui renfermait ces restes, le premier procès-verbal fait par mon père ; j'ai fait moi-même le procès-verbal constatant les restes qu'elle contenait, et j'en ai fait un second lors de la translation à l'église paroissiale.

8. — Je les appelle des martyrs, et c'est ainsi qu'on les désigne. Je suis persuadé qu'ils ont été tués victimes de la rage des huguenots, qui voulaient faire disparaître les prédicateurs de la religion catholique

10. — Dernièrement, j'ai vu une fois en passant un malade frère mariste atteint de l'albuminerie, maladie sérieuse,

et ce malade a invoqué ces Serviteurs de Dieu, et aujourd'hui on dit qu'il est guéri.

D. 4. 2. — De **Jean Veyrenc de Lavalette**, avocat, docteur en droit.

5. — Comme je l'ai déjà dit, j'ai de l'affection pour ces Serviteurs de Dieu, et je désire que l'Eglise les honore.

7. — J'ai eu de la vénération pour ces religieux, dont on conservait les restes dans la chapelle de l'ancien collège. Mon père m'en a toujours parlé avec respect. J'ai été heureux de constater, par les papiers de famille, que la maison où avaient logé les serviteurs de Dieu appartenait à Michel Veyrenc, un de mes aïeux.

Je me rappelle, en outre, lorsque, le dimanche matin, on annonça la translation des restes des Martyrs, vu la désaffectation de la chapelle de l'ancien collège, une véritable émotion se produisit dans l'assistance, prouvant l'estime que l'on avait pour ces Serviteurs de Dieu. Pendant la translation, j'ai remarqué le respect de toute la population.

8. — La désignation commune et populaire est de les appeler Martyrs. Dans le public, on n'a pas le moindre doute qu'ils ont été tués en haine de la foi. Hier, j'ai vu pour la première fois que quelques protestants de cette époque, pour s'excuser de ce meurtre, avaient donné un motif politique, mais je puis certifier que c'est tout à fait contraire à la tradition.

D. 4. 3. — De **Marie Saladin**, rentière à Aubenas.

5. — J'ai une grande dévotion pour ces Serviteurs de Dieu, et de tout cœur je désire leur canonisation.

6. — Je suis tout à fait convaincue qu'ils ont obtenu un très haut degré de sainteté, et ce qui m'intéresse le plus dans leur vie, c'est leur amour pour le Saint-Sacrement.

7. — J'ai voulu me rendre compte de ce que pensait la population pieuse d'Aubenas, et j'ai pu constater qu'on les avait en grande estime. J'ajouterai cependant que le souvenir s'est conservé beaucoup plus vivace dans le quartier où ils ont été martyrisés. Ailleurs, on n'en parlait presque pas. Mais la translation des reliques les a fait connaître, prier et aimer beaucoup.

Dans la translation, la population s'est montrée très empressée, très recueillie, très pénétrée. On s'attendait à un enterrement et ce fut plutôt un triomphe. C'était très beau et très touchant, et cependant cette translation avait été tenue très secrète. Je l'ai sue par hasard, en allant faire ma visite au Saint-Sacrement, dans la chapelle de l'ancien collège. Voyant qu'on déménageait, je demandai : « Pourquoi ce déménagement ? » et on me raconta sous le plus grand secret ce qui se préparait, et je trouvais que **M.** le Curé avait été bien secret sur ce point. Il le fallait pour que la manifestation ne fût pas empêchée par l'autorité publique.

8. — On les appelle : Les vénérés Martyrs d'Aubenas.

9. — Je suis persuadée qu'ils ont été martyrs et martyrs pour l'Eucharistie.

10. — Je leur suis moi-même très reconnaissante d'avoir bien voulu écouter et exaucer souvent les prières que je leur adresse depuis mon enfance ; nous allions, les voisins et moi sur leur tombeau, pour y obtenir des grâces.

Je vois très souvent des personnes venir prier sur leur tombeau et quelquefois en baiser la pierre, depuis qu'ils sont dans la chapelle de Saint-Clair.

11. — Il y a environ quinze à vingt ans, je faisais le reposoir pour la procession de la Fête-Dieu. Une payse du Père Salès m'envoya des fleurs rouges avec des feuilles d'or pour les placer aussi près que possible du Saint-Sacrement, en souvenir de ces Serviteurs de Dieu qui avaient subi tout près de là leur martyre.

D. 4. 4. — De **Victoire Mathon**, rentière à Aubenas.

6 et 7. — J'ai toujours eu ces serviteurs de Dieu en grande

estime ; j'étais étonnée et on l'était autour de moi que l'on ne pensât pas à mettre sur les autels ceux que nous appelons : « Nos saints et nos martyrs », et les personnes âgées appuyaient beaucoup sur les punitions infligées par le ciel à leurs persécuteurs.

Ce qui prouve les sentiments de la population envers ces Serviteurs de Dieu, c'est la magnifique manifestation qui eut lieu lors de la translation de leurs reliques ; on peut dire que toute la paroisse y a pris part, et c'était partout le respect et le recueillement. Le soin qu'on a pris à reconnaître les ossements en 1867 prouve l'estime que l'on avait pour ces restes.

Le souvenir s'est conservé beaucoup plus frais dans le quartier du martyre. Ma grand'mère qui est morte très âgée m'en a parlé très souvent, et toujours avec respect et affection.

8. — On les appelle : « Nos Saints ou nos Martyrs ». On ne les désigne pas autrement.

9. — Certainement ils ont été martyrs, en défendant la présence réelle de Notre-Seigneur dans la sainte Eucharistie.

10. — Hier même, une malade ayant souffert énormément la nuit précédente a, sur mon invitation, commencé une neuvaine aux Martyrs, et elle a obtenu du soulagement.

11. — Comme sacristaine de la paroisse depuis 47 ans, je puis affirmer que la piété privée a toujours traité ces Serviteurs de Dieu comme des saints et des martyrs, soit dans notre ville, soit de la part des étrangers que j'ai souvent vus priant bien recueillis devant leurs reliques, depuis qu'elles se trouvent dans la chapelle de Saint-Clair.

D. 4. 5. — D'**Hippolyte Vincent**, en religion **Frère Lanfranus**, Frère Mariste à Aubenas.

10. — Vers le milieu du mois de novembre 1900, je commençai à éprouver un malaise général, mêlé de faiblesse avec vives douleurs dans les jambes. D'abord, je pris cela pour un simple rhumatisme, pour lequel furent employées les précautions usitées en pareil cas. Mais bientôt le mal s'aggrava,

et le 26 novembre, je me trouvai si fatigué qu'on me mit au lit, où je restai tout un mois incapable de m'y mouvoir; il fallut me soigner comme un petit enfant. Pendant ce temps, tout m'était à dégoût; il me semblait que j'avais constamment dans la bouche des choses si désagréables, si répugnantes que je disais toujours à ceux qui venaient me voir : « Oh ! quelle mauvaise bouche ! Ne peut-on me trouver quelque chose pour m'enlever ce mauvais goût ? »

Notre bon docteur, M. Pargoire, vint me voir dès le début, et il ne tarda pas à reconnaître le caractère sérieux de cette maladie, mais il m'en laissa ignorer la gravité. Il ordonna de faire analyser les urines, et quand il vit le résultat et les progrès du mal, il dit au Frère infirmier : « C'est un empoisonnement ; ce Frère est perdu, ou, si nous l'en tirons, c'est un homme usé, il ne pourra plus faire son emploi ».

Nos supérieurs en furent informés. En conséquence, ils prirent aussitôt des mesures pour me remplacer à l'infirmerie.

Cependant les élèves dirent à leurs parents que j'étais sérieusement malade. Par eux, le bruit s'en répandit dans la ville. Aussitôt une personne d'Aubenas, qui porte beaucoup d'intérêt aux Frères, vint prendre de mes nouvelles auprès du Frère Marie-Xavier.

Elle lui dit que M. le Curé avait assuré qu'il s'opérait des choses vraiment merveilleuses par l'intercession des saints Martyrs d'Aubenas, et que, si je voulais m'y associer, on ferait une neuvaine en leur honneur pour obtenir ma guérison. Pour cette personne et plusieurs autres qui s'unirent à elle, la neuvaine consistait à entendre pendant neuf jours la sainte messe. Bien volontiers, je m'unis d'intention, et, ne pouvant mieux, je joignis mes souffrances et mes peines aux prières que l'on faisait pour moi, avec la plus grande soumission à la sainte volonté de Dieu.

Dès le commencement de la neuvaine, je me sentis mieux et je n'ai plus souffert. Le 22 décembre, je pus me lever un moment, mais j'étais encore si faible qu'il m'était impossible de me tenir debout. Le 25, j'eus le bonheur de faire la sainte communion, et je demandai à Notre-Seigneur, par l'intercession des saints Martyrs d'Aubenas, de me donner les forces nécessaires pour marcher. Ce jour-là même, je me levai et marchai plusieurs heures dans l'infirmerie, au grand étonnement de tout le monde.

Je dis tout de suite que les saints Martyrs d'Aubenas m'avaient guéri, mais lorsque j'appris le jugement que M. le Docteur avait porté de moi, je redis avec plus d'assurance : « Oui, ce sont les saints Martyrs d'Aubenas qui m'ont guéri ».

En foi de quoi, j'ai dicté et signé le présent récit, expression de la vérité.

Aubenas, le 12 février 1901.

F. LANFRANUS.

D. 4. 7. — De **Valéry Roure,** négociant à Aubenas.

7. — Autour de moi, on a la même opinion. La preuve, c'est la manifestation spontanée qui eut lieu en 1898. Cette manifestation a été spontanée, parce qu'on n'a connu cette translation que le matin du jour où elle devait avoir lieu ; sur le parcours, tout le monde a témoigné un grand respect. Tout le monde a approuvé cette cérémonie qui a manifesté les sentiments de la population. J'étais très jeune lorsqu'on transporta leurs restes, de la sacristie de l'ancien collège près de l'autel de saint Régis. C'est à ce moment que j'en ai entendu parler, et on les regardait comme des saints.

8 et 9. — Je crois qu'on leur donnait alors communément le nom de Martyrs, et d'après ce que j'ai lu et les souvenirs qui restent dans la population, je suis convaincu qu'ils ont été véritablement martyrs.

11. — J'ai vu un homme venir prier sur leur tombeau et le baiser très religieusement.

D. 4. 8. — De **Henri Gallon**, prêtre de Saint-Basile, à Aubenas.

6. — Par ce que j'ai entendu dire, et par ce que j'ai lu,

je suis persuadé qu'ils ont pratiqué les vertus chrétiennes à
un haut degré et qu'ils méritent les honneurs de l'Eglise.

7. — On les regarde comme saints. J'en ai pour preuve
l'enthousiasme qui s'est spontanément manifesté, lors de la
translation des reliques, de l'ancienne chapelle du collège à
l'église paroissiale. J'ai assisté à la reconnaissance des reliques faite la veille de la translation. On a constaté l'identité
parfaite avec ce qui était indiqué dans le procès-verbal qui
était fait précédemment, et à la tenue de ceux qui assistaient
à la reconnaissance des reliques, j'ai reconnu le respect et la
vénération dont ils étaient l'objet. Je ne puis rien dire des
choses antérieures, n'étant pas à Aubenas, et je n'ai pris
aucune information à ce sujet.

8. — Je les ai entendu appeler Martyrs.

9. — Je crois réellement qu'ils ont été tués en haine de la
foi, et cela d'après la renommée.

10. — J'ai entendu parler de plusieurs malades qui attribuent leur guérison à l'intercession des Martyrs qu'ils ont
invoqués.

D. 4. 9. — D'**Auguste-Xavier Ligonesche**, expert à Aubenas.

5. — Je désire leur béatification, et j'ai de l'affection et de
l'estime pour eux. Aussi, je leur adresse chaque jour des
prières ou invocations, depuis le transfert de leurs reliques à
l'église paroissiale.

6. — Je les regarde comme des saints parce qu'ils sont
morts pour soutenir la foi catholique et pour attester la présence réelle de Notre-Seigneur dans la sainte Eucharistie.

7. — Ceux qui les connaissent les prennent pour de saints
personnages ; ma femme a une grande confiance en eux, elle
est originaire d'Aubenas. Elle m'a souvent raconté que son
grand-père, François Ligeyre, disait à sa mère qu'ils avaient
été martyrisés près du four de Jean Latissier, et qu'on les

avait sortis de la maison Ayme. Il ajoutait qu'ils étaient de
véritables martyrs. Le même Jean-François Ligeyre disait
qu'on les avait enterrés dans les terres où quelque temps après
fut construit le monastère de Sainte-Claire.

8 et 9. — Je les appelle des martyrs, et c'est l'opinion commune. Lorsque ma femme avait 8 ou 10 ans, on lui fit copier
un vieux manuscrit où était relaté leur martyre, et ce manuscrit est encore conservé très précieusement dans la
maison.

D. 4. 10. — De **Théophile Rey-Herme,** d'Aubenas, aumônier des Sœurs de Saint-Régis à Aubenas.

5. — Je désire leur béatification et j'ai de la dévotion pour eux.

6 et 7. — Je déclare que depuis longtemps j'ai honoré
moi-même, dans ma vie privée, comme saints et comme
martyrs le Père Salès et le Frère Saultemouche. Je savais que
leurs reliques étaient déposées dans la chapelle de l'ancien
collège des Pères Jésuites, sous le marchepied de l'autel
appelé, par le peuple, autel de Saint-Régis, mais qui est en
réalité celui de Saint-Ignace.

Appelé par mon évêque à remplir les fonctions de curé
dans la paroisse de Saint-Privat-sous-Aubenas, j'y suis resté
environ 7 ans, avec de lourdes charges imposées par la
construction de deux écoles et par l'entretien du personnel
enseignant, avec de nombreuses préoccupations occasionnées
par l'indifférence et l'agitation de quelques-uns de mes
paroissiens. J'ai eu, par conséquent, des heures pénibles à tra-
verser. Un des moyens que la grâce de Dieu m'inspira, c'est
de transformer mes nombreuses courses à Aubenas en véritables pèlerinages au tombeau des saints Martyrs. Je les
priais, m'agenouillant aussi près que possible de l'autel, je
les suppliais de me venir en aide, et lorsque je me trouvais
seul, au moins dans les dernières années qui ont précédé la
translation, je baisais le marchepied qui recouvrait le tombeau
provisoire. Il s'est passé des périodes où je venais tous les jours.

Depuis que les fonctions d'aumônier de Saint-Régis m'ont été confiées, j'ai continué, autant que cela m'a été possible, de satisfaire ainsi ma dévotion, ma confiance envers eux. De plus, je me suis fait un devoir et un bonheur de conduire les Pères Jésuites et autres religieux de passage, dans la chapelle de l'ancien collège, et je n'ai jamais manqué de signaler à leur attention et à leur piété la présence de deux saints martyrs à l'endroit indiqué.

Pour avoir eu ainsi recours à eux, j'ai été aidé par mes souvenirs. On m'avait fait passer, au début de mes années de séminaire, une brochure du P. Odo de Gissey. Et, en remontant plus haut, jusque vers l'âge de dix ans, ma grand'mère maternelle parla devant moi des deux saints. J'étais trop jeune pour que je puisse aujourd'hui me souvenir de ce qu'elle me dit. Mais les noms de Salès et de Saultemouche me parurent bizarres, et je les reconnus bien vite, lorsque plus tard je lus le récit de leur martyre.

Je puis affirmer en outre que, dans les familles qui étaient près de l'ancien collège et qui se regardaient un peu comme les paroissiennes de la chapelle, on parlait aux enfants des saints Martyrs qui reposaient dans l'église des Pères Jésuites.

Mⁿᵉ veuve Maurice Tourette, née Baratier, et ma mère, née Méallarès, pourraient en témoigner, il y a plus de 20 ans, une personne étrangère à notre ville, et appelée Mélanie, se trouvait pour quelques jours chez Mˡˡᵉ Augustine Rey, ma parente. Ayant appris par les personnes de son entourage que les saints Martyrs avaient été traînés sous l'arceau d'une maison, en face de l'ancienne maison Durier, à la suite de la maison Ayme qui me paraît être l'ancienne maison la Faye, elle allait s'y mettre à genoux et prier. Pendant le peu de temps qu'elle était restée à Aubenas, on lui avait donc parlé avec vénération des deux religieux, que nous regardons comme saints et comme martyrs.

Voilà pourquoi il me semble pouvoir affirmer que le xixᵉ siècle a conservé fidèlement à Aubenas les souvenirs de bonne réputation laissés sur les deux saints martyrs par les deux siècles précédents.

N'y aurait-il pas pour le xviiiᵉ siècle un témoignage bien

précieux en leur faveur, apporté par saint Benoît Labre lui-
même ? Les témoignages les plus sûrs établissent que le saint
pèlerin séjourna à Aubenas dans la maison Ayme, où l'on
conserve la chambre dite : chambre des pauvres, avec le souvenir que saint Benoît Labre y a couché. Qui sait si le héros
du pèlerinage et de la mendicité n'était pas venu se réfugier
dans cette maison, précisément parce qu'il savait que les
martyrs y avaient été enfermés comme dans une prison,
qu'ils ne devaient quitter que pour aller au martyre ?

8. — Je les appelle : Les saints Martyrs d'Aubenas.

9. — Tout ce que j'ai lu à ce sujet sur leur mort, et tout
ce que je sais également de ces guerres de religion, en général
et en particulier à Aubenas, me donne la conviction qu'ils ont
été réellement mis à mort en haine de la foi.

10. — J'ai vu un Frère Mariste, qui a été guéri alors qu'il
était condamné par le médecin pour plusieurs maladies
graves. Ce bon Frère m'a dit avoir la conviction d'avoir
obtenu sa guérison par l'intercession des saints Martyrs.

J'ai visité aujourd'hui M. Albert Coste, élève des Frères
Maristes d'Aubenas. Après être resté en danger de mort
treize jours entiers, à cause de vomissements de sang qui se
produisaient au moins deux fois par jour, il s'est trouvé
débarrassé des dits vomissements et est entré en convalescence
le neuvième jour d'une neuvaine en l'honneur des saints
Martyrs d'Aubenas. On était si inquiet sur sa santé, qu'on
avait prié toutes les personnes amies de s'intéresser à cette
guérison en se joignant à la neuvaine.

Je connais une autre famille qui, dans un besoin pressant
au sujet d'affaires temporelles, s'est recommandée aux saints
Martyrs et a vu s'arranger, grâce à leur intercession, une
situation très embrouillée.

D. 5. — Instances pour obtenir la béatification des Martyrs.

D. 5. 1. — Les Quatre Provinces de la Compagnie en France.

a. — Postulatum Provinciæ Lugdunensis, 11 maii 1642 : Enixe orant omnes Patres Suam Paternitatem ut post 50 annos a gloriosa morte Patris Jacobi Salesii et Fratris Guillelmi Saltamochii pro fide catholica cæsorum Albenaci, agat de eorum beatificatione, cum id jàm liceat tractare exactis 50 annis.

b. — Postulatum Provinciæ Campaniæ, 11 maii 1642 : Ut a Sua Sanctitate petatur declaratio martyrii R. P. Salesii et Fratris nostri Saltamochii, cum causa sit certa et omnibus patens, et jam anni fere quinquaginta effluxerint ex quo passi sunt, possitque admodum prodesse ad animos Nostrorum accendendos adversus fidei desertores.

c. — Postulatum Provinciæ Tolosanæ, 12 maii 1642 : Ut placeat A. R. P. N. promovere negotium beatificationis P. Jacobi Salesii et F. Gulielmi Saltamochii martyrum in Gallia ante annos 50, et curare ut fieri possint informationes auctoritate Sedis Apostolicæ.

d. — Postulatum Provinciæ Franciæ, 25 maii 1642 : Cum jampridem martyrii palmam consecuti sint gloriosi Martyres nostri P. Jacobus Salesius et ejus socius F. Guillelmus Saltemouchius, eorumque martyrium exploratissimum sit et clarissimis testimoniis probatum, *primum omnium* censuit Congregatio A. R. P. N. suggerendum, atque ipsum orandum ut agat apud Summum Pontificem de illis in album Martyrum referendis.

D. 5. 2. — Mgr **Louis de la Baume de Suze**, évêque de Viviers.

D. 5. 2. A. — Troisième lettre du 3 mars 1658.

Beatissime Pater,

a. — Litteras ad Sanctitatem Vestram jam tertio scribimus, rem enixe postulantes, cùm Bonorum omnium votis expetitam, tum confundendæ hæresi maxime idoneam, ut scilicet pro veris Christi martyribus habeantur Jacobus Salesius et Guillelmus Saltamochius societatis quondam Jesu Religiosi, quos immanis hæreticorum furor in catholicæ religionis odium non minus crudeliter quam impie sustulit. Gratiam hanc a Vᵃ Sanctitate, pro ingenti ejus zelo, cujus illustria jam inde ab ejus exordio Pontificatus extant testimonia, propediem concedendam pro certo tenemus, cum præsertim nihil omnino sit quod Illam a tam pio remoretur opere, sed omnia potius ad id invitent impellantque. Primum alta de eorum sanctitate concepta opinio, tum miraculorum vis ingens, fortiter denique pro religione suscepta nex, cujus necis seriem qualis sit Sanctitas Vestra intelligat, paucis hic perstringimus, publicis fusius consignatam tabulis, et dignissimorum fide testium jurejurando firmatam.

b. — Quintus jam supra sexagesimum excurrit annus ex quo Albenacum (quam urbem, vera pulsa religione, occupaverat hæresis) missi sunt Jacobus et Guillelmus, ille, ut erat pietate ac doctrina singulari, errantes ad fidem revocaturus, hic ab litteris quidem imparatus, at columbina simplicitate ardentique pro Christo patiendi desiderio munitus concionanti socius de more datus. Ad hos nuncios quanta gestiunt lætitia Catholici, tanto hæretici furunt dolore, ministrique præcipue, qui hausto uberius Calvini veneno nihil nisi Catholicorum corruptelam, sacerdotumque ac Religiosorum sanguinem sitiebant.

c. — Itaque spatio vix trimestri conciones ad populum de quæstionibus controversis habuerat Salesius magno tam catholicorum quam heterodoxorum fructu, cum fremere propterea inceperunt homines, suis male metuere novitatibus, verba seditiosa pro concione deblaterare ad irritandam in Dei

famulos plebeculam, denique nihil non moliri qua rumoribus
occultis qua apertis minis, sacrum ut Ecclesiastem ab incepto
deterreant. Quæ omnia ut irrita sentiunt, palam de morte
innocentibus inferenda loqui cœperunt, Deo nihil talibus
hostiis acceptius esse clamitantes, ad universam corrum-
pendam Ecclesiam in hoc uno Jesuita satis esse fermenti
Papistici, illum idololatram, impostorem, pseudoprophetam,
antichristum atque antichristo deteriorem. His vocibus tanquam flabellis accenso hæreticarum copiarum Duce, mors
amborum decernitur, continuoque eodem in carcere sub
Hugonotorum custodia, a quibus indigna omnia passi sunt,
uterque includitur.

d. — Tum hominibus profligatis visum est a disputatione
incipiendam tragœdiam, conversionem non modicam repu-
tantibus, si unum hunc a Romana fide ad sua castra per-
traherent ; quare tres fuere variis ejusdem diei horis agitatae
quæstiones. Prima de imperata temporibus certis carnium
abstinentia, occasione sumpta ex pingui jusculo, quod hora
pomeridiana, altera jejunii die sabbati appositum degustare
filii Ecclesiæ obsequentissimi noluerunt. Secunda de libero
arbitrio. Tertia de Ecclesiæ sacramentis, ac præsertim de
augustissimo Christi corpore. Unde cum tres furore magis
quam veritate armatos confutasset insignis Theologus, im-
pietatisque manifeste convicisset, ad vim tandem quam
meditati diu fuerant, immeritorumque cædem ventum est.

e. — E carcere in plateam dirissime rapitur nobile par
victimarum, supplicesque ac de genibus pro suis ipsorum
carnificibus orantes glande plumbea Jacobus a tergo feritur
ac sternitur, ensis in spirantis adhuc ilia adigitur ; socius
inter sacerdotis amplexus repetitis sicarum ictibus crude-
lissime confoditur, verba hæc christianæ generositatis plena
ingeminans : « sustine, caro, sustine tantisper ». Atque hic
exitus illos Christi athletas fideique defensores feliciter
excepit. Unde Nos crebris Nostratium inducti precibus,
quamvis Ad Id sponte nostra ferebamur, Sanctitatis Vestræ
advoluti vestigiis, post sacra pedum oscula, vehementer etiam
atque etiam supplicamus ut operi tam sancto manum

aliquando dignetur admovere, litterasque ad id remissoriales
dare, non dubitantes quin ipsi Christi milites beneficium
beneficio rependant, Vestræque Beatitudini diuturnam in
terris vitam, immortalemque gloriam in cœlis impetrent.

Burgi S. Andeoli, 3 martii 1658.

> Humillimus, obsequentissimus ac devotissimus filius.
> L. de Suze Episcopus Vivariensis.

D. 5. 2. B. — Quatrième lettre du 7 mai 1658.

Beatissime Pater,

a. — Quod tribus jam litteris a Vestra Beatitudine suppli_
citer hucusque poposcimus, idem illud per præsentes non
modo poscimus, sed impense flagitamus, Beatificationem
scilicet duorum de Societate Jesu, Jacobi Salesii et Guillelmi
Saltamochii, qui Calvinistarum manibus, annis abhinc 60 et
amplius, gloriosa pro Christo morte occubuerunt. Quantum
ea res allatura sit divini verbi præconibus ardoris, catholicis
constantiæ, hæreticis in sua religione diffidentiæ, nil attinet
dicere, cum videbunt omnes nihil esse tam crudele, quod
hæresis non admittat, nihil tam durum quod fideles divina
vi fulti non subeant. Identidem quoque intelligent qui Calvino
pertinacius adhærescunt quibus ab auctoribus sua illa
superstitio originem duxerit, quibus sit fundamentis nixa,
quibus demum aucta propagataque incrementis.

b. — Præterquamquod enim homines nullius convicti criminis, in religionis odium interfecti sunt, ut nostris ad
Sanctitatem Vestram postremis litteris scripsimus, eo etiam
progressa est homicidarum rabies, ut in corpora animarum
inania sævitum sit ; quod crudelitatis genus viros hæreticos
hæreditario quasi jure post persecutores Ethnicos sibi
usurpasse ex historiis notissimum est. Et vero horum Dei
Servorum corpora quantis affecta sint probris horret animus
meminisse : sex enim dies totos in trivio nuda perseverarunt,
cœnoque fœda suoque sanguine cruentata avibus canibusque
jacuerunt exposita ; funibus deinde collo implicitis dirum in

modum tracta sunt, dum magno catholicorum luctu psalmos ecclesiastico more per ludibrium nebulones circum tripu-diantes decantarent. Funere ad urbis portam sic deducto, in semiruptam vetustissimi stabuli maceriam sacra pignora instar putrium jumentorum projecta sunt.

c. — Pauloque post in horti angulo humata, donec spatio duorum circiter annorum elapso, nobilis pientissimæque matronæ precibus ab Hugonotorum Tribuno impetrata meritos sepulcri honores accepere ; quibus in postremis ille memorandus est quod, cum nobilium Deoque sacrarum virginum cœnobium ibidem destinetur, præcipua data est opera sua ut ipsi loco non deesset veneratio. Omnes enim unanimi consensu Virgines, pro sua in inclytos Christi Athletas devotione, ibi monasterii sui sacellum strui voluerunt ubi sacrata biennio corpora jacuerunt, quicquid contra architectonices præcepta peccaretur, quicquid habitatio etiam tota caperet incommodi.

d. — Quod ad miracula pertinet, constat eo ipso quo cædes perpetrata est die, cubiculum in quo natus erat in Arvernia Jacobus ingenti luce perfusum.

e. — Deinde ex sacrilegæ necis tam auctoribus quam mi-nistris ultricem Dei manum nemo unus evasit : aliis alio vitæ fine miserrime extinctis.

f. — Ægros autem sanitati restitutos, quod longum esset enarrare in præsentiarum omittimus.

Certe illustrissimum miraculorum omnium censemus esse frequentem errantium ovium ad Christi aulas recursum sub Beatitudinis Vestræ regimine ad cœlestia pascua pergentium, quo eas Nosque una cum tali pastore perventuros et speramus et precibus ab immortali numine assiduis postulamus.

Burgi S. Andeoli 7 maii 1658.

Humillimus, obsequentissimus ac devotissimus filius.
L. de Suze Episcopus Vivariensis.

D. 5. 3. — Mgr **Louis d'Estaing**, évêque de Cler-mont.

Troisième lettre du 5 mai 1658.

Beatissime Pater,

a. — Urget Nos Diœcesanorum nostrorum pietas, ut jam tertio ad Sanctitatem Vestram scribamus pro Servis Dei Jacobo Salesio et Guillelmo Saltamochio ex nostra Diœcesi oriundis et olim ab hæreticis Albenaci in Vivariensi occisis in odium fidei, de quorum martyrio declarando pridem agitur in Sacra Rituum Congregatione. Augentur porro quotidie vota populorum utriusque Civitatis, unde illi ortum habuerunt ; et hæc votorum incrementa augent, cum pietate, christianarum virtutum amorem apud illos, quos memoria suavius popularium suorum ad imitationem singulariter excitat.

b. — Accedit fiducia communis, qua plebes Nobis commissæ ad eorumdem Servorum Dei intercessionem obtinendam recurrunt frequenter, nec deesse dicitur piis desideriis divina manus in variis casibus, et jam ante præcessere signa magni meriti apud Deum. In primis cum solum ipsum, in quo ab hæreticis occisi sunt, aliquot ante cædem dies, cruentum nullo effuso sanguine, apparuit, non sine stupore catholicorum spectantium.

c. — Tum etiam, eodem puncto temporis, quo a Calvinistis illi cæsi sunt, cubiculum in quo natus erat Salesius magno et supernaturali splendore repente colluxit per plures horas. Tum in idem cubiculum delati ægri pietatis et spei motu, mox etiam sanati sunt. Dæmones quoque vexari se fassi sunt impositis secreto energumenorum corporibus Eorumdem reliquiis. Quæ quidem signa aut similia mirabilia in dies innovari dicuntur, adeo ac si mortem ab illis pro fide obitam non probarent certa, ut satis superque probare videntur, testimonia, dignos illos martyrii gratia, virtutum eminentia ostenderet, et divina etiam signa dignos probarent qui in numerum Confessorum referrentur.

Quare Nos enixe rogamus Sanctitatem Vestram, ut tot Cœli faventis testimoniis concedat quod populi vox clamat, quod cor optat, quod votum poscit. Clamat quoque vox sanguinis effusi super terram, clamat vero non vindictam, qui pro Christo effusus Christi caritatem imitatur, sed clamat ut pretiosa sit apud homines, ut est apud Deum mors Sanctorum ejus. Itaque Vestra Sanctitas quos publicos Patronos plebi nostræ dabit, privatos ipsa habebit apud Deum pro se intercessores. Ideo quoque pio, felici statui Sanctitatis Vestræ ex animo precor.

Claramonto 5 maii 1658.

Ejusdem Sanctitatis Vestræ servus in Christo humillimus et filius obsequentissimus.

Ludovicus d'Estaing Episcopus Claramontanus.

D. 5. 4. — **Louis XIV** adressa trois lettres à Alexandre VII, 21 novembre 1657, 22 mars et 1er juin 1658, et deux autres au Cardinal Barbérini pour le même objet.

Nous n'avons que la première du 21 novembre.

Supplique de Louis XIV à Alexandre VII.

Très saint Père,

La persécution des hérétiques contre l'église ayant esté suivie de la mort qu'ils firent souffrir dans la ville d'Aubenas aux R. P. Salez et son compagnon Guillaume Sautemouche tous deux religieux de la compagnie de Jésus envoyés dans la dite ville pour y annoncer et deffendre nostre sainte foy, et le temps ordonné pour informer de la vérité de leur martyre estant expiré, nous avons été bien aise pour l'édification des fidelles et pour la consolation de la dite compagnie que nous chérissons et pour exciter le zelle de tous ceux qui sont appellez à combattre les ennemis de nostre sainte religion de contribuer ce qui peut dépendre de nos soings pour faire cognoistre au public le courage et la constance que ces serviteurs de Dieu ont tesmoignée dans leurs extremes souffrances, et c'est ce qui nous convie à prier vostre sainteté de nommer

telle personne qu'elle jugera à propos pour informer de la
vérité de leur martyre et de tout ce qui s'est passé pendant la
vie et depuis la mort de ces vertueux personnages, et nous
nous promettons de si grands biens de la dite information
que nous demeurons persuadés que vostre sainteté voudra
bien faire expédier touttes les depesches et commissions qui
seront nécessaires à cet effet, puisque c'est de bon cœur que
nous supplions la divine bonté vous conserver, Très Saint
Père, longuement et heureusement au régime et gouvernement
de nostre mère sainte Eglise.

Escrit à Paris le 21 novembre 1657 (1).

D. 5. 5. — Le **clergé**, la **noblesse**, les **consuls** et la **municipalité** d'Aubenas (2).

Première lettre de la *Communauté des Prêtres d'Aubenas*, 1657.

Beatissime Pater,

Quaternos ante supra sexagenos annos, Jacobum Salesium
et Guillelmum Saltamochium societatis Jesu sodales, in sole
non semel et pulvere, una cum teterrimis, quibus hæc
nondum prorsus purgata ecclesia est, hæreseon monstris
strenue colluctantes, Vivarienses nostri gratulabundi sus-
pexere ; quin etiam post infinitos in conformandis ad virtutem
catholicorum moribus labores exantlatos, opimas, ipsa inter
victoriæ ac triumphorum decora, sceleratis hæreticorum telis,
animas norunt Albenaci profudisse. Quo fit ut tantus in illis
erga Dei Servos pietatis emineat sensus, tantus animorum in
iisdem Christi athletis, quibus licet in præsens officiis interea
prosequendis ardor eluceat, ut quanta ex publico eorum cultu
futura sit pietatis amplificatio, ubi primum Apostolicæ
auctoritatis firmamentum accesserit, pronum sit augurari.
Quamobrem divinæ imprimis quo ardore potissimum Deo

(1) Archives étrangères, fonds Rome, tome CXXXIII, fol. 393.
(2) Viviers, Tournon, Lezoux, Saint-Germain-l'Herm et d'autres villes
ne furent pas moins ardentes à adresser leurs suppliques.

dicatos homines decet studium gloriæ, grati deinde officium animi, tum gloriosi in christiana re promovenda Dei Famulorum labores, atque adeo ipsa mors divinæ majestatis in conspectu pretiosissima nostrum suasere collegium Sanctitatem Vestram de propensa erga generosum illud Jesu sociorum par catholicorum pietate, facere certiorem, quin remissoriales eo nomine ad publicos ei decernendos honores, omnibus jam rite præmissis, una eademque opera postulare.

Sanctitati Vestræ multos interim totius ad Ecclesiæ commodum annos ac perpetuam felicitatem precamur.

Sanctitatis Vestræ

Humillimi et obsequentissimi in Christo filii servique addictissimi.

Deuxième lettre du 3o juillet 1657.

Beatissime Pater,

Si ejus forte duntaxat animi quem in procuranda quoquomodo Ecclesiæ dignitate eximium in Sanctitate Vestra, difficillimis hisce temporibus, Orbis demiratur, sola ratio haberetur, jam a nobis hacce iterata litterarum significatione, Albenacensis ecclesiæ vota declarari nullius haud dubie operæ pretium fore duceremus. Sed cum et consuetudini, et officio, Deique famulorum gloriæ serviendum existimemus, humiles ferventesque ad Sanctitatis Vestræ pedes juvat preces instaurare.

Hoc quippe Summorum Pontificum decreta præcipiunt, idipsum Sanctæ Sedis Apostolicæ amplitudo postulat atque majestas, eaque a Dei Servis in nos popularesque nostros collata beneficia, ut ne vel minimam quidem hacce qualicumque opera, meritorum partem assecuturi videamur.

Itaque Vestram denuo Sanctitatem venerabundi observamus remissoriales ut litteras in gratiam Jacobi Salesii et Guillelmi Saltamochii piis ardentibusque filiorum desideriis largiatur. Iique interim incolumitatem Sanctitati Vestræ ænique diuturnitatem ad Ecclesiæ splendorem in dies, ut facit, amplificandam, quanta poterunt maxima votorum contentione precabuntur.   Sanctitatis Vestræ etc.

Troisième lettre du 21 février 1658.

Beatissime Pater,

Jam nos omnes parochialis ecclesiæ urbis Albenacencis Sacerdotes binas scripsimus ad Sanctitatem Vestram litteras supplices, quibus et mentem nostram circa mortem et merita Servorum Christi P. Jacobi Salesii et Guillelmi Saltamochii religiosorum societatis Jesu significavimus, et desiderium ardens quod nobis et universo hujusce regionis orthodoxo populo commune est, videndi nunc tandem fortes illos piosque sanctæ fidei propugnatores debito honore, auctoritate Sedis Apostolicæ donatos ; hanc eamdem gratiam humiliter jam tertiùm petimus, quoties necessarium in posterum videbitur petituri. Et vero ingratus esset noster animus si posset aliquando in eorum gloria procuranda defatigari, quorum animus in majorum nostrorum salute procuranda nunquam defatigatus est, et quorum fortis ut mors dilectio, dura sicut infernus æmulatio, ipsa etiam diabolicæ pravitatis Ministrorum pertinacia et feritate major et constantior apparuit, tum in verborum certamine dum convellendis hæreticorum erroribus strenue institit veritatis doctor Salesius, tum in cruciatibus et morte ipsa quam ambo in confirmationem veræ sanctæque fidei fortiter subierunt, in ejusdem fidei odium interempti ab hæreticis qui dilexerunt magis errorum suorum tenebras quam lucem veritatis.

Ea est, Beatissime Pater, communis populorum vox, is constans testium plurimorum fide dignorum consensus, ut ex instrumentis auctoritate Ordinarii, Episcopi scilicet Vivariensis jam factis, et ad Sacram Rituum Congregationem transmissis, constat.

Hæc nunc humiliter poscimus Sanctitatis Vestræ auctoritate recognosci, litterasque remissoriales in hunc finem concedi, ut deinde ad martyrii declarationem, ad majorem Dei gloriam procedatur ; neque vero ut id petamus movet nos tantum Servorum Dei qui de nobis deque ecclesia catholica optime meriti sunt gloria, plurimæ enim aliæ sunt quæ nos moveant gravissimæque rationes ; neque enim dubitamus quin ea res plurimum et ad contundendam hæreticorum qui in istis regionibus versantur pervicaciam, et ad fideles in recta sanaque doctrina confirmandos, eorumque pietatem augendam valitura sit, si Servi Christi, Martyres declarati, publicis meritisque colantur honoribus.

His impulsi motivis hanc tam diu a populo expetitam gratiam enixe petimus, hanc confidimus a Sanctitate Vestra pro suo erga Deum, Deique Servos studio concedendam, eamque dum expectamus, multos interea Sanctitati Vestræ vitæ annos ad Ecclesiæ universæ bonum, ac felicitatem precamur.

Sanctitatis Vestræ etc.

Quatrième lettre du 21 avril 1658.

Beatissime Pater,

Etsi de aliis Christi fidelibus in Gallia optime meriti sint Servi Christi Pater Jacobus Salesius et Guillelmus Saltamochius, religiosi societatis Jesu, certum tamen est plurimum illis præ cæteris Vivarienses, et præ Vivariensibus reliquis Albenacenses debere. Quantum vero illis inter Albenacenses debeat noster iste parochialis ecclesiæ cœtus sacerdotum, non speramus nos posse scribendo explicare. Certe adeo, illis temporibus, Albenaci calviniana hæresis invaluerat, ut eorum dum viverent conatibus, et precibus ante et post mortem tribuendum existimemus, quod nobis hodie liceat Dei laudes in hac divi Laurentii ecclesia concinere, in qua ut verisimile videtur, impii calvinianæ sectæ conventus haberentur, nisi strenuam Christi Athletæ navassent operam in stabilienda fide quam suis argumentis contra pravitatis hæreticæ Ministros eam impugnantes accerrime propugnavit Salesius, uterque vitæ sanctimonia, sanguine etiam fuso, morte denique confirmavit, quam iis in sanctæ fidei odium hæretici intulerunt. His de causis, quartam jam epistolam ad Sanctitatem Vestram scribimus, humillime rogaturi ut velit nunc tandem dictorum Dei Servorum meritis et populorum erga Illos venerationi ac pietati satisfieri. Id fiet si instrumenta auctoritate Ordinarii jam facta et ad Sacram Rituum Congregationem

missa recognosci, litterasque ad hoc remissoriales concedi
mandaverit, ut de eorum religiose transacta vita, et morte
quam pro sancta fide subierunt, inquisitione facta, possint
illi tandem auctoritate Sedis Apostolicæ publicis honoribus
tanquam Martyres coli, ad majorem Dei gloriam, ad fortium
Christi Militum honorem, ad consolationem et utilitatem
maximam fidelium. Hanc a Sanctitate Vestra gratiam ex-
pectant et ardenter postulant qui Eidem plurimos vitæ annos
et faustum tranquillumque Ecclesiæ regimen precantur.

Sanctitatis Vestræ etc.

Quatrième lettre de la *Maréchale d'Ornano*, 21 février
1658.

Très Saint Père,

Ce m'est une très sensible consolation de voir maintenant
les hérétiques, dans mes terres et au voisinage, réduits au
petit nombre et au petit pied, comme j'y ai vu autrefois les
pauvres catholiques avec un extrême déplaisir. Et je croirais
faire tort à la douce mémoire de deux grands Serviteurs de
Dieu, le Père Jacques Salès, prédicateur jésuite, et Guillaume
Saultemouche, son compagnon, qui furent mis à mort sur la
fin du dernier siècle par les hérétiques, en haine et pour la
défense de la sainte foi, dans ma ville d'Aubenas, si je ne
conformais mon sentiment à celui du public qui attribue cet
heureux changement au sang et aux admirables vertus de ces
deux grands défenseurs de la cause de Dieu, que tous les peuples souhaitent de pouvoir honorer comme martyrs. J'ai souvent ouï dire à des personnes très dignes de foi qui ont eu
l'honneur de traiter avec eux, que le martyre était le sujet
ordinaire de leurs discours et de leurs souhaits, et que leur
vertu était si admirable, qu'encore bien qu'ils n'eussent pas
répandu leur sang pour la querelle de la foi, ils n'eussent pas
laissé d'être dignes des honneurs que l'Eglise rend aux saints.
J'ai déjà écrit trois lettres à Votre Sainteté sur ce sujet, auxquelles j'ajoute cette quatrième et très instante prière pour la

même fin, avec tous les respects et les soumissions que doit
au chef souverain de l'Eglise et au vicaire de Jésus-Christ

Sa très humble et très obéissante fille et servante en N.-S.

La Maréchale d'Ornano.

Troisième lettre du *Marquis de Senecterre*, 21 février
1658.

Très Saint Père,

La réputation générale de bonté que Votre Sainteté s'est acquise, me donne lieu d'espérer qu'Elle m'accordera une demande qui ne semble pas moins être juste en soi, qu'elle est
glorieuse à la religion catholique. C'est de permettre qu'on
procède à la vérification des enquêtes faites sur la mort du
Père Jacques Salès et de Guillaume Saultemouche, tous deux
religieux de la Compagnie de Jésus, et tous deux massacrés
par les hérétiques dans la ville d'Aubenas, comme Votre
Sainteté aura déjà pu apprendre par deux de mes lettres.

Quand je ne serais touché que du sentiment commun de
tous les catholiques de cette contrée, qui ont dans une haute
estime ces deux grands Serviteurs de Dieu, je me croirais
obligé de procurer qu'on rendît à leurs cendres l'honneur qui
leur est dû. Mais j'ai une connaissance si particulière de leur
mérite et de la cause de leur massacre, que j'ai peine à souffrir que ces braves athlètes aient épandu leur sang pour la
querelle de la foi, sans être déclarés martyrs ; car enfin, personne n'ignore en ce pays que le Père Jacques Salès fut mis à
mort pour avoir confondu dans une dispute publique trois
fameux ministres huguenots ; et on sait assez que la fureur
des hérétiques arracha cruellement la vie à ce savant et vertueux Père, parce qu'ils se virent convaincus par la force de ses
arguments. Les enquêtes qu'on a déjà faites sur ce sujet don-
neront sans doute à Votre Sainteté des connaissances de ce
que je dis, auxquelles Elle ajoutera plus de créance qu'à mon
témoignage. Certes, la justice de ma demande me donne un
heureux présage que Votre Sainteté écoutera favorablement
les prières que je lui en fais, et Elle ajoutera par là aux obli-
gations que je lui ai communes avec le reste des fidèles, un

puissant motif pour être avec autant de passion que de vénération et de respect

Son très humble et très obéissant serviteur.

Quatrième lettre du *Marquis de Seneclerre*, 21 avril
1658.

Très Saint Père,

Je vois tant de raisons dans la demande que je fis à Votre
Sainteté par ma lettre datée du 21 février, que je suis résolu de
continuer à lui écrire jusqu'à ce que j'obtienne l'effet de mes
prières. Il est du devoir d'un bon catholique de témoigner
autant d'ardeur et de zèle à procurer l'honneur dû à ceux qui,
par l'effusion de leur sang, ont soutenu les intérêts de notre
religion, que les hérétiques ont fait paraître de fureur et de
rage en les faisant mourir cruellement. Votre Sainteté a déjà
été informée plusieurs fois de la mort du Père Jacques Salès
et de Guillaume Saultemouche, son compagnon, que les Calvinistes massacrèrent, il y a environ soixante ans, dans Aubenas, en haine de notre sainte foi. C'est à Votre Sainteté maintenant de ne leur refuser pas en terre le prix qui doit les
attendre au bout de la carrière ; car, enfin, comme il n'appar-
tient qu'à celui qui est le distributeur des couronnes d'en
mettre sur la tête de ceux qui s'en sont rendus dignes par
leurs glorieux exploits, je m'adresse à Votre Sainteté comme
au lieutenant de Jésus-Christ pour la supplier, par l'affection
et le zèle qu'Elle a pour la sainte Eglise, de ne refuser pas la
palme des martyrs à ces illustres défenseurs de notre foi. Mes
sujets et les peuples du voisinage qui donnent de grands éloges à la vertu de ces grands Serviteurs de Dieu et qui ont une
forte inclination à les honorer par leurs respects, parlent à
Votre Sainteté en leur faveur et la prient par mon moyen
qu'Elle donne à une si belle mort un nouvel éclat qui les
fasse vivre à jamais dans la mémoire des hommes. Ce sont les
vœux communs de tout ce qu'il y a de bons catholiques en
ce pays, qui ne cesseront de prier le ciel, de verser sur Votre
Sainteté les bénédictions que lui souhaite

Son très humble et très obéissant serviteur.

Lettre des *Consuls d'Aubenas*, 1657.

Très Saint Père,

Le bienfait dont, par la grâce de Dieu, nous jouissons, de vivre dans le sein de la véritable Eglise en qualité de ses humbles enfants, est si considérable que nous serions coupables d'une extrême ingratitude si, outre les témoignages de notre reconnaissance envers la divine Majesté, nous ne nous efforcions, autant qu'il est en nous, d'honorer et de faire honorer ceux dont Elle s'est servi pour cette bonne œuvre et qui en ont été les premiers et les principaux instruments. C'est le juste motif, Très Saint Père, qui nous pousse à prier humblement Votre Sainteté d'agréer qu'on fasse les poursuites de la béatification du Père Jacques Salès et du Frère Guillaume Saultemouche, tous deux religieux de la Compagnie de Jésus, lesquels s'étant opposés aux efforts de l'hérésie, il y a déjà soixante et tant d'années, c'est-à-dire au temps auquel elle était dans la plus ardente chaleur de sa rage, après des fatigues et des travaux indicibles, en arrêtèrent de beaucoup le progrès et reçurent à même temps de Dieu la plus illustre récompense qu'ils en pouvaient attendre en ce monde, qui fut de pâtir beaucoup et de mourir enfin pour sa querelle et pour celle de son Eglise, de la main des cruels ennemis de l'un et de l'autre. Et comme c'est la volonté de Dieu que ses Serviteurs qui sont honorés au ciel le soient encore sur la terre, nous ne doutons point que Votre Sainteté qui en est l'interprète ne nous accorde très volontiers une si juste demande et ne fasse procéder au plus tôt selon les formes ordinaires à la vérification de leur martyre, pour intimer après, dans peu de temps, sur ce sujet, les ordres de ce Souverain Seigneur à l'Eglise universelle, à laquelle, comme vous êtes si utile et si nécessaire, nous le prions instamment qu'Il Vous conserve longues années et fasse prospérer toutes vos salutaires entreprises à sa plus grande gloire.

C'est le souhait etc.

Lettre de la *Ville d'Aubenas*, 1657.

Très Saint Père,

Le maire, les syndics et tout le peuple d'Aubenas, en Vivarais, viennent porter au pied de votre trône leurs très humbles supplications, pour obtenir de Votre Sainteté la canonisation des vénérables Père Jacques Salès et Frère Guillaume Saultemouche, religieux de la Compagnie de Jésus. Plusieurs justes raisons nous engagent, Très Saint Père, à Vous faire cette demande, et nous font espérer que Vous voudrez l'écouter.

Ces deux Serviteurs de Dieu, vers la fin du seizième siècle, par la force de leurs discours et par l'éclat de leurs exemples, confondirent l'hérésie dans ces contrées, et soutinrent la foi chancelante de nos pères. Les Ministres de l'erreur ne purent résister à la vertu de l'Esprit-Saint qui parlait par leur bouche; ils crurent imposer un silence éternel à ces généreux défenseurs de l'Église romaine, en trempant leurs cruelles mains dans leur sang, mais leur mémoire ou plutôt la voix de leur sang répandu fut encore plus efficace pour vaincre l'hérésie et pour faire triompher la vraie religion, que ne l'avaient été leurs exemples et leurs discours, car la ville d'Aubenas, plongée dans les ténèbres de l'hérésie, vit dissiper, d'abord, après leur glorieuse mort, tous les faux préjugés et toutes les erreurs dont les hérétiques l'avaient imbue, et ouvrit les yeux à la vérité. On ne peut douter que le sang de ces Serviteurs de Dieu n'ait été un germe fécond en catholiques, puisque notre ville, autrefois presque entièrement calviniste, compte aujourd'hui autant de serviteurs dévoués au Saint-Siège, qu'elle nourrit d'habitants dans son sein.

Une protection si visible que nous avons éprouvée par le passé, nous fait espérer, Très Saint Père, que si, à nos instances multipliées, Vous daignez mettre au nombre des saints martyrs que l'Église vénère, les deux généreux athlètes de la foi, qui ont été immolés dans l'enceinte de nos murs, ils redoubleront auprès de Dieu leurs ferventes sollicitations, pour attirer sur notre ville un redoublement de cette foi et de cette charité héroïque dont ils donnèrent à nos ancêtres des exemples si éclatants, et qu'il est si difficile d'acquérir dans ces siècles où l'infidélité et l'iniquité abondent, si de nouveaux protecteurs n'ouvrent les mains du Père de miséricorde pour attirer sur nous des grâces surabondantes.

Ayez donc égard, Très Saint Père, à des vœux qu'une pieuse reconnaissance envers nos Pères selon la foi nous oblige de former auprès de Votre Sainteté, pour contribuer à leur gloire et pour nous assurer la continuation de leur protection puissante auprès de Dieu. Nous connaissons parfaitement, Très Saint Père, l'étendue de Votre tendresse pour les enfants dont Jésus-Christ vous a établi le Père et le Pasteur ; et cette connaissance est pour nous comme un présage assuré, et comme un sûr garant que Vous exaucerez les prières d'un peuple qui est uni d'esprit et de cœur à Votre Siège, qui a une soumission sans réserve pour les oracles qui sortent de Votre bouche sacrée, qui révère vos vertus, et qui ne cessera de former les souhaits les plus ardents pour votre conservation.

Nous sommes de Votre Sainteté etc.

D. 5. 6. — Les **Etats** du Vivarais.

Le zèle qu'ils déployèrent d'abord pour poursuivre le châtiment des meurtriers (D. 1.), ils l'employèrent ensuite à poursuivre la glorification des victimes. Ce qu'ils firent avec une insistance particulière dans les années 1654, 1657 et 1658, et y sont revenus plusieurs fois dans la suite et encore en 1743 à Tournon :

L'assemblée charge son Président d'écrire au Pape pour le supplier de canoniser le P. Salès et le F. Saultemouche, martyrisés à Aubenas, le 7 février 1593, en haine de la religion catholique (1).

Voici une de ses lettres, du mois de juillet 1657.

Très Saint Père,

La vue d'une des portes de cette ville que le Père Jacques Salès et le Frère Guillaume Saultemouche ont rendue célèbre

____

(1) Archives départementales de l'Ardèche, Privas, registre C. 344, 345 et 352.

par leurs peines et par leur sang, rappelant en notre mémoire le souvenir de la généreuse mort que ces dignes
religieux de la Compagnie de Jésus ont soufferte pour la
défense de la foi, nous ne serions pas seulement prévaricateurs des bons sentiments que nous en avons, mais nous
travaillerions peu efficacement au bien de la Province de qui
nous sommes les députés, si nous ne contribuions de nos
soins à la gloire de Dieu et à l'honneur de ses Serviteurs.
Ainsi, nous prions bien humblement Votre Sainteté d'accorder
sous le nom de lettres remissoriales qu'on fasse les procédures qui seront nécessaires pour faire une déclaration que
ces deux courageux soldats de Jésus-Christ sont du nombre
des martyrs.

C'est par là que l'intraitable hérésie des Calvinistes sera
confondue, la véritable religion honorée, et la Compagnie de
Jésus, en qui les ennemis de la foi trouvent un écueil à leur
puissance, sera affermie et illustrée.

C'est le souhait également grand et raisonnable de etc.

D. 5. 7. — Les **Etats Généraux** du Languedoc.

Délibération du 29 janvier 1729.

Le sieur de Montferrier, syndic général, a dit :

Que les Pères Jésuites de cette province ont eu l'honneur
d'écrire à M. le Président, pour le prier d'engager les Etats à
solliciter auprès de notre Saint-Père le Pape, la canonisation
du Père Jacques Salès, jésuite, et du Frère Guillaume, son
compagnon, qui furent massacrés par les huguenots, vers la
fin du xvie siècle, dans la ville d'Aubenas, en Vivarais, où le
Père Salès prêchait avec zèle les vérités de la foi ; que l'assemblée verra, par la lecture du mémoire envoyé par les Pères
Jésuites, le détail et les circonstances touchantes du martyre
de ces deux religieux, dont la vérité est attestée par des actes
authentiques ;

Que le Ciel a déjà fait connaître leur sainteté par divers
prodiges devant et après leur mort, ce qui obligea le feu

roi Louis-le-Grand à solliciter auprès du Saint-Siège leur canonisation ;

Que cette Assemblée se portera sans doute à seconder les vues et les premières démarches du feu Roi, et à procurer par ses sollicitations les honneurs et le culte qui sont dus à ces deux illustres martyrs ;

Que leur intercession dans le Ciel attirera de nouvelles bénédictions à la Province, surtout pour l'entière conversion des huguenots qui furent le grand objet de leur zèle, et que les Etats s'étant intéressés autrefois pour la béatification du Père François-Régis, par leurs délibérations du 17 décembre 1678 et du 4 janvier 1704, ils ne doivent pas faire paraître moins de zèle pour deux martyrs qui ont répandu leur sang pour la foi dans cette Province.

Sur quoi, les Etats voulant donner un témoignage public de la vénération qu'ils ont pour la mémoire du Père Jacques Salès et du Frère Guillaume, jésuites si recommandables par une vie très sainte et par leur glorieux martyre, ont unanimement délibéré qu'il sera fait des instances en leur nom auprès de notre Saint-Père le Pape, pour leur canonisation, et à cet effet, Mgr l'Archevêque de Narbonne, président, a été prié d'écrire à Sa Sainteté de la part de l'Assemblée, et de lui témoigner combien les Etats désirent d'obtenir cette grâce.

Ont signé au procès-verbal :

Messire de Beauveau, archevêque de Narbonne, président-né des Etats ;

Mgr l'Archevêque de Toulouse ;

Mgr l'Evêque d'Aleth ;

Messieurs les barons de Béarn et de Florensac, commissaires de l'Assemblée ;

Monsieur le marquis de la Fare, commissaire du Roi ;

Monsieur de Montferrier, syndic.

D. 6. — Ce qui avait été présenté à la S. C. comme étant
le procès de Mgr de Viviers, d'après le procès-verbal de
Cléarque Boscho, notaire de la Congrégation, sur l'ouverture qui en fut faite le 19 avril 1657.

Ego Notarius asportavi duos processus auctoritate ordinaria factos, Sacrorum Rituum Congregationi præsentatos
sub die 14 augusti 1655, clausos et sigillatos, ad Eminen-
tissimum Dominum Cardinalem Præfectum, et stantibus
Testibus, coram ipso Eminentissimo aperui alterum ex dictis
processibus, et fuit repertus processus antiquus gallice
conscriptus examinis Testium super occisione dictorum Servorum Dei Jacobi Salesii et Guillelmi Saltamochii in odium
fidei, foliorum undecim, et translatio dicti processus in lati-
num facta de ordine et mandato Illustrissimi et Reverendissimi Episcopi Vivariensis, paginarum undecim.

Aperui et alterum processum super eorum non cultu
pariter auctoritate ordinaria factum, et fuerunt in dicto processu reperti duo processus latine conscripti, videlicet alter
foliorum quinque et alter etiam foliorum quinque.

Datum Romæ, etc.

D. 7. — Refus de la signature, basé sur l'insuffisance
des preuves présentées.

Alexander VII in Congregatione generali Sacrorum Rituum
coram se habita die 29 novembris 1658, jussit doceri Postula-
torem causæ Vivariensis Jacobi Salesii et Guillelmi Saltamochii, e Societate Jesu, quod testes examinati a Judice laico,
vel turmatim examinati ab Episcopo, non præstant post decreta
Urbani VIII sufficienter ansam pro *signatura commissionis*
causæ Beatificationis et Canonizationis.

(Bened. XIV, de Servorum Dei Beatificatione; l. 2. c. 2. n. 13.

D. 8. — Réponse de la Sacrée Congrégation : La seule demande de la signature ne soustrait point une cause à l'autorité de l'Ordinaire.

Per solam petitionem *signaturæ commissionis*, nisi Commissio re vera signata sit, dici nequit quod Sedes Apostolica manum apposuerit, uti colligitur ex decreto edito in causa Vivariensi Servorum Dei Jacobi Salesii et Guillelmi Saltamochii, quod est conceptum sequentibus verbis :

In causa declarationis Martyrii Jacobi Salesii et Guillelmi Saltamochii e Societate Jesu, cum in proxima præterita Congregatione coram Sanctissimo habita institutum fuisset ut Commissio introductionis causæ per Sanctitatem suam signaretur, verum sufficientem fumum Martyrii et causæ Martyrii eorumdem Servorum Dei adhuc desiderari Sanctissimus censuisset, ex quo tunc legitimis probationibus idem fumus percipi nequiret, Postulator ejusdem causæ plenissimo jure putans, re ad Sedem Apostolicam semel producta per appositionem manus ejusdem, Ordinariis locorum facultatem in ea procedendi omnino sublatam esse, institit ut Sacrorum Rituum Congregatio remedium aliquod afferre dignaretur, quæ declaravit mentem Sanctissimi fuisse ordinariis non obstare quin iidem valeant uti sua ordinaria auctoritate, die 15 februarii 1659. Et, facta de hujusmodi declaratione Sanctissimo relatione, Sanctitas Sua eam prorsus conformem actæ declarationi in prædicta Congregatione asseruit, die 28 ejusdem mensis, eodemque anno 1659.

(Bened. XIV, de Servorum Dei Beatificatione, l. 1. c. 22. n. 6.)

D. 9. — Historiens.

D. 9. 1. — De **Jean Pillehotte.**

LES DEUX PREMIERS

DE LA

Compagnie de Jésus

QUI ONT ESTÉ MASSACREZ EN FRANCE

POUR LA

RELIGION CHRESTIENNE

par les Hérétiques, dans la ville d'Albenas,
au bas païs du Vivarais, le 7. de Février, l'an de grâce 1593

Aux lecteurs catholiques

Voyez, chrestiens, les grandes cruautez
Des Huguenotz commises en voz prestres
Autant, ou plus, de ce poinct ne doubtez,
Vous en feront, s'ils peuvent estre maistres

AVEC PRIVILEGE ET PERMISSION DES SUPERIEURS

A LYON

Par Jean PILLEHOTTE
à l'enseigne du Jésus

M. D. X. C. I. I. I. I.

Le Père Sales.

Pro Christo moritur, qui Christo vivus adhæret :
Sic vive, ut tandem sic mereare mori.

Le Frère Saultemouche.

Cil meurt pour Jésus-Christ, qui vif à luy s'unit,
Fay donc qu'ainsi tu vive, que telle mort s'ensuyve.

a. — La ville d'Albenas, tenue par le sieur de Montréal, ayant esté surprise contre les Tresves générales du Languedoc, par escalade, sur les quatre heures du matin, le vi[e] jour de février, 1593, par le capitaine Jean Bosse de Sar-

L'arrestation.

geatz, natif de Valz, lieu-tenant de Chambaud, le P. Jacques Salès, de Lezoux en Auvergne, prédicateur audict Albe-nas, voyant le désastre advenu, comme il l'avait souvent predict en chaire, et qu'il n'y avait aucun moyen d'eschapper.

il ha son refuge à Dieu, et se prépare au martyre (tant désiré de Luy) avecque Guillaume de Saint-Germain-l'Air en Auvergne, son compagnon, dans le logis du juge maistre Michel Vayrenc, où ils demeuroyent. Estant là trouvez en Oraison par Pierre Lentousel, Pierre Mareschal, et par quelques autres, environ les neuf heures devant midy, on les fouille partout, non sans grande insolence, et leur prend-on des Agnus Dei en ébène, croix, horloge de poudre, livres, habitz, et tout ce qu'on rencontre, après quelque trente solds, pliéz en un mouchoir, qui leur avoyent esté donnez au collège de Tournon pour leurs petites nécessités. Puis, sans qu'ils fissent aucune résistance, on les tirasse en la maison de M. Louys de la Faye, calviniste, dicte de Lantousel, où trois ministres armez se retrouvent très aises de voir celuy qu'on estimoit si sçavant, avec espérance de le ranger à leur parti.

> Vix Albenacidum, violata pace sequestra,
>   Hæreticus Sarjas Urbe potitus erat ;
> Salesium, et socium quæsitos undique, tandem
>   Invenit orantes ; aurum, animamque petit.

C'est-à-dire

> L'hérétique Sarjas ayant par trahyson
>   Pris en tresve Albenas, de chercher il commande
> Le Prescheur Jésuite, avec son compagnon ;
>   On les treuve priantz ; la bourse on leur demande.

b. — Labbat, Gascon, ministre de Villeneuve de Berc, Raillet de Nimes, ministre de Meyras, et Guérin, Piémontois, ministre de Valz, taschent premièrement par belles parolles d'attirer à leur prétendue religion leurs deux

Discussions religieuses.

prisonniers ; lesquels ne voulants gouster d'un bouillon de chair, à eux présenté le samedy vers une heure aprez mi-jour, les ministres prennent occasion de disputer de la défense des viandes, et du libéral arbitre, et trouvants le P. Salès très docte en responses, et du tout bien résolu en ses opinions, ils commencent à entrer en cholère et n'ont autre recours qu'aux outrages, l'appellant Imposteur, et fauls Prophète.

Lors, le Père Salès leur présente un livre des sept Sacrements de l'Eglise, escript de sa main, et preuve très hardiment qu'il n'enseigne au peuple que la vérité de la foy chrestienne, contenue en iceluy, et non pas l'idolatrie, comme ils disent. Eux tous enflez de despit, et ne sachants plus que respondre, les placquent là avecques menasses et injures pour les estonner, et les donnent en garde à des soldats, qui de toute la nuict ne les laissent en repos, et ne leur baillent chose qui soit à manger. Raillet cependant emporte le livre sus mentiouné, et en faict plus grand compte que de tous les autres imprimez qu'il a pour sa part du butin.

> In tres vesanos, Bezana fraude, Ministros
> Cogitur invictus bella ciere pugil.
> Cerberus ille triceps sed vincitur Hercule ab uno ;
> Sic jacet Impietas dum pia verba tonant.

C'est-à-dire

> Contre trois Prédicants l'invincible Salès
> Contraint de disputer, empoigne, et met à terre
> Ce chien à trois gosiers, comme un autre Herculès,
> Ainsi la piété les Impieux atterre.

Le Martyre.

c. — Le lendemain, jour du sainct dimanche, Labbat, avec les deux autres ministres, conveincu derechef en la dispute du sainct Sacrement de l'Autel, comme tout incensé monte en chaire, et persuade en sa presche de les faire mourir, produisant l'exemple d'Hélie, qui tua les Prophètes de Baal. Et certifiant que ce Jésuite seul estoit pire que l'Antechrist, et qu'il estoit assez suffisant pour infecter tout un monde de ses erreurs abominables, si grand peur avoit-il de l'éloquence rare, et doctrine singulière de ce Docteur théologien, versé en toutes langues, et sciences propres pour renverser de fonds en comble leur Calvinisme.

Sargeatz enflambé de tels propoz, le coutelaz au poing, va trouver avecque sa troupe ces povres gens, et leur commande de le suyvre ; sortis qu'ils sont devant le Chasteau, on leur gette de la fange en bouche. Le P. Salès se met à genoulx, et les mains jointes baise souvent ses deux poulces croisez, priant Dieu pour eux. Jacques Béoulaygue, Vidal le Simple, et Jacques Baume l'arquebousent de sang-froid, et respirant encore, luy donnent quelques coups d'espée, et poignardent son compagnon, qui les bras en croix invoque le Saint Nom de Jésus, et s'accourage soymesmes, disant : *endure, chair, endure un peu.* Ainsi tous deux rendent l'âme à Dieu.

> Quos verbis nequeunt, conantur vincere ferro.
>   Ast vinci ferro, vincere utrique fuit.
> Disploso occumbens plumbo Salesius, alter
>   Sica, Martyrii laurea serta ferunt.

C'est-à-dire

> Ne les pouvant par orin, par fer ont arresté
>   Les vaincre, mais le fer leur donne la victoire ;
> Jacques arquebousé, Guillaume poignardé,
> Du Martyre ont acquis le triumphe et la gloire.

d. — Après
qu'ils eurent
laissé le Père
Salès tout
nud, et Guil-
laume en sa
chemise san-
glante et dé-
chirée, sur le
pavé ruisse-
lant de sang,
leurs corps
cruellement
meurtris de-
meurèrent
plusieurs
jours en la
rue publi-

Traînés la corde au cou.

que, appe-
lée du Triby,
pour servir de
pasture aux
oiseaux du
ciel, et aux
bestes de la
terre, avec
aultant de re-
gret, et fas-
cherie des
catholiques
tous esper-
dus, que de
plaisir, et ri-
sée des Hu-
guenots vic-
torieux, qui

ont bien monstré quel zèle les poulsait à massacrer, sans autre
figure de procez, deux innocens, mesme un cordonnier idiot,
qui ne pouvoit guières nuire à leur cause, ny préjudicier à leur
secte calvinienne. A la parfin, Vidal le Simple, tambour, et quelques autres soldarts de mesme impiété, habillez sur leurs armes
des robes longues des assassinez, se mocquants des sainctes et dé-
votes cérémonies, dont l'Eglise catholique se sert de toute an-
cienneté aux funérailles des trepassez, chantent, ou plustost hur-
lent le *Libera me*, et les *Exaudis* à l'entour des corps, trainez
comme chiens morts, vers la porte de la ville, communément
dicte de nostre Dame ; et puis les gettent en une vieille masure
d'estable, ainsi qu'on faict les puantes charongnes des chevaux en
la voirie. Et tout cela conste par les informations faictes de la Justice, et par les lettres de gens d'honneur.

> Raptat, et insultat cæsis Turba improba, sacras
>   Blasphemo irridens funeris ore preces,
> Impie, parce piis (si mens est) Manibus, et quos
>   Donasti Cœlo, supplice mente roga.

C'est-à-dire

Le barbare esquadron traine ès rues leur corps,
    En leurs robes chantant les *Exaudis*, impie.
Impie (si sage es) ne te ry des saincts Morts,
    Mais ceux, qu'as mis au ciel, d'un bien humble cœur prie.

D. 9. 2. — **Le Père Odo de Gissey,** 1568-1643 :
Vie et martyre, etc.

a. — Ch. 5. — L'une des pièces des plus remarquables
parmi le bel arroi de ses dévotions, était la particulière et
extraordinaire affection dont il ardait sans cesse envers le
gage d'amour de Dieu, le divin sacrement et sacrifice de
l'autel. Car, outre qu'il en devisait volontiers, ses devis n'étaient
ordinairement pas sans la bonne grâce d'une ferveur religieuse qui semblait le transporter.

b. — Cela faisait qu'il ne laissait pas écouler une seule
journée, qu'il ne visitât plusieurs fois ce sacrement mysté-
rieux. Si on l'appelait à la porte, s'il s'en retournait en sa
chambre, s'il allait par le collège, passant et repassant proche
du chœur, d'où l'on pouvait voir le lieu où l'on pose le saint
Ciboire, il entrait dedans à chaque fois pour rendre hommage
à cette hostie céleste. J'ai appris qu'à peine se passait-il heure
du jour qu'il ne comparût devant Jésus-Christ caché en ce
mystère sacré.

c. — Après qu'il avait célébré la sainte messe, il s'entretenait longtemps avec Celui qu'il avait reçu, tenant en cela la
pratique de sainte Thérèse qui conseillait telle chose, ne voulant perdre une occasion si commode pour s'entretenir familièrement avec son Sauveur, puisque nous savons que Jésus-
Christ est dedans nous, après la communion, autant de temps
que les espèces sacramentelles ne sont point consumées par
la chaleur naturelle.

d. — Tandis qu'il offrait à l'autel le corps de Notre Sauveur, il n'était molesté ni emporté d'aucune distraction d'esprit, ne pensant à autre chose qu'à ce qu'il faisait. Ainsi l'a-
t-il confessé quelquefois, suivant le rapport que fait le
P. Pierre Madur de notre compagnie, en un cahier latin qu'il
a adressé à notre T. R. P. Général, touchant le martyre de ce
bienheureux Père. Quelqu'un des nôtres qui faisait état de
regarder sa dévotion à la messe, m'a écrit qu'il semblait, pen-

dant cette heure-là, tout changé et transformé en un autre homme par une récollection et un maintien du tout extraornaires.

h. — Ch. 8. — Il gardait rière soi, ainsi que quelque pièce de haut prix, une missive du P. Edmond Campion de notre compagnie, martyrisé en Angleterre le 1ᵉʳ de décembre 1581, laquelle il lisait avec affection et la baisait, lors particulièrement qu'il venait aux lignes de cette lettre où le P. Campion parlant de soi, écrivait ces mots : *Ego vero si vel canibus alendis fenerari possim Domino meo, quis sum aut quæ est domus mea ut recusem ?* Si même nourrissant les chiens, il me fallait profiter à mon Dieu, qui suis-je ou quelle est la maison de mon père pour le refuser ?

i. — Il portait sur soi des ossements de ce même martyr, se persuadant que par le crédit d'un tel personnage, Dieu lui ferait la faveur de l'ensuivre.

D. 9. 3. — **Synopsis** vitæ ac mortis, etc., attribué au P. Bauguil.

a. — Ch. 8. — Cum propositiones in Philosophiam Parisiis haberet Jacobus Salesius jam prælo paratas, in quibus sententiæ aliquæ ac opiniones alioquin probabiles continerentur, verum quæ studiorum moderatori minus placerent, nihil cunctatus subito delevit, longe plus momenti ponens in demissionis ac obedientiæ legibus observandis, quam in opinionibus licet probabilibus defendendis.

b. — Ch. 3. — Hic Edmundus Campianus eodem anno quo Pater Salesius admissus in Societatem, martyrii desiderio tenebatur, communicatoque consilio se identidem litteris mutuo datis ad tam gloriosum exitum uterque inflammabat.

Ch. 13. — Hic Jacobus Salesius socius ipsius fuerat, et litteris invicem datis, antequam Edmundus in odium fidei Londini morti traderetur, ad martyrium se mutuo accendebant, ut supradictum.

c. — Ch. 10. — Inter sacrificandum nullas patiebatur

animi evagationes, totus in Mysterio quod tractabat, et in alium pene hominem transformatus.

d. — Ch. 15. — Ex epistola Dominæ de Chaussy : Admiranda patientia et constantia in morte crudelissima generose perferenda, quæ solo martyrii nomine definiri potest, alterum fuit incitamentum, quo mirum quantum, spatio circiter duorum annorum, ad beata illa corpora recuperanda incensam me fuisse non diffiteor.

e. — Ch. 16. — Quo tempore Martyres a Sectariis captivi tenebantur, haustum aquæ sibi exhiberi petierunt, quo vinum prius allatum temperarent ; cumque id obtinere non potuissent : « *Haec nobis*, inquit Salesius, *deneganda non erat gratia, quandoquidem liberalitas divina tantam pluvialis aquæ vim per eos dies concesserat* ». Cum ecce tibi, ea ipsa hebdomada, tanta in omnibus urbis cisternis aquæ fuit penuria, (Albenacum enim in alto montis positum pluvialibus aquis duntaxat utitur) ut vino carnes coquere fuerint coacti, quod prodigio simile visum est in pœnam aquæ Martyribus negatæ. Aliàs enim ad multum tempus aqua illa pluvia cisternis collecta sufficere debuisset.

D. 9. 4. — Le Père Nicolas Abram, 1589-1657 : Historia Universitatis et collegii Mussipontani ab origine ad a. 1650.

a. — P. 62. — Anno 1578 ineunte, studia solemniter instaurata ipsis calendis Januarii ; datus in theatrum Sanctus Joannes Evangelista puerum rectæ institutionis causa depositum, sed paulatim ad deteriora per lubricum adolescentiæ prolapsum, ab Episcopo repetens, a Serenissimo Duce Carolo cæterisque principibus cum plausu spectatus. Subinde primam philosophiæ lauream (baccalaureatum appellant) primi omnium academicorum a Nicolao Clero vicecancellario consecuti de Societate septem, externi tres, Magistri Gonzalez discipuli. Primus omnium baccalaureorum (academiæ monumenta notarii manu subscripta testantur) fuit Jacobus

Salesius, is dé cujus glorioso martyrio non errantem expectamus Sedis Apostolicæ sententiam, ac bene speramus eum
qui princeps ad honores academicos evectus est, eoque nomine primus tabularii nostri ceras occupat, in Cœlitum
tabulas inter Martyres esse referendum.

b. — P. 72 — Annus 1580 quo Beatæ memoriæ P. Jacobus
Salesius sextum philosophiæ cursum aggressus est, academiæ
felix illuxit non solum accessione novi Philosophi quem
deinde nobili martyrio fidem consignasse interim pie credimus, dum Sedis Apostolicæ judicium certius expectatur, sed
etiam præclaris privilegiis a summo Duce concessis.

c. — Mussiponto cum de sacramentis Ecclæsiæ prælectio-
nes haberet, quamdam opinionem, probabilem illam quidem
et satis apud Scolasticos receptam, non tamen communem,
adeoque superioribus minus gratam dictaverat; id ubi
Salesius animadvertit, postero die, secundas curas sapientio-
res esse græco proverbio præfatus, retexuit orationem, ac
discipulos oravit ut superiorem lectionem transverso calamo
inducerent, omnibus viri modestiam et 'animi demissionem
mirantibus.

d. — P. 74. — Gulielmus Saltamochius natione Gallus,
gente Arvernus, arte sutor, coadjutorque temporalis, oratio-
nis studio, ingenua simplicitate, morum suavitate atque imprimis obedientia sic excelluit ut non nisi natus ad martyrium
videretur, et qui penitus eum noverant tantum non angelum
e cœlo delapsum et humana carne vestitum putarent.

D. 10. — Lettres du T. R. P. Aquaviva au Père Salès.

D. 10. 1. — Lettre du 22 mars 1587.

Patri Jacobo Salesio, Mussipontum.

a. — Mihi quoque gratum fuit quod ista quorum scribit
occasio finem attulerit ei silentio quod ei, ut scribit, sua affe-

rebat verecundia. Ac ne antea quidem, si modo id ad ejus
aliquam in Domino consolationem pertinebat, dubitare de-
buerat quin mihi vel jucundum futurum esset illius caritatis
aliquam per litteras significationem accipere, idque in posterum faciat velim quoties aliquid occurret quod mecum communicandum putet, vel ob aliquam suam aliorumve utilitatem,
vel etiam ob unam ipsius animi satisfactionem et fructum quem
ego in omnibus nostris desidero, et multo majore labore quam
hic est qui nullus est curare paratus sum. Ceterum vidi et
libenter quæ de collegio ad me scribenda judicavit, in eoque
probavi ejus zelum ac prudentiam. Nihil tamen in hac parte
est quod respondeam, nisi quod illa omnia curæ nobis erunt,
ut debent.

b. — Quod autem proponebat ut omnibus juberemus sequi
in opinionibus S. Thomam, etsi mihi valde placet quod Reverentia Vestra tanto tamque solido Doctori adeo inhæreat,
tamen quia multa sunt in hoc genere consideranda, definietur
cum Dei gratia brevi aliquid quod R. V. et omnibus satisfacturum puto. in quo quidem quæ sit a nobis diligentia
adhibenda, scio eam non ignorare.

c. — Extremum est quod petebat se ad infidelium conversionem destinari : quod desiderium, ut vere est pium et
bonum, non potuit non me ædificare. Sed tamen R. V. novit
meliorem esse obedientiam quam victimas, præsertim cum
isthic habeat *bonas Indias*, in tanta præsertim bonorum ope-
rariorum penuria, ut potius aliunde alii advocandi videren-
tur, quam qui sunt dimittendi. Quare pergat alacriter trahere
jugum quod trahit. quod, quia est Domini jugum, et in hac
vita et in altera magnam habebit remunerationem, quam ego
ei a Domino precor, sicut et mihi ipsam, uberem ad omnia
gratiam precari velim.

Romæ, 22 martii 1587.

D. 10. 2. — Lettre du 31 août 1590.

Patri Jacobo Salesio, Dolam.

a. — Recte fecit R. V. quæ desiderium suum Romam
veniendi nobis cum ea qua debebat fiducia exposuit. Spero

autem non minorem etiam indifferentiam quam fiduciam ab
ea præstitutum iri, ut decet societatis filios. Quare, quod ad
rem ipsam pertinet, libenter certe consolarer R. V. in desiderio isto honesto et pio, nisi aliquæ me causæ impedirent.
Nam præter numerum personarum quo omnes romanæ
• domus supra vires onerantur, timemus etiam ne hic aer R. V.
valetudini satis jam tenui et imbecilli noceat. Addo etiam
quod, cum aliquos ex istis provinciis advocaturi simus,
et jam advocaverimus, potius esse debere videntur qui nondum studia absolverunt ut hic absolvere possint, quam qui,
ut R. V., tam multo ante iis finem imposuerint.

b. — Nunc, cum R. V. istic tam utilem operam et concio-
nando et aliis modis ponat, ut cum mea consolatione intellexi, hoc quicquid est fructus ad Dei gloriam et animarum
utilitatem intermittendum esset, donec R. V. abesset. Quod
damnum, quia non video quo alio emolumento compensari
possit, certe judicamus majus Dei obsequium fore ut R. V.
pergat in præsenti eam vineam colere in qua est, quoniam si
Deo placuerit, et si ejus honor ita tulerit, ipsius providentia
ita disponet ut deinde aliquo tempore R. V. hujus sui desiderii compos fiat. Quod quia spero ab R. V. eo animo
acceptum iri quo debemus omnia quæ a Domino Deo ordi-
nantur, quæ nobis gratiora esse debent quam quæ nos ipsi
volumus ac cupimus. Ideo non dicam aliud, sed me commendo ejus precibus et ss. sacrificiis, et ego ei uberem a Deo
gratiam apprecor.

Romæ, ultimo augusti 1590.

D. 10. 3. — Lettre du 7 juillet 1592.

Patri Jacobo Salesio, Turnonem.

Quod R. V. de libris a se scriptis significat, non potui non
collaudare ipsius studium ac zelum quod hoc etiam pacto
suam operam proximo navare et Ecclesiæ prodesse cupiat. Et
quamquam non facile adduci solemus ut scriptorum numerum augeri sinamus in societate, nisi graves moveant causæ,
spero tamen ita probatum iri quod scripsit R. V. ut merito

exspectari possit is fructus et utilitas quam sibi ipsa proposuit. Quare quod in præsens decernere licuit, monuimus P. Bernardinum provincialem ut tractatum utrumque recognosci curet more nostro, et nos de censorum judicio certiores faciat, quo cognito statuemus id brevi de editione quod spero divinæ gloriæ in primis cessurum, et R. V. consolationi æque futurum, cujus precibus et ss. ss. me commendo eique vicissim multam apprecor cœlestium munerum copiam.

Romæ, 7 julii 1592.

D. 11. — Lettres du P. Salès au T. R. P. Général.

D. 11. 1. — Lettre du 6 janvier 1587.

Admodum R. in Christo Pater,
Pax Christi.

Multi sunt anni cum incredibili teneor desiderio missionis ad infideles sive Americæ, sive Japonios aut Chinenses aut alios quoscumque. Etsi autem non sum admodum robustus, tamen consolatur me ipsius Apostoli præsentia corporis infirma, et quod intelligo non paucos e nostris imbecilles, haud mediocriter Christi negotium in hujusmodi partibus promovisse. Linguarum quidem addiscendarum opus mihi non admodum grave. Velim igitur hoc meum desiderium his jam litteris vestræ Paternitati expositum esse, ut si quando spes erit etiam nostratibus hujusce missionis, mei recordetur, meque in album eorum referat qui hujusmodi laborum ardenti desiderio tenentur. Scio quidem et Gallias opis indigere, atque utinam ne in dies magis ac magis, sed hic multitudo inertes pæne reddit operarios, qui profecto nimium multi sunt præ vastissimis illis atque ad messem fere jam albis regionibus. Deest etiam mihi illa perfectio quam negotium tantum efflagitat, sed de divina confido misericordia; fore ut in dies semita mihi justitiæ quasi lux splendens procedat et crescat, utinam usque ad perfectam diem.

Mussiponti octavo idus januarii 1587.

D. 11. 2. Lettre du 29 janvier 1587.

Ego ab anno duntaxat theologiæ professor non naturam
atque ingenium meum, sed obedientiam secutus, juxta primam
regulam a V. P. initio sui Generalatus de ratione docendi
propositam, Divo Thomæ prorsus adhæsi ea voluntate, ut
Societati plus prodessem et Ecclesiæ. Dum autem id facio,
tantum deprehendi et quotidie deprehendo soliditatis et sub-
tilitatis in D. Thoma, ut obedientiæ meæ fructum uberri-
mum, et suavissimum delibare ac decerpere nihi videar (1).

Mussiponti, quarto calendas februarii 1587.

D. 11. 3. — Lettre du 20 juillet 1587 (2).

Jhs
Admodum R^{de} in Christo Pater
Pax Christi.

a. — Die 17 aprilis, a V. P. litteras 22 martii datas accepi,
quibus non modo benigne permittebat, sed etiam avere se ac

---

(1) Cette profession de fidèle disciple de S. Thomas avait frappé un arrière petit-neveu du P. Salès, et elle lui inspira la dédicace de son *Ico-
nium Christi* (a).

Après avoir cité ce passage de la lettre de son grand-oncle, il ajoute :

Ut tibi pro meritis persolverem, Avuncule, grates,
Te duce, selegi Thomam cui prorsus adhæsi,
Utque ea quæ per me Christi pingitur imago
Plus Christo acceptata foret, si vestra pateret,
Memet subjiciens vobis ut tiro magistris,
A Thoma mentem, a te sensa manumque poposci.
Hoc indigne tuum est munus, avuncule,
Quod me discipulum feceris Angeli,
Sed majus superest quo super est nihil
Ut martyr facias me quoque martyrem.
A. (uctor).

Et l'auteur est un chanoine régulier de S. Augustin, prieur du monastère de Saint-Chéron de Chartres, et visiteur de la Province de Cham-
pagne, le R. P. Salesse.

(2) Copiée sur l'original, l'unique peut-être qui reste du Père Salès.

(a) A la Bibliothèque de Sainte-Geneviève, n° 1411 : Paris 1753.

pervelle significabat ut, quoties aliquid occurreret quod communicandum putarem, sive ob meam aliquam aliorumve utilitatem, sive tantum ut animo meo satisfacerem, toties ad Eam scribere ne gravarer. His ergo litteris mirifice delectatus et incensus, (paternum enim in nos amorem de quo sane antea non dubitabam, clarius tamen experiendo perpexi) ex eo tempore sæpenumero expetivi ut sese aliqua rescribendi offerret opportunitas.

b. — Contigit vero nuper ea certe quam minime vellem, cum sum de mea quadam retractanda opinione a P. Viceprovinciali admonitus.

Et si enim minime molestum fuit retractare quod jubebar de figura Christi Domini in Sanctissimo Eucharistiæ Sacramento, nedum admoneri sive juberi ut retractarem, aut ad V. P. aliosve superiores hoc nomine deferri, tamen ipsa mihi culpa, ut par erat, vehementer displicuit, ut magno proinde in beneficio collocem quod sum admonitus, Vestræque imprimis Paternitati, tum cæteris superioribus meis et omnibus quicumque ad hoc aliquid contulerunt, ex animo ingentes gratias agam.

Dolet autem mihi maxime P. V. cæterisque superioribus occasionem dedisse molestiæ laborisque, ac tam facile tanta in re a communi sententia descivisse.

c. — Sed ego me D. Thomæ nimirum hac etiam in re sectatorem putabam; neque enim illum vel Dominicus a Soto diffitetur de hujusmodi quæstione in summa theologica obscurius locutum esse. Deinde mihi, nec soli videbar contra Sacramentarios aliquid afferre commodius æque ac facilius. Denique sententiam illam quæ me tunc adstipulatorem habuit, credebam equidem probari pluribus, nostro hoc tempore, quod ita legeram in scriptis P. N. Jacobi Gordonii, qui prorsus eamdem opinionem Parisiis etsi breviter, anno 1579, docuit, quo ego præceptore postea sum usus.

d. — Cæterum, data est a me diligenter opera dicendo, dictandoque ut ex animis auditorum meorum prior evelleretur sententia, utque posterior communis etiam cum iis scripto communicaretur, quos error præsentes habuisset, absentes autem correctio.

c. — Et hæc quidem de meis rebus hactenus ; neque enim Indicam nunc profectionem iterum urgendam puto, cum ob studium parendi, tum quod in novo strepitu armorum et quotidiana hæreticorum expectatione, nihil est cur nunc Indias appetamus : Quod enim remotius accersendum videbatur, id nobis ultro (Laus Christo) pro foribus adest.

Sed neque de rebus domesticis nominatim tractare volo, quin potius rem suam libens consultoribus relinquo. Quædam autem mihi non raro in mentem venerunt, quæ V. P. exponere non gravabor. Duo ego in Societate jamdudum desiderare vehementer soleo. Alterum, ut qui candor narratur fuisse principio in reprehensionibus sive monitionibus in spiritu lenitatis exercendis, idem nunc, ubi non est, restituatur. Sæpius enim, quod sane pridem animadverto, ante feriuntur homines quam admonentur, et aliquando prius agitur clam de ipsa quorumdam dimissione, quam monitio sit facta, ut par erat, nedum opportunis et consuetis mediis tentata correctio. Dissimulantur scilicet culpæ, et de iis ibi solum agitur, ubi tum quidem nulla deberet esse mentio. Itaque duos audivi Patres et probos admodum, et consultores, imo superiorem alterum, et in rebus Societatis bene versatos, qui mihi aliquando, seorsim cum ipsis et familiariter, ut fit, agenti, dicerent multum esse cavendum a negotio isto perambulante in tenebris. Ego quidem ipse, cum ante aliquot annos hic docerem philosophiam, hac ipsa via non leviter afflictus, didici aliorum periculis compati et condolere. Atque utinam servaretur id quod de hac ipsa re V. P. in prima sua epistola studiose præcepit, cum diceret admonendi atque errata mature corrigendi negligentia fieri ut prior mansuetudo crudelis fuisse tandem clarissime perspiciatur. Utinam hujus rei exempla ne multa suppeterent.

Alterum autem cujus me ingens tenet in Societate desiderium, illud est, ut nitantur qui præsunt uti personis subditis, qua in re possunt utiliter, neque patiantur ullos in domibus feriari. Oritur enim inde pars maxima malorum atque adeo defectionis. Simul elaborent aptis exercitationibus ut suos subditos promoveant ad aliquod Societatis munus et ministerium, qua in re Provincialem Tolosanum R. P. Petrum Lo-

hierium, cum adhuc Rector esset, excelluisse jampridem intellexi. Maxime vero conentur ut omnes animarum zelo fer-
veant et accendantur, id quod ego in hoc collegio, summa
præsertim annonæ caritate, non semel desideravi, tamets
non deerant quorum eximia caritas seipsam aperte proderet,
sed eorum non magna erat facultas in agendo.

Postremo, quoniam ad proximos juvandos, et ut fructus
noster in eis inchoatus perficiatur et maneat, multum valet
libros aliquos pios amicis tanquam nostros ad incitandum
et docendum vicarios dispertire, quemadmodum et examina
conscientiæ, et alia id genus adminicula pietatis. Sæpenumero equidem dubitavi quanam via sic possent haberi, ut
neque nostrum violaretur institutum ab externis male su-
mendo, neque ipsa tamen collegia hoc sumptu gravarentur.

Hæc sunt, admodum R. P., quibus proponendis vereor
ne, ut prolixus, ita putidiusculus videar, sed V. me Paternitatis amor et observantia incitavit ut agerem cum ipsa et pro-
lixius et liberius et familiarius.

Paternitatem V., cujus ego me sanctissimis precibus et
sacrificiis magnopere commendo, Deus Optimus Maximus
quam diutissime Societati servet incolumen.

Mussiponti, 20 julii an. 1587.

    Vestræ Paternitatis
       servus in Christo
         Jacobus Sallesius.

D. 11. 4. — Lettre du 25 mai 1592.

Visum est Reverendo Patri Provinciali Ludovico Richeomo,
sicut jam superiore anno visum fuerat, ut peterem a Vestra
Paternitate facultatem in lucem edendi quosdam meos tractatus, quos ille utiles futuros sperat et de quibus se quoque
ad Vestram Paternitatem scripturum promisit. Hoc igitur im-
præsentiarum facio petoque, ut si permittendum judicet id
significare dignetur.

Tractatus præcipuus est Hæreseon manifestatio, sive de
præjudiciis contra omnes hæreses, in quo ex Scripturis et

Patribus ultra quinquaginta hæreseon præjudicia et signa demonstrantur, deque illarum moribus disputatur, et res tota ad hujus etiam temporis Hæreticos specialiter derivatur. Nos passim provocamur ab Hæreticis, et tota provincia vel potius duæ provinciæ, Vivariensis et Allobrogum, quæ solo interjectu Rhodani distant, ab Hæreticis misere divexantur. Rogaverunt me sæpius, sed et R. P. Provincialem et Vice-Rectorem diversi nobiles, sed et alii tum Ecclesiastici tum Laici, ut feramus opem.

Alius tractatus, quem nostri cum primis desiderant, et jam ab anno flagitant, est præcipuarum quarumdam controversiarum, quas R. P. Franciscus Costerus in suo Enchiridio prætermisit. Cum enim hujusmodi controversiarum Enchiridion pro typorum commoditate, magis autem ob multorum etiam auditorum nostrorum necessitatem, qui R. P. Bellarmini prolixiores controversias comparare non possunt, imprimendum curassemus, fructum retulimus haud pænitendum. Sed desideratæ sunt a multis imprimisque a Philosophis et Theologis nostris, quæ in illo Enchiridio desunt controversiæ, præsertim de Sacramentis, excepta solum Eucharistia, et aliæ quædam, quas ego cum ad manum haberem Mussiponti a me ante aliquot annos tractatas, et Superiori et Professoribus nostris optatum fuit ut eas in Enchiridii formam redactas in lucem emitterem, idque illi a R. P. Provinciali nuper hac transeunte petierunt. Ille postulationi quantum in se esset annuens præcepit ut hac etiam de re ad Vestram Paternitatem scriberem.

Ego quidem ex quo ante sex annos Paternitati Vestræ visum fuit, ut Doctoris Theologi gradum Mussiponti susciperem, quem non sine metu suscepi, nec ut honoris titulum, sed ut oneris incrementum, nihil antiquius habui quam ut omnibus quibus possem modis Ecclesiæ prodessem, et Hæreticis præsertim resisterem, quod etiam scholastica Theologia tractanda faciebam, quia et Superiores me ad hoc idoneum propter nonnullam linguarum Hebraicæ et Græcæ a puero notitiam judicabant, sed quantacumque facultas est, ea, ut spero, capiet Vestræ Paternitatis precibus incrementum, cujus me sanctissimis sacrificiis commendo, sicut Eam ipse circa eadem sacra mysteria nullius diei prætermissione recolo.

Turnoni, 25 maii 1592.

Vestræ Paternitatis indignus in Christo servus,

Jacobus SALESIUS.

D. 12. — Diverses lettres du T. R. P. Aquaviva.

D. 12. 1. — Lettre du 21 mars 1587 au P. Nicolas Le Clerc.

Denique delatum est ad me fuisse isthic qui in scola doceret Christum Dominum in Eucharistia non habere extensionem, nec partium distantiam inter se, nec ullam figuram aut humanam aut alterius generis, non modo in ordine ad situm et locum et quantitatem hostiæ, sed etiam absolute, ut in se consideratur ; idque asserere ut D. Thomæ sententiam. Quæ opinio, etsi quorumdam nominalium fuit, tamen quia a communi sententia et a veritate aberrat, R. V. inquiret, si forte adhuc ignoraverit, quis id dixerit (nobis enim non est nomen indicatum) eumque qui hoc dixit sententiam retractare jubebit.

D. 12. 2. — Lettre du 26 juin 1588 au P. Odo Pigenat, au sujet d'une demande du Père Bleuse.

De theologo autem quem petit, certe libenter commodarem Provinciæ isti, sed plane nullum habemus, præsertim cum hoc ipso tempore quærendus sit theologus et alius fortasse duobus collegiis Italiæ. Quamobrem oportebit ut R. V. his quos habet utatur et alios paulatim formare conetur.

D. 12. 3. — Lettre du 5 février 1589 au P. Guillaume Pinée.

Accepi litteras R. V. simulque Dominorum istorum de collegii fundatione in ista civitate (Valence) ; quod illorum desiderium ac studium certe nos in Domino ædificant, quoniam elucebat in eo pietas ac zelus religionis ac divini obsequii augendi et propagandi. Sed tamen, quod ad nos attinet, multæ sunt difficultates quæ nos magnopere impediunt, imprimis quod ita caremus operariis, ut ne vetera quidem collegia sustentare, vel certe vix sustentare possimus. Quod quidem tum alibi experimur, tum nuper Camberii unde ad me scribunt tribus jam mensibus deesse magistrum primæ classis, ut hoc intelligi possit quanto difficilius futurum sit reperire Rectorem vel alios officiales. Tum vero accedit etiam hoc tempore motus iste publicarum rerum qui donec componatur et bene componatur, non videtur satis opportuna istorum negotiorum tractatio. Quare ita velim R. V. respondere Dominis istis et nominatim Domino Decano ut non solum in præsenti tempore nos excuset, sed etiam eos doceat plane fieri non posse, ut donec res nostræ hoc loco fuerint quo nunc sunt, onus illud suscipiamus, ideoque melius sibi consulturos si aliquam aliam rationem ineant juvandæ juventutis suæ, ne collegii expectatione aliquid detrimenti faciant. Spero autem eos ut prudentes homines et justos rerum æstimatores rationem nostram facile admissuros. Quare non superest mihi aliud quod scribam nisi quod et R. V. et Dominis illis divinam gratiam et benedictionem precor et me R. V. precibus et ss. sacrificiis commendo.

D. 12. 4. — Lettre du 13 avril 1590 au P. Louis Richeôme.

P. Bonaldus petit a nobis per litteras ut pecuniam quamdam nempe aureorum 233 redactam ex villa Fratris nostri Gulielmi Saultemuschii qui est in provincia Franciæ, collegio Billomensi applicaremus ; quod probavimus, nisi R. V. aliquid in contrarium habeat.

D. 12. 5. — Lettre du 7 février 1592 au P. François Bonaud.

Quod vero addebat de sua profectione Albenacensi spero itidem bene cessurum divino imprimis obsequio et civium saluti ac solatio.

D. 12. 6. — Lettre du 14 mars 1592 au P. Louis Richeôme.

Nominatim offerebat se P. Pinæus ad Vivarienses missiones iterum obeundas, apud quas, quantum ex iis quæ ad nos missa sunt animadvertimus, non sine fructu versatus est anno superiori.

D. 12. 7. — Lettre du 15 mars 1593 au P. Bernardin Castori.

Benedicendus ipse Dominus qui bonum illum Patrem cum socio tali dignatus est exitu quem speramus Deo acceptum, ipsis gloriosum, multisque salutarem futurum. De suffragiis recte judicavit non esse indicenda, donec plenior constet historia quam nos omnes respectabimus.

D. 12. 8. — Lettre du 10 mai 1593 au P. Jean Bertrie.

Mihi porro nova visa non est hæc temporis dilatio (litterarum consultorum) ubi causam intellexi (mortem Salesii) quam minime dubitabam nonnihil perturbationis huic collegio attulisse. Etsi quod ad bonum Patrem attinet, congratulandum est ipsi potius ac sperandum est ex divinæ Providentiæ benignitate magnum aliquod ex ea jactura toti Provinciæ adjumentum.

D. 12. 9. — Lettre du 18 février 1597 au P. Gentil.

De Patris Salesii b. m. sociique reliquiis faciet R. V. quod re cum suis deliberata faciendum in Domino judicabit, ut vel Turnonem integras collocari jubeat, vel cum aliis ejus collegiis communicandas, si videbitur.

D. 12. 10. — Lettre du 14 août 1612 au P. Antoine Suffren.

Reliquiæ P. Salesii et F. Saltamochii partim Turnonensi, partim Avenionensi collegio attribuendæ.

D. 13. — Diverses lettres annuelles.

D. 13. 1. — Lettre du collège de Dôle, 1595.

Ornaci missio fuit, quo loci annis elapsis Beatæ memoriæ P. Salesius missus fuerat tanto animorum fructu, ut discordias non in præteritum modo, sed in futurum sustulisse videatur universas, ut ipsimet prædicant. Idem P. Salesius tanto animi ardore, patiendi pro Christo desiderium commendarat, ut etiam hoc tempore altæ radices ejus in multorum animis essent. Postulabat mulier ut sæpius graviusque pateretur, obtinuit, eoque morbo extincta est, quo jam antea gravissime laborabat. Hæres et morbi et desiderii filia fuit quæ Patri nostro invisenti et roganti quid Deum suo nomine precatura esset, « ut patiaris, inquit, qualem P. Salesius passus est mortem pro Christo acerbam et ignominiosam ». Eadem se a Deo beneficium magnum obtinuisse dicebat ut sexta quaque feria gravius ægrotaret.

Instituerat idem Pater ut nunquam sine sequentibus ad ægros deferrent Sanctissimum, et tanta erat sacro Christi cor-

pori ferendo reverentia, ut hæc ipsa pietas pro omni arce oppidum fuerit, quod licet nullis munitum præsidiis, nullis
mænibus septum, ubertate præterea fundi hostem in prædam
alliceret, populatis circum oppidis omnibus, intactum tamen
quodam quasi asyli jure permanserit. Atque, ubi aliquando
nobilis eques præter oppidum vehitur, puerorum pompam
reliquique deinceps populi aspicit in totius trepidatione Bur-
gundiæ vota securo animo fundentem : cumque ille interro-
garet qua spe freti essent, quæ illis præsidia, qui milites,
quid si hostis qui illos atque illos vincere potuit, eos adoria-
tur ? Tum e primariis unus manum in pueros orantes inten-
dens : « En, ait, milites nostri, nostra præsidia ». Tunc uber-
tim eques qui ostentui illos habere antea videbatur, flere, sus-
pirare, nutu responsum prudentissimum comprobare.

D. 13. 2. — Lettre manuscrite du collège de Tournon, 1592.

In statione quadam sacerdos tota quadragesima conciones
habuit, et sacerdotes pomeridianis horis casus conscientiæ docuit. Multas superstitiones evulsit. Quingentas, ut minimum
e tota vita confessiones audivit. Ducentos, ut minimum, catholicos a bello pro hæreticis gerendo deterruit. Mulieres amplius 30 a vitæ turpitudine revocavit. Multa dissidia compes-
cuit. Quemdam qui habitum religionis abjiciebat, religioni
restituit. Nosocomio et conventui Franciscanorum restaurando
pecunias a civibus coegit, serio interim in doctrina christiana
tradenda occupatus.

D. 13. 3. — Provincia Lugdunensis, 1593.

Sociorum summa fuit 254. Inierunt societatem nobiscum 13 ;
abierunt in Beatorum, ut speramus, societatem 6. In his duo,
P. Jacobus Salesius et Gulielmus Sautemouchius pro catholica religione mortem oppetierunt. De quorum felicissimo
exitu, etsi fama in omnes pene regiones perlata est, tamen
nostræ partes videntur rem uti gesta est exponere, et ad pos-

teritatis memoriam litteris consignare. Atque ut Martyribus honos habeatur, nihil de cæteris hujus Provinciæ rebus attingam, priusquam de illorum beatissima morte breviter dixero, qua quidem explorata atque testata persequar.

Beata mors P. Jacobi Salesii et Gulielmi Sautemouchii pro religione obita.

a. — Jacobus Salesius a puero in Societatis disciplina educatus, iis laudibus floruit, ut non immerito unus pene ex omnibus hujus Provinciæ sociis ad tantum honorem delectus videatur. Is quippe non modo a latinis, græcis, hebraicis, chaldaicis litteris, sed etiam a philosophia ac theologia insigniter instructus, mentem ac pectus omni virtutum genere compleverat. Eximia in illo modestia, mansuetudo, contemptus sui, ingens perfectæ vitæ studium, præcipuus divini amoris ardor, quem vel ex flosculi alicujus aut bestiolæ aspectu identidem inflammabat. Collocutionis tempore, quoties cum sociis ageret, sermonem semper aliquem inferebat de Deo, divinisve rebus.

b. — Ubicumque versaretur, idoneum aliquem ex domesticis sibi comparabat admonitorem, a quo diligenter observaretur, et si qua in re per imprudentiam dicto factove offendisset, libere admoneretur; ita fiebat ut ne imprudenti quidem esset impune peccandi locus.

c. — Porro sanctissimum Christi corpus eximia pietate cultuque prosequebatur. Nulla de re libentius ardentiusve loquebatur, cum loquendum erat cum sociis, ejusque sermonis facultatem cupide solerterque captabat. Nullus abibat dies quin accederet in templum sæpius, seque ante sacrosanctæ Eucharistiæ aram projiceret, quam singulis ferme horis pie sancteque colere gestiebat.

d. — Creber ejus de martyrio sermo, non quasi tantum a Deo expectaret munus, sed quasi cupidissime appeteret. Præcipuo colebat honore reliquias Martyrum, eximius fautor sanguine partæ immortalitatis, ad quam eum divina ducebat Providentia.

e. — Patris Edmundi Campiani epistolam ad se missam
habebat carissimam, atque etiam quamvis diuturnis laboribus
fractus, litteris Romam missis profectionem Indicam impe-
trare conabatur, ut esset facultas et quamplurimum faciendi,
Christi causa, et gravissima patiendi. Sed aliam illi Deus In-
diam destinarat, et ipse jam maturus martyrio appropinqua-
bat.

f. — Oppidum est in Helviis in diœcesi Vivariensi, Albenacum nomine, ut antiquitate, sic avita religione olim incly-
tum, quod nuper Calviniana contractum peste multum vete-
ris amiserat laudis. Huc, tuendæ rei catholicæ causa, alii
aliàs ex collegio Turnonio multum commeabant; sed Salesium cœleste martyrii donum manebat. Is Turnoni theologiam
jam alterum docebat annum, cum nobilissimi viri rogatu
Albenacum profectus est, comite ac socio Gulielmo Saute-
mouchio, antiquæ simplicitatis, eximiæ pietatis atque obedientiæ viro. In digressu a sociis, cum eos de more amplec-
teretur, visus est impendentem ab hæreticis præsagire mortem
et sine ambagibus prædicere.

g. — Albenaci, toto Adventus dominici tempore, ita verba
fecit ad populum, ut magnæ Catholicis esset utilitati, Calvinianis admirationi. Itaque placuit primoribus oppidi eum ad
ferias Paschalis in suscepto munere permanere, nequidquam
frementibus sectæ Calvinianæ magistris. Per id tempus Chambaudus quidam hæretica perfidia nobilis Albenacenses per
pacis fiduciam incautos opprimere statuit. P. Salesius rem
subodoratus, cùm privatim Prætori, tum publice pro suggestu populo denuntiat, caveant ab hæreticorum insidiis, pro
communi salute diligentius excubent. Verum, sive illi minus
creditum, sive minus constanter in oppidi custodia perseve-
ratum sit, dies prænuntiatas insidias aperuit. Octavo idus februarii, Chambaudus oppidum sine ullis pene stationibus et
custodiis nactus, cum magna latronum manu ad portas noc-
tis silentio advolat, atque a proditoribus intromissus de im-
proviso urbem occupat.

h. — Diversabantur nostri in ædibus Veyrenci jurisconsulti
paulo ante demortui, quas cives collegio Societatis destina-

bant, ibique a Carolo Boyronio, uno è magistratibus, publice alebantur. Exaudito strepitu armorum ac tumultu, id quod erat suspicati, cum circumfusis hostibus nullum sibi patere effugium viderent, effusi in preces totos se Deo permittunt, suaque capita ejus gloriæ devovent : unum orant, tantum ut sibi animorum viriumque addat, ut ne quidquam Societate ac nomine indignum aut dicant aut faciant. Prima luce hostes oppidum diripiunt.

i. — Tres calvinianæ impietatis ministri, Labatius a Berg, Railletus a Meyras et Guerinus a Vals spolia sibi e Nostris deposcunt. Ergo horum instinctu, intromissi in tecta sicarii Nostros Deo supplicantes offendunt. Confestim jactatis in eos maledictis atrocibusque minis, crumenam poscere, diligenter eos excutere, arculasque scrutari. Nec mora, parvam crucem inauratam, ubi Pater sacras aliquot reliquias cum globulis piacularibus et Agno Dei asservabat, detrahunt e collo, pauculos libellos, nescio quid pecuniolæ sudario involutæ auferunt. Male illos habuit, quod longe minor spe atque opinione præda fuerat. Neque enim plus triginta assibus invenerunt, quos Nostri domo extulerant, ad necessarium usum datos. Itaque furore incitati, in Salesium impetum faciunt, obtortoque collo flagitant argentum. At ille nihil consternatus animo, leni ac placido ut solebat vultu, sic eos affatus dicitur : « Si de nostri peculii tenuitate querimini, nos qui-
« dem præterea pecuniæ omnino nihil habemus; sin autem
« nos velut bello captos in vinculis habere vultis, dum redi-
« mamur, nullum vobis pretium pro nostris capitibus pas-
« ciscimur. Quod si religionis causa hæc patimur, nihil mo-
« ramur, parati sumus non æquo solum sed etiam libenti
« animo vitam ac sanguinem pro avita religione et Romanæ
« Ecclesiæ autoritate profundere. »

j. — His illi vocibus incitati utrumque comprehendunt, nec sine contumeliis in Ludovici cujusdam Calviniani domum traducunt. Hic, tres illi ministri quos diximus, septi armatis, armati ipsi, pacata primum ac blanda oratione captos salutant. Inde ducto in longam diem sermone, variis artibus conantur eos ad se pellicere, atque etiam altera post meridiem

hora, cum adhuc eos jejunos perstare cognovissent, homines
videlicet humani, ciborum aliquid jubent afferri. Dies erat
Sabbati, tempus fraudi accommodatum ; celeriter apponitur
ex carne jusculum. Id erat ejusmodi, ut imperitos specie fal-
leret. Jamque sorbere Salesius, fraudis ignarus, parabat, cum
socius eum opportune admonuit ut videret quid ageret ; id
sibi jusculum videri ex carne. Ergo ille, fraude perspecta,
quod appositum erat remisit, negans se eo, salvis Ecclesiæ
legibus, uti posse.

k. — Hac ministri occasione invitati, Salesio adhuc jejuno,
saturi ipsi, quæstionem de ciborum delectu, itemque de libero
hominis arbitrio ponunt ; quæ ab illo super his rebus dicuntur, oppugnare conantur. Certatur utrinque acriter, etsi ini-
que comparatum erat certamen, cum inermis et captus cum
armatis iratisque pugnaret. Sed capta et inermis virtus non
erat, quæ acerrime pro seipsa pugnabat. Itaque ad extremum
ministri, causa et rationibus inferiores, sese ad verborum
contumelias ac maledicta converterunt.

l. — Quod ubi animadvertit Salesius, rem non ratione sed
iracundia ab his geri, ut jurgiis finem imponeret, libellum de
sacramentis ab se olim scriptum, quem forte penes se habebat, eis offert, additque : « Quoniam in tantis clamoribus
« atque conviciis nullus sit veritati locus, si cognoscere velint
« quid ipse sentiat, et cur ita sentiat, eum libellum perle-
« gant, ut videant ecquid habeant quod opponant ». Arripit
libellum Railletus (quem hodie propter multiplicem erudition-
nem carissimum habere et diligenter asservare dicitur) et
cum reliquis ministris repente consurgit, cunctique pariter,
victis similes, sese e conspectu proripiunt. Salesium sub noctem, perfrigida tempestate, seminudatum ac jejunum, sine
cibo, sine strato, militum petulantiæ illudendum ac vexan-
dum relinquunt.

m. — Postero die (is erat dominicus) ministri cibo ac
somno refecti ad oppugnationem, inedia vigiliaque confecti
Salesii revertuntur. Acris de Eucharistia instituitur disputatio.
Urgent, instant, non minus clamoribus quàm argumentis ;
refellit ille omnia forti animo pariter ac sedato, eosque vicis-

sim gravissimis rationibus configit, ut ipsi hostes erectiorem malis animum mirarentur.

n. — Jamque suæ illos pudebat inscitiæ, cum Labatus admonitus instare tempus concionis, in ædem occurit, ascendit in suggestum, et e re nactus garriendi argumentum pro concione, in Papistas ac Jesuitas ipsumque Salesium debacchatur. Ad extremum, Eliæ scilicet exemplo qui Baalis prophetas interfecerat, imperitam multitudinem ad Salesii ejusque socii cædem impellit. Illum igitur e concione digressum viginti circiter armati sequuntur, et in tecta irrumpunt duce Labato, quibus in tectis, Salesius adhuc reliquis duobus ministris de religione respondebat.

o. — **Tum Sarjatus**, latronum illorum dux minaciter Salesium appellans : « exi foras, inquit, sceleste ; quid cessas ? in publico tibi moriendum est ». Et Salesius, præsenti animo : « **Ego vero exeo, inquit, Deo duce, cujus causa mori paratus** « **sum** ». Exin ad Gulielmum versus : « Quid te fiet, inquit, « frater ? bono animo sis, videsis quanti ex quantulis futuri « simus ». Paululum ex eo loco progressus jubetur consistere. Paret ille, et suspicatus id quod erat, illum ab hostibus captum supplicio locum, orare hominem institit ut liceret sibi, et sua et ipsorum causa, paulisper Deo supplicare.

p. — Brevi spatio ægre impetrato, apostoli Jacobi cujus nomine appellabatur, memor, etiam mansuetudinem in inimicos æmulari cœpit, et modo decussatos in crucis formam pollices osculaturus labiis admovebat, modo sublatis in cœlum aut in B. Virginis ædem oculis, submittebat genua, et supplex, magna voce (etsi impuri homines ejus os luto compleverant), veniam inimicis identidem orabat a Deo, alias Christi Domini, alias protomartyris Stephani vocem usurpans.

q. — Interim, Sarjati jussu, miles a tergo Salesium supplicem adortus, admoto igne ejus humerum sclopeto appetit. Quo ille ictu afflictus corruit pronus ac pene exanimatus, cum Jesu nomen inclamaret, ferro confoditur, ac paulo post ad Eum quem moribundus implorabat, martyrii decore insignis evocatur in cœlum.

r. — At Gulielmus, nihil ejus casu territus, sed ad æmulandam virtutem accensus, complectitur morientem, rogatque ne socium comitem, commilitonem suum deserat, eadem quam ipse ingressus esset via sequi paratum. His rebus incitati milites eum circumsistunt, clamoribus territant, et quo gravior ac diuturnior sit cruciatus, pugionibus configunt. Ille interea se ipse adhortabatur ad constantiam, brevis cruciatus æternum sibi præmium proponebat, et doloris acerbitatem dulcissimo Jesu nomine leniebat. Demum confectus vulneribus, exsanguis in terram collabitur, brachiisque ad pectus in crucis modum conformatis, extinguitur et victoriæ socium Salesium pari cum palma subsequitur in cœlum.

s. — Nec vero immanis hæreticorum rabies sanguine ac cæde piorum satiari potuit. Jacobum plane nudum, Gulielmum cum conciso vulneribus indusio ex via in plateam per cœnosa pertrahunt loca, et funebrem catholicorum pompam per lasciviam illudentes, vestimenta cæsis detracta, pullarum estium instar, militaribus superinjiciunt sagis, et solemnes exsequiarum precationes inconditis vocibus imitantur.

t. — Ubi tandem vesanis atque importunis latronibus illudendi irridendique finem defatigatio ac satietas attulit, Sarjatus nondum 'Jesuitarum cruore et ludibrio satiatus, severe edicit atque interdicit ne quis mortuos sepeliat. Tandem diebus aliquot intermissis, expletis jam oculis atque animis hominum cruento illo spectaculo, in ruinosi templi angulum cadavera raptari atque humari jubet ; ita beati Martyres, ipsorum inimicorum opera, sacrato in loco adepti sunt sepulturam. Hic fuit gloriosus Patris Jacobi Salesii et Gulielmi Sautemouchii exitus, quem singulari Dei munere, sua sibi virtute pepererunt.

u. — Erant ambo patria Arverni, ætate pene pares : Jacobus enim annos septem et triginta natus erat, uno plus Gulielmus, sed ille 20 annos, hic 12 in Societate transigerat. Uterque a Billomensi collegio profectus, quod collegium primum in Gallia Societas habuit.

v. — Visus est Salesius sui exitus non ignarus fuisse. Nam octo ante mortem diebus, litteris Turnonem ad Rectorem datis, illam Davidis usurpaverat vocem : « Benedictus Deus qui docet manus meas ad prælium et digitos meos ad bellum », ut imminentem ab hæreticis pugnam præsagire animo aut potius divinitus providere videretur.

Restat ut ad hujus Provinciæ collegia veniamus, sed ita ut vivorum facta commemorantes. præclara nostrorum Martyrum exempla respectemus.

D. 13. 4. — Lettre du collège de Tournon, 1597.

Albenaci, adeo felicem sementem fecit Martyrum sanguis ut Noster non pauciores ducentis de grege Calvini assiduos et vere etiam benevolos auditores habuerit. Quos quidem ita commovit ut et meliora cogitent et suorum prædicantium tum inscientem loquacitatem tum infantem scientiam ipsi exhibeant. Plerique a suis desciverunt ; de cæteris id spem facit quod suos ita magistros vel clam rident vel palam arguunt vanitatis, ut ipsorum uti recusent testimoniis.

D. 13. 5. — Lettre du collège d'Avignon, 1597.

Illud quod toti est Provinciæ commune sileri a me non debet, quod quos e Nostris olim hæreticorum furor distraxerat, ii jam nobis pro suavissimis fratribus divi sanctissimique Martyres redditi sunt. Reliquiæ siquidem R. P. Jacobi Salesii sociique ipsius Guillelmi Saltamochii, qui ante aliquot annos Albenaci pro religione catholica constantissime occubuerant, quasi postliminio tandem ad nos optato redierunt. Eas sibi ab hæretico duce Nobilis quidam catholicus magno labore impetratas pari honore amoreque observabat ; et non inferiori conatu fuit exorandus, ut æquissimo nobis eas animo ac voluntate restitueret. Sed vicit tandem virum optimum tum amor nostri tum æquitatis. Accurrimus autem nos ad reditum tam exspectatum. et quos vivos suavissime amabamus, mortuos demum magno pietatis sensu et desiderio venerati sumus.

D. 13. 6. — Lettre de la résidence d'Aubenas, 16o5.

Sex ut minime hæretici Ecclesiæ catholicæ redditi sunt;
innumerabiles vero in fide nutantes confirmati. Ex illis tres
e primoribus urbis quorum unus juvenis egregius, cujus
peramplum est patrimonium a patre relictum, sed statim
atque impia Calvini castra deseruit, a patruo hæretico perti-
naci est derelictus et paterna domo ejectus est. quem tamen
Mæcenas noster humanissime in suum famulatum, nostrorum
suasu, excepit.

Alter juvenis item præclaris naturæ dotibus insignis et
eo nomine ministro sectæ Calvini valde carus et juventutis
urbanæ capitaneus, cum antea a nostrorum congressu vehementer abhorreret, unius tamen sacerdotis suavitate sensim
illectus et cathechesi instructus egregie Calvinum incredibili
dolore suorum abjecit, quem illi contumeliis primum, dein
etiam gladiis districtis agressi sunt, e quorum tamen manibus se fortiter tuendo eripuit, qui cum fide ita mores mutavit
in melius, vix ut idem videatur.

Supererat in eadem familia Pater qui in hæresi consenes-
cebat, nam germani ejus duo non ita pridem in Gallia Celtica
veram fidem amplexi fuerant. Dolebant nostri probis alioquin
moribus senem, prudentia minime vulgari virum, nec leviter
litteris tractum perditum iri ; frustra cum eo suavissime ege-
rant veritatem ut agnosceret. Idem optabant viri primarii et
nobiles quibus erat admodum familiaris. Placuit tandem
Creatori Deo hominem ad se trahere. Nam pridie cinerálium
venit ad nos, publice hæresim execratus est, deinde ubi se
præparasset, pænitentiæ sacramentum et Eucharistiæ rite
obivit ; ut nescias plus ex ejus conversione Catholici omnes
Vivarienses voluptatis hauserunt an hæretici doloris.

Credibile est preces B. P. Jacobi Salesii plurimum illi
profecisse ; nam illi fuerat aliquando familiaris, et 7 februarii
fidem amplexus est pro qua ille eodem die cum socio gloriosum in eadem urbe martyrium obtinuit. Speramus tanto eum
in retinenda colendaque fide constantem futurum, quanto
fuit fortior ad eam amplectendam.

D. 13. 7. — Lettre du collège de la Trinité, à Lyon, 1615.

Pene omiseram quod domi uni ex antiquioribus Patribus nostris ac prope septuagenario non sine specie miraculi contigit, qui, cum lethali apoplexia correptus horas amplius decem sine ulla spe salutis, et Fratrum caritatem et medicorum industriam exercuisset, Beatæ Virginis, creditur, patrocinio Beatique Salesii, primi e Societate nostra Galliarum Martyris, cui mirifice deditus erat, cujusque martyrii anniversarius agebatur dies, sanatus est pari medicorum admiratione ac Nostrorum gaudio. Nam, cum, Beatæ Virginis imagine collo ejus appensa, litaniæ recitari cœptæ essent, cœpit et ipse non dubia vitæ et salutis indicia prodere, atque intra paucos dies pristinæ incolumitati redditus est. Quod beneficium, cum ipse maxime, tum domestici omnes ejus nomine pro eo, quanti virum illum faciunt, summo pietatis sensu agnoscunt et prædicant.

D. 13. 8. — Lettre du collège d'Auch, 1653.

Claudius Sautemouche, pronepos Martyris Albenacensis, natus 1618, ingressus 25 augusti 1636, formatus 17 maii 1648, janitor, ædituus, sartor, Auscis defunctus vita est anno 1653, II augusti, peste sublatus. Erat homo boni ingenii et judicii, prudentiæ discretæ, constitutionis hilaris. Hic tam serenam omnibus frontem janitor et ædituus, quorum agebat partes, semper exhibuit, ut sibi nobisque civium omnium benevolentiam conciliaret. Die 18 augusti, obiit Frater Petrus Lebé qui Fratri Sautemouche conservierat, ejusque corpus composuerat, eadem pestis strage.

D. 14. — Diverses lettres.

D. 14. 1. — Ex litteris quadrimestribus Billom, 1569.

a. — Pauperes numero sunt 18. Arctissime reguntur, modestissimi sunt tum domi tum foris, plus cæteris studiosis proficiunt, sæpissime confitentur et communicant.

b. — Huc accessit Congregatio illa Divæ Mariæ nomine instituta, quam P. Joannes Leonis qui Romæ et Parisiis inchoaverat, nuper ad nos attulit, cui plus minus quadraginta nomina dederunt, et regulas quas nosti ad unguem observant, qua ratione futurum est ut multo plures ad Societatis institutum, ut speramus, animum adjiciant.

c. — Hunc diem ex calculo intelleximus eumdem fuisse qui mortis Condæi Principis, victoriæque ex eo reportatæ (1).

d. — Trium dierum spatio, ita ingeniose, ita apte, ita opulenter locus apparatus est, ut nihil æquale Billomi unquam visum sit. Sacrum a discipulis (quod nunquam fuerat) mirifice decantatum est in æde nostra. Quo finito, delatum est ad locum venerandum ubi et requiescit septem dies, donec eadem prorsus ratione relatum est ad solitum domicilium.

In hac processione ordo exstitit singularis omnis generis hominum, quem consules et canonici nobiscum procuraverant : scolastici præcedebant terni incedentes et præcinentes litanias, canonici et sacræ reliquiæ medium tenebant, nosque canonicos de more insequebamur, reliqua turba suo quoque loco optime ordinata erat ut sejunctim virgines a matronis incederent, passis capillis et tenui velo superinjecto, nudis

---

(1) Le P. Edmond Auger qui se trouvait à Jarnac, à la journée du 13 mars, écrivit le soir même aux Pères de Billom : « *In campo di battaglia fu ammazzato il Principe de Condé che io ho visto ; battaglia con vittoria miraculosa* ». Et à la réception de sa lettre, on eut la satisfaction d'apprendre que la victoire avait été remportée le jour même où les supplications avaient commencé.

pedibus, aliquid pium sermone patrio præcinentes. Septæ
erant virgines turba honestarum viduarum eodem ornatu ince-
dentium, et ne quid offendiculi oriretur, armati homines hinc
inde utrasque cingebant. Viri ab adolescentibus separati,
omnes suo ordine pro cujusque dignitate incedebant, singuli
tædam ardentem ferentes.

Deinde Pauperes nostri octodecim qui nudis pedibus, corpore vero linteis albis amicto, ac detecto capite, faces ardentes cum insignibus partim Societatis, partim Mæcenatis
nostri gestabant.

D. 14. 2. — Lettre du P. **Edmond Hay**, recteur, 1ᵉʳ mai 1570.

Est Congregatio quædam partim ex nostris convictoribus,
partim ex aliis auditoribus conflata quæ superiori anno, sub
sanctissimæ Virginis Deiparæ nomine instituta fuit quæ non
parvos de se pollicetur fructus. Illorum enim exemplum qui
illi congregationi nomen dederunt plurima nobis adjumenta
affert ad aliorum mores corrigendos, et ex ipsis multi ex ea
sodalitate sibi veluti gradum faciunt ad statum vitæ perfec-
tiorem. Non solum contubernales nostri sed plerique ex auditoribus, singulis mensibus, ut minimum, confitentur,
multi sacram communionem percipiunt, et ea de causa ad
nos confluunt ex aliis collegiis, et iis quidem præcipuis, ita
ut in omnibus festis magnum habeamus communicantium
numerum.

D. 14. 3. — Memorandum du P. **Maldonat**, 12 avril 1579.

... Illud etiam necessarium est ut nemo hic philosophiam
doceat, nisi quatuor annos theologiam audierit ; quia sine
theologia nemo philosophiam bene docere potest, nec eam in
docendo, quæ necessaria est auctoritatem habere.

D. 14. 4 — Lettre du P. **Pierre Madur**, de Lyon.

20 février 1593.

... Ecce ad nos certus nuntius, et multorum litteris perlatum est Patris Jacobi Salès et Gulielmi Saultemouche martyrium. Res itaque hac ratione accidit :

a. — Albenacum oppidum est R. V. non incognitum, quod ab hæreticis diù occupatum, a catholico fortique viro eis arte et industria ablatum aliquot ante annos fuit. Is Dominus de Montréal nostros in oppidum illud evocavit et fovit; nostrique fructu non pænitendo attracti eo in oppido fere semper versati sunt, actumque subinde est, ut collegium aliquod ibi institueretur, cujus opera hæresis quæ hac in regione maxime regnat vel profligaretur vel reprimeretur.

Concionator itaque eo pro adventus et quadragesimæ tempore destinatus est hoc anno P. Jacobus Salès egregius et clarus in hac Provincia theologus, linguarum et hebraicæ præsertim peritissimus, et controversiarum quæ hodie inter catholicos et hæreticos vigent acerrimus disputator, natione Arvernus ex oppido Lezoux, qui etiam Parisiis, Mussiponti, Divione et Dolæ magnum eruditionis et pietatis specimen dederat, et postremo Turnonem missus Universitatis illius nomen magna ex parte substentabat.

b. — Adjunctus est autem ei socius Gulielmus Saultemouche item Arvernus ex oppido Saint-Germain-Lherm dicto oriundus, simplex admodum et rudis qui superiori anno promum in convictorum collegio hic agebat, et ex hoc ministerio ad tam gloriosum trumphum evocatus.

c. — Illis igitur eo profectis et Patre præsertim concionibus aliisque Societatis exerciliis hoc oppidum viciniamque universam in pietate promovente, Dei judicio æquissimo accidit ut hæreticorum in illis regionibus ductor Chambaud oppidanorum quorumdam perfidia nocte intempesta scalis admotis potiretur oppido, quamvis castrum quod in eo dicitur esse munitissimum non occupaverit nec adhuc teneat, et arcem

quidem minus munitam initio non tenuit, ea tamen paucis
post diebus deditionem fecit, inopia commeatus compulsa.
Factum id autem est sexta feria, hora a media nocte secunda.
Quomodo autem Nostri in eorum manus pervenerunt et quid
biduo egerint, non compertum habemus...

D. 14. 5. — Lettre du T. R. P. **Vitelleschi** au P. Jean
Gayet.

                                    7 mars 1638.

In cultu Martyrum Albenacensium R. V. prudenter se gessit.
Oppositum enim futurum erat reprehensioni obnoxium, istic
præsertim sub eorum oculis qui videntur a Nostris arguendi
ansam libenter complecti.

D. 15. Auteurs ascétiques.

D. 15. 1. — Du P. **Jean Suffren**, *Année chrétienne*,
t. I, p. 959

J'ai connu familièrement le Père Jacques Salès, de notre
Compagnie, qui a enduré la mort pour la foi à Aubenas en
Vivarais, ayant été tué par les Calvinistes, l'an 1593. J'ai reconnu en lui de grandes et rares vertus, conjointes à une
grande doctrine, mais entre autres, *un singulier étude* à visiter
le Saint-Sacrement, car, à grand'peine se passait-il une heure
du jour qu'il ne le visitât ; et si on l'appelait à la porte pour
parler à quelqu'un, ou s'il retournait à sa chambre, ou s'il
allait par la maison, il passait auprès du jubé, d'où il pouvait voir le tabernacle, où était ce trésor infini, et là, il lui
rendait ses honneurs, et répandait son cœur.

D. 15. 2. — Du P. **Jean-Baptiste Saint-Jure**, l. III,
c. XX. s. 20.

Le généreux Martyr de Jésus-Christ. le Père Jacques Salès,

parmi ses autres vertus, avait pour le Saint-Sacrement une
dévotion particulière qui le portait à en parler très souvent.
Il ne laissait passer aucun jour sans le visiter plusieurs fois :
si on l'appelait à la porte, s'il retournait à sa chambre, s'il
allait dans la maison, un attrait invincible l'attirait vers le
tabernacle où reposait Notre-Seigneur, et il entrait chaque
fois pour lui offrir les hommages de son cœur. On a même
remarqué qu'il ne se passait pas une heure qu'il n'allât visiter le Saint-Sacrement. Ce fut pour la défense du mystère de
l'Eucharistie et pour en soutenir la vérité, qu'après une longue et savante dispute, il fut tué à Aubenas par les hérétiques d'un coup d'arquebuse.

D. 15. 3. — De **saint Alphonse de Liguori**, 17e visite.

Il Padre Salesio della Compagnia di Gesu si sentiva con-
solare in solo parlare del SS. Sacramento. Non si saziava mai
di visitarlo : se era chiamato alla porta, se ne tornava in ca-
mera, se andava per casa, procurava sempre con queste oc-
casioni di replicare le visite al suo amato Signore, sicche fu
notato che appena passava ora del giorno, che non lo visi-
tasse.

E merito alla fine di morire per mano degli Eretici, men-
tr'egli defendeva la verita del Sacramento : « Oh ! avessi an-
« ch'io la sorte di morire por si bella cagione di sostenere la
« verita di questo Sacramento per cui, o amabilissime Gesu,
« Voi ci avete fatto intendere la tenerezza dell'amore che ci
« portate ».

Du P. Victor Drevon, préface à la nouvelle édition
du P. de Gissey.

Voilà deux martyrs de la foi en la présence réelle, deux
martyrs de la vérité eucharistique.

On comprendra sans peine que nous nous soyons occupé
de faire connaître la vie, les vertus et le martyre de ces vénérables serviteurs de Dieu. Ardemment désireux de voir se
multiplier parmi les fidèles le pieux exercice de la réparation

envers le Cœur adorable de Jésus-Christ qui est en butte à
tant d'outrages dans l'auguste sacrement de nos autels,
nous avons pensé que le souvenir, l'exemple d'un dévouement si héroïque, rappelé, mis en évidence, servirait efficacement à nourrir le zèle et la ferveur des fidèles adorateurs
du Dieu de l'Eucharistie. Nous savons, en effet, que plusieurs
nourrissent dans leur cœur ce saint désir ; ils voudraient, eux
aussi, pouvoir être réparateurs jusqu'à verser leur sang pour
effacer et laver les injures faites au divin Sauveur dans le
Sacrement de son amour. Nous avons donc saisi avec empressement l'occasion qui nous était offerte de nous occuper d'un
travail destiné à faire connaître ces illustres serviteurs de
Dieu, et nous formons des vœux très ardents pour qu'il
puisse servir à l'intérêt de leur cause qui a été portée depuis
longtemps à la Congrégation des Rites ; qu'elle y soit bientôt reprise et heureusement terminée.

D. 15.4. — Du P. **Théoph**. **Raynaud**, Pratum spiri-tuale, t. XVII, p. 620.

Jacobus Salesius à Societate Jesu perillustre apud Albenacenses, in ora Vivariensi, perfunctus martyrio, anno 1593,
cum aliis cœlestibus ornamentis honestatus est de quibus
justa tractatione alii, tùm nuper anno 1641 subita curatione
Præpositæ Parthenonis Argentariensis, in eadem ora, cui nomen Maria de Gachet. Scriptum ejus chirographo et medici suf-
fragatione multarumque monialium adscriptione firmatum,
in quod recens incidi, prodit Præpositam cùm ex gravi
morbo utcumque convaluisset, inolita tamen ægritudinis
molestia admodum laborasse. Nam annos jam vigenti, anxia
et frequenti spiratione cruciabatur, hyeme præsertim. Utcumque igitur alia ægritudine quæ eam pessime affecerat,
levata, 7 decembris anni prædicti, inquilinum tamen labo-
riosi et crebri anhelitus incommodum adeo grave et infestum
patiebatur, ut ægre vitam retineret.

Submisso ad ægram ossiculo è Martyris corpore, et pie
admoto, plenam et perfectam asthmatis inoliti curationem

consecuta est adeo expedite, ut nulla fuerit inter sacri pigno-
ris admotionem et sanitatis adeptionem intercapedo. Fuitque
donum Dei absque pœnitentia, nam nullo deinceps impe-
ditæ respirationis incommodo se laborasse, multo post pro-
fessa est, ita ut etiam ea tempestate quam solita erat experiri
infestiorem, negligens sui nec pro more sollicita curandæ
valetudinis indemnitatem sibi et sanitatis constantiam sit
gratulata. Observatione porro dignum est Christi pugilem,
cum hoc mortalis corporis ostreo adhuc involveretur, ea ipsa
ægritudine laborare præter cæteras solitum. Itaque Deus eo
promptius accurrit sospitator, interpellatus per hujus sui
servi merita. Solemne quippe est justissimo laborum ponde-
ratori sanctorum suorum decora ad cruciatus præteritos ad-
metiri, et promptius obsignare postulata mortalium qui ab
iisdem cruciatibus eximi poscant, interpellatione eorum
quos Deus in hujusmodi camino per vitæ tempus excoxerit.

D. 16 — Théologiens.

D. 16. 1. — De **saint Thomas**, 4 Sent. d. 10 q.
unica a. 3. ad 3.

3. — Augustinus dicit quod proprium est spiritus quod
possit simul in diversis partibus totus esse. Sed corpus
Christi non ponitur neque per unionem neque per gloriam
extra limites corporis, ut possit percipere proprietatem spiritus. Ergo corpus Christi non est totum in qualibet parte spe-
cierum.

Ad tertium dicendum quod spiritui competit esse totum
in toto, et in qualibet parte, quia non habet quantitatem nec
a quantitate substantia ejus dependet. Corpus autem Christi,
quamvis in se consideratum non absolvatur a propria quantitate, tamen non comparatur ad hostiam sub qua est, secundum propriam quantitatem, et ideo non est spiritus, sed participat quantum ad aliquid proprietatem spiritus secundum
comparationem ad species sub quibus continetur.

D. 16. 2. — Du P. **Jacques Gordon**, controversia
3., c. 19 (1).

9. — Duo in Eucharistia consideranda sunt : nimirum, illud
quod asserimus esse in Eucharistia et modus quo asserimus
illud existere in Eucharistia. Id quod asserimus esse in Eucharistia est ipsum verum et naturale corpus Christi, immo
totus et integer Christus, verus Deus et homo qui natus est
ex Virgine, et qui jam sedet ad dexteram Patris in cœlis. Sed
modus iste existendi non est naturalis, visibilis aut divisibilis,
sed supernaturalis, invisibilis et spiritualis... Et hoc est quod
docent Patres nonnulli, cum scribunt corpus Christi esse
spiritualiter in hoc sacramento. Nam revera est spiritualiter,
hoc est, modo spirituali.

10. — Ex hoc autem modo spirituali quo corpus Christi
est in Eucharistia, facile diluuntur omnes rationes naturales
quas adversarii asserunt. Nam,... facillimum est intelligere
illud quod spiritualiter et indivisibili modo existit posse esse
in pluribus locis,... cum constet angelos et dæmones totos
existere in singulis partibus spatii quod occupant, et similiter
animam hominis constat ita esse in corpore humano, ut sit
tota in singulis partibus.

23. — ... Sed præcipua difficultas hic est de quantitate
corporis Christi : quomodo videlicet possit tota ejus quantitas
existere modo indivisibili, cum divisibilis modus existendi
videatur esse de essentia quantitatis.

24. — Verum quantitas humani corporis duas habet veluti
proprietates, aut modos naturaliter ei connexos, qui nequaquam confundi debent. Prima proprietas quantitatis est,
extendere corpus ipsum cui illa inhæret, ad certam magnitudinem, item efficere certam figuram, formam, separationem
atque ordinem membrorum inter se ; quæ recte vocatur in-

(1) R. P. Gordoni Huntlæi Scoti, e Societate Jesu, Doctoris theologi
controversiarum Epitomes. *Bibliothèque Corsini 79. B. 7.*

trinseca extensio. Secunda proprietas est extendere idem
corpus extrinsece in ordine ad locum, situm, et alia vicina
aut remota corpora ; quæ appellatur extrinseca extensio.

Verissima sententia est priorem illam proprietatem quantitatis, hoc est, extensionem corporis in ordine ad seipsum,
seu intrinsecam extensionem esse de essentia quantitatis, nec
posse ab ea separari. Posteriorem vero proprietatem quæ est
exterior extensio in ordine ad locum, non esse de essentia
quantitatis, posseque ab ea separari.

28. — Ex his sequitur quod corpus Christi in Eucharistia,
si secundum se consideratur, retineat eamdem plane formam,
figuram, magnitudinem, distinctionem et pulchritudinem
membrorum, quam habet in cœlo : hæc enim omnia habet a
quantitate sua, seu a priori illa extensione intrinseca, quam
retinet inseparabiliter. Sed quia non habet posteriorem proprietatem quantitatis, cum nullam habeat extensionem,
situm, aut ordinem naturalem ad locum aut vicina corpora,
hinc est quod existat modo indivisibili, et totum in singulis
partibus sacramenti : eodem videlicet modo, quo antea existe-
bat substantia panis, cui corpus Christi succedit.

29. — Atque hoc ipsum plane exigebat natura et ratio hujus
divini mysterii : nam nisi separata fuisset a corpore Christi
posterior illa proprietas quantitatis, corpus Christi in sacramento fuisset visibile, palpabile,... Et rursus, nisi relicta
fuisset quantitas Christi vera, quæ consistit in priori illa
extensione, Christus in Eucharistia non haberet verum aut
certe integrum atque organisatum corpus humanum, quod
constat diversis membris et organis exteriorum sensuum,
item certa figura, forma, aptaque membrorum omnium com-
positione ac intervallo atque distantia ; hæc enim sine intrinseca corporis extensione consistere non possunt.

31. — ... Ista tamen sola separatio non sufficit, sed necessarium præterea est ut Deus communicet corpori Christi
novum alium modum existendi..., qui cum sit plane supernaturalis et divinus, efficit ut totum Christi corpus una cum
sua quantitate, omnibusque accidentibus ei naturaliter inhæ-
rentibus existat spirituali plane modo invisibili et divino :

quo fit ut corpus Christi non tantum sit in quavis minima parte hostiæ, sed etiam in pluribus locis, ubi sunt hostiæ consecratæ.

33. — Vocamus autem modum hunc existendi corporis Christi spiritualem, quia corpus Christi prout est in Eucharistia, participat quasdam proprietates spiritus.

N. B. - Ce simple aperçu de l'explication de Gordon, qui fut développée à Pont-à-Mousson par le P. Salès, achève de montrer combien fut étrange l'interprétation qui en fut donnée.

D. 16. 3. — Du cardinal **de Lugo**, de venerab. sacr., d. 5. s. 7.

. . Supponendo ex communi theologorum cum sancto Thoma in 4 d. 10. q. l. a. 3., hanc præsentiam corporis Christi esse ad imitationem præsentiæ substantiæ spiritualis per quam angelus, v. g., ponitur totus in toto spatio et totus in qualibet parte spatii...

D... 16. 4. — Du cardinal **Franzelin**, de s. Eucharistia, th. 11.

... Vix mens fide illustrata mirabilem hunc ac supernaturalem existendi modum aliter concipere posse videtur quam ad analogiam modi existendi spirituum.

3. — Jam hic modus præsentiæ est omnino analogus modo præsentiæ spirituum, nec alia ratione quam secundum hanc analogiam a nobis concipi aut declarari potest.

D. 17. — Divers.

D. 17. 1. — Du **Ratio** de 1586, de delectu opinionum.

Sur l'obligation de suivre saint Thomas : in quamplurimis, non tamen in omnibus, siquidem ejus quaedam, licet paucae.

sententiæ discrepant vel a loquendi modo Sanctorum Patrum,
vel a communiore veterum recentiorumve scola, cum præsertim ex occasione novarum hæreseon excogitata sint a catholicis Doctoribus pleraque non minus hæreticis confutandis
idonea quam quæ sanctus Thomas suppeditat, in quibus
aliisque id genus par est Doctores alios anteferre.

D. 17. 2. — Du P. **Jean Chevalier**, 1586 1654.

Ad. B. Jacobum Salesium Societatis Jesu.

Exemplo Patris Edmundi Campiani, in Anglia pro fide
catholica passi, ad martyrium vehementer incensus, quovis
tempore in has voculas *O, Si!* erumpere solebat.

ODE IV.

1. — O, Si ! per auras missa Salesii
 quæ vox Olympum verberat, æquore
 seu surgit Eoo, caducus
 seu pelagi bibit alta Titan ?

2. — O, Si ! resolvens ora Salesius
 cæcis medullas carpitur ignibus,
 quos nec superfusis Orion,
 nec Libycus premat Auster undis.

---

1. — Si je pouvais ! Quelle est cette ardente parole ?
 De tes lèvres, Salès, elle sort le matin
 et le soir, vers le ciel encore elle s'envole,
 quand le soleil se couche à l'horizon lointain.

2. — Si je pouvais ! Quel feu sacré brûle en ton âme ?
 et dévore sans bruit jusqu'au fond de ton cœur ?
 Tous les flots ne pourraient éteindre cette flamme,
 tous les vents ne pourraient qu'aviver son ardeur.

3. — O, Si ! reclusi limina pectoris
   rupere tandem vota, modestiæ
   frustra reluctantis, nec ullos
   accipiunt fugitiva frenos.

4. — O, Si ! quid ambit ? parta nepotibus
   an quæ profundat, perfidos institor
   trans regna, trans soles Eoos
   vectus, et Hesperium cubile ?

5. — An quæ remotis ambitiosior
   jungat Britannis littora Bosphori,
   cautesque Riphæas, et Alpem
   seposito societ Niphatæ ?

6. — Florens sed ævi, transfuga divitum
   liquisse partes gestiit, obvios
   pressurus et fasces, et alta
   non humili pede sceptra regum.

---

3. — Si je pouvais ! — En vain ta poitrine brûlante
   eût voulu nous cacher plus longtemps ton secret,
   le volcan brise enfin la montagne fumante,
   et la lave à torrents coule du noir sommet.

4. — Si je pouvais ! – Que veux-tu donc ? — Tout l'or du monde ?
   Te faut-il les trésors qu'un avide marchand
   s'en va chercher bien loin dans Ophir et Golconde,
   par delà les flots bleus de l'immense océan ?

5. — Ou bien veux-tu régner au pays de l'aurore,
   contempler tout un peuple à ton sceptre soumis,
   les vaisseaux relier la Bretagne au Bosphore,
   et les soldats partout vaincre les ennemis ?

6 — Non ! car Salès, à peine à la fleur de son âge,
   volontaire exilé, transfuge des grandeurs,
   prenant Dieu pour sa part et pour son héritage,
   a fui le monde et ses splendeurs.

7. — Agnosco, major flamma, Salesii
depascit artus, eminus igneis
quem turba bellatrix ab æthra
mille petunt jaculis amores.

8. — It Campianus per medios, comam
multa coruscus lampade Cynthii,
torquetque victrices duelli,
cæruleum per inane lauros.

9. — Felice ramo, sanguinis ebriæ
rivis secures, atque adamantini
nexus catenarum, trabisque
funereæ simulacra pendent.

10. — Late explicato pendet et hæresis
depicta serum vellere, nænias
cui turba circum, flebilesque
inferias famulata solvit.

---

7. — Un feu plus pur s'allume en son cœur et l'embrase,
un essaim de vaillants, d'apôtres, de héros,
viennent, dans les douceurs d'une divine extase,
le convier à leurs travaux.

8. — A leur tête, apparaît le Martyr, son modèle,
Campion, couronné d'un glorieux laurier,
sa main porte la croix et la palme immortelle,
prix des triomphes du guerrier.

9. — Près de lui, j'aperçois le bois de son supplice,
des chaines, une hache encor teinte de sang,
souvenirs des combats qu'il livra dans la lice
pour le nom du Dieu tout-puissant.

10. — Mais en vain l'hérésie aura commis ce crime,
la mort de Campion va la frapper au cœur !
les bourreaux sont tombés aux pieds de leur victime,
et le Martyr reste vainqueur.

11. — Cœli tot inter tela Salesius
    tot militares inter adoreas,
    ardet, nec illapsum moratur,
    magna movens animo, soporem.

12. — Rupisse somnos, et vigiles toro
    versasse curas, prisca Themistoclem
    cui fama narrat, cum subirent
    Miltiadis memorem triumphi.

13. — Quæ vota nascens Phosphorus excipit,
    hæc aure surgens ebibit Hesperus
    lapsique telorum reclinem
    cuspidibus stimulant Amores.

14. — Carum Salesi, cœlitibus caput,
    O macte tandem! tempora lacteis
    signanda gemmis obsecutus
    Rex superæ tibi ponet aulæ.

---

11. — De tous ces grands combats l'héroïque mémoire
    vient exciter Salès, l'anime à son réveil ;
    le nom de Campion, ses travaux, sa victoire
    poursuivent jusqu'à son sommeil.

12. — Ainsi de Thémistocle autrefois la grande âme
    tressaillait au seul nom d'un autre grand héros,
    la gloire d'un émule était comme une flamme
    qui le brûlait dans son repos.

13. — Les soupirs de Salès s'exhalent à l'aurore,
    et quand brille Vesper, blanche étoile des soirs,
    vers le ciel son désir embrasé monte encore,
    comme l'odeur des encensoirs.

14. — O Salès, ton âme est vaillante,
    ton cœur est cher au roi Jésus,
    A toi la palme éblouissante,
    A toi la couronne brillante
    qui pare le front des élus.

15. — Certabis Orco, Ditis et asseclis,
haud Campiani degener, anglica
cui laurus æternos honores
hæreseos peperit triompho.

16. — Votis faventem, ne tamen alite
solvens carina, crede Britanniam :
nec quos Bootes, et supinæ
supposuit cynosura brumæ.

17. — Ne quære nigri littora Memnonis,
siticulosam sole nec Africam
late tyranno ; mitte lentas
Japoniæ toties petitor.

18. — Ambire flammas, aut subitas cruces,
nec verberantum nudus arundines
opta Sinarum, sub saginam
vel Brasilas onerare lances.

---

15. — Oui, tu descendras dans la lice,
comme ton frère Campion,
tu feras le grand sacrifice,
et tu boiras à son calice,
le front tranquille et souriant.

16. — Mais que la ferveur de ton zèle
ne te guide pas vers les bords
où le saint martyr, ton modèle,
cueillit une palme si belle,
en mourant dans de saints transports.

17. — Tu voulais aux plages lointaines
porter le nom du Roi des rois,
offrant tout le sang de tes veines,
ton grand cœur eût rêvé des chaînes,
la cangue, un bûcher, une croix.

18. — Mais non ! du Japon le rivage
ne s'ouvrira point à tes pas,
la Chine et son peuple sauvage,
le Brésil et sa verte plage,
Salès, tu ne les verras pas.

19. — Quid multa? frustra littus inhospiti
    mordere tentes Bistonis, anchora :
        carpenda letho palma, Gallis
            mira fides adolescit arvis.

20. — In te minaces bellua centiceps
    armabit hydros ilicet hæresis,
        Ætnamque centeno Vesevumque,
            et Lycias vomet ore flammas.

21. — At Campiano non timidus duce
    bellator, omnes sæva frementium
        ridebis iras, et subacti
            exuviis Acherontis, ingens.

22. — Alte trophæum nubibus inferes
    tumultuoso qua Rhodanus mari
        devolvit undas, qua ferocem
            mulcet Arar taciturnus amnis

---

19. — Dieu retient ici ta vaillance.
    Mais la palme que tu rêves,
    cette palme de la souffrance,
    sur le sol de la douce France,
    O Salès, tu la cueilleras.

20. — Ici même, dans ta patrie,
    apôtre, il te faudra souffrir,
    et sous les coups de l'hérésie,
    le corps brisé, la chair meurtrie,
    apôtre, il te faudra mourir.

21. — Mais ne crains rien ; dans cette guerre,
    tu te riras de leurs fureurs,
    comme le martyr d'Angleterre,
    Campion, ton guide et ton frère,
    tu vaincras tes persécuteurs.

22. — La terre du Rhône arrosée
    verra couler ton noble sang,
    mais sous cette ardente rosée,
    la moisson au sol déposée
    germera pour le Dieu vivant.

23. — Te merga esto nil miserantibus
    vis sæva fatis immeritum mori :
    scandes resurgendo prementis
    ætherias ope victor arces.

24. — Qualis superbos vertice frondium
    victrix Idumes arbor, in æthera
    se tollit, et leves ab ipsis
    ponderibus sibi sumit alas.

25. — Tunc et secundo numine proteges
    affusa templis agmina supplicum,
    aras vaporantum Sabæis
    ignibus Assyriaque messe.

-----

23. — Va donc ! combats sans peur, apôtre, et meurs sans crainte,
    Il n'est pas loin, le jour du repos glorieux,
    où ton corps arraché de leur brutale étreinte,
    sortira du tombeau pour monter vers les cieux.

24. — Et comme, jeune encor, la palme d'Idumée
    s'élance, chaque jour, plus svelte, dans les airs,
    nous verrons, ô Martyr, ta pure renommée
    grandir et traverser les terres et les mers.

25. — C'est alors que viendront, des monts et des vallées,
    les peuples confiants au pied de tes autels,
    voyant leurs maux guéris, leurs peines consolées,
    joyeux ils chanteront tes combats immortels.

Louis Ricou.

D. 17. 3. — Du P. **Joseph du Monteil** qui avait
fait vœu, en 1605, de chanter les Martyrs de la Compagnie. *Manuscrit de la bibliothèque Victor Emmanuel.*

<table>
<tr><td>

97
P. Jacobus
Salesius
Gallus
Arvernus
Albenaci
in Vivariensi
regione
interfectus
ab hæreticis,
an. 1593
7 feb.

</td><td>

Offer martyrii sacras
  prior primitias Deo
  conditumque sacrum sale
  mi Jacobe Salesi.

Nam quod India distulit
  tibi Gallia prætulit
  primas martyrii suo
  loco et tempore palmas.

Albenacum animosius
  furens hæresis impetu
  martyri stadio brevi
  dat contingere metam.

Perge, curre, vola, pio
  actus pneumatis impetu,
  prende martyrium, ebrius
  puro sanguine Christi.

</td></tr>
<tr><td>

Disputatio
in tres
ministros.

</td><td>

Ecquis eloquiis sacris
  ausit Cerberus hiscere ?
  Solus martyrii potest
  fluxus sistere fluxum.

Hæret namque medullitus
  amor, cordicitus calet,
  et fons martyrii salit
  purpuratus amore.

Mentes insipidas, putres
  rosas vermibus hæresis
  condiens sale perfricans,
  salis martyr ad astra.

Supplex corpus humi licet
  sclopis et gladiis cadat,
  hosti, martyrio salit
  mens precata salutem.

</td></tr>
</table>

98
Guillelmus
Saltamochius
Arvernus
socius
P. Salesii,
coadjutor.

Viden' martyrio ut comes
   Saltamochius exilit
   et secuta Salesium
   musca saltat in altum ?

Hoc sutrina Dei dedit
   simplici socio, pio
   saltu martyrii bona
   transilire caduca.

Pænitudinis asperæ
   disciplina jugis dedit
   carnem martyrio improbam
   excitare ferendo.

« Hæc, inquit, patere, o caro,
   « hæc perfer, caro, fortiter
   « mortem martyrio excipe
   « suavi nomine Jesu ».

O fratres Helenæ duo
   Ponti numina, Martyrum
   Galliæ duo lumina
   illucete tenebris.

Anno
1629

Nunc lætas segetes dedit
   vestro sanguine, Martyres,
   avitam repetens fidem
   tota urbs agmine facto.

Et quæ corpora Martyrum
   raptarat fera per vias,
   vestras relliquias sacro
   cultu debiti honorat.

Per has quas animo pio
   gesto e pectore, Martyres,
   exorate mihi in cruce
   tales mortis honores.

Descensus facilis nimis
   Arverni, nimis arduo
   monte martyrii aspera
   et Arvernia nobis.

O Arverniæ amabilis
   Dium Tyndaridæ jubar
   Gallico date Martyrum
   plura numina cœlo.

D. 17. 4. — Du livre de **Claude de Bane** : L'Escriture abandonnée par les ministres de la religion prétendue réformée, 1658.

Advis de l'Imprimeur au Lecteur,

L'Autheur de ce livre est mort devant que j'eusse achevé de l'imprimer, et m'a laissé la liberté de vous dire ce que sa modestie et ses défenses m'avaient empesché de publier. Le plus grand et le plus véritable éloge de M. de Cabiac est la vertu parfaitement chrestienne qu'il a pratiquée durant plus de 80 ans. La naissance qu'il avait tirée de l'ancienne maison de Bane et des barons d'Avejan dans le bas Languedoc avait fourni un riche fonds au grand mérite qu'il s'est acquis depuis par ses belles actions. Il fut envoyé au collège de Tournon, à l'âge de 14 ans, et donna d'abord des marques d'un excellent génie pour toutes sortes de sciences, et surtout les Belles Lettres.

Le P. Salès, jésuite, et depuis martyr, le convertit à la foi catholique, et lui inspira ce zèle enflammé qu'il a toujours eu pour le salut des âmes. Il a été plus de 50 ans Conseiller au Présidial de Nismes, et a vacqué aux plus importantes affaires d'un ressort fort estendu, jusques au dernier jour de sa vie. Sa naissance, son esprit et sa vertu font la plus belle approbation de son livre, et une forte conviction des vérités qu'il y establit. Mgr de Nismes, qui est un grand juge, en lui donnant le Saint-Viatique ces jours passés, le remercia au nom du clergé, du service qu'il a rendu à l'Eglise par ce travail.

D. 17. 5. — D'un correspondant occasionnel de l'*Univers*, 2 juillet 1905.

Le Père Jacques Salès et son compagnon S. J. martyrs de l'Eucharistie.

Le Père Jacques Salès a été proposé par saint Alphonse de Liguori comme un modèle de dévotion envers le Très Saint-Sacrement. Il ne pouvait se lasser de le visiter, écrit le saint docteur, il se sentait ravi rien qu'à en entendre parler, et il mérita, à la fin, de donner sa vie en défendant la vérité de ce divin Sacrement. Son compagnon, simple frère coadjuteur, qui s'était signalé, lui aussi, par la même dévotion, partagea son sort et mourut pour la même cause.

Tels sont les deux héros dont on a voulu ressusciter la mémoire à l'occasion du dernier Congrès eucharistique célébré à Rome, où le thème d'une des sessions, V° jour : culte eucharistique, adoration, visites, heure sainte, etc., amenait naturellement une étude sur les deux serviteurs de Dieu.

Une autre circonstance a donné à cette étude une actualité nouvelle. Par une coïncidence absolument imprévue au moment même où s'ouvrait le Congrès, d'après le cours régulier de la procédure vis-à-vis de la Congrégation des Rites, le postulateur chargé de la cause des deux martyrs avait à préparer les lettres dites postulatoires dont plusieurs déjà sont couvertes de signatures. On a vu dans ce rapprochement un heureux augure, mais rien de plus, et à ce propos, il est juste d'avertir les lecteurs de l'*Univers* des erreurs qui se sont glissées dans quelques comptes rendus.

Il n'est pas exact de dire que la cause de béatification est introduite, puisqu'on est encore à demander qu'elle le soit. Le rapport présenté au Congrès sur les deux martyrs, quelle que fût son opportunité pour favoriser le mouvement de pétitions, n'était pas une motion publique présentée au Congrès en faveur de l'introduction de la cause (toutes les motions de ce genre ont été écartées), mais un simple exposé historique qui avait pour but de faire connaître deux martyrs dont la mémoire est en grande partie tombée dans l'oubli. Ce rapport fut accepté par le Comité, destiné à l'impression dans les comptes rendus annuels et enfin admis à l'honneur d'une lecture publique, le lundi soir, 5 juin, à une séance extraordinaire dont le programme, par un contretemps involontaire, fut inopinément changé au dernier moment.

D. 17. 6. — **Procès-verbal** de la reconnaissance et de la translation dans l'église paroissiale d'Aubenas, des restes précieux du Père Jacques Salès et du Frère Guillaume Saultemouche, de la Compagnie de Jésus, martyrisés à Aubenas le 7 février 1593.

La chapelle de l'ancien Collège d'Aubenas, ayant été désaffectée par décret du Président de la République en date du 19 mai 1898, après plusieurs délibérations et demandes du Conseil Municipal d'Aubenas, et avis ayant été donné à M. l'Archiprêtre Eldin que la municipalité prendrait possession de cette chapelle dès le 27 juin, M. l'Archiprêtre résolut de transporter dans l'église paroissiale les restes précieux des deux confesseurs de la foi : le Père Jacques Salès et le Frère Guillaume Saultemouche, tous deux de la Compagnie de Jésus, mis à mort par les Calvinistes le 7 février 1593.

Le dimanche 26 juin fut choisi pour cette cérémonie. Samedi 25 juin, à 5 heures du soir, se réunirent dans la chapelle de l'ancien Collège pour l'exhumation et la reconnaissance des ossements : M. Eldin, curé-archiprêtre d'Aubenas, délégué à cet effet par M⁶ʳ Bonnet, évêque de Viviers ; le R. P. Giraud, Basilien, supérieur du Petit-Séminaire d'Aubenas ; le R. P. Gallon, également Basilien, économe du même établissement ; M. l'abbé Julian, docteur en théologie ; MM. les abbés Verdier, Plan et Hours, vicaires d'Aubenas ; le R. P. Fine, provincial de Lyon, et le R. P. de Lanversin, tous deux de la Compagnie de Jésus ; M. Tailhand, docteur en médecine ; M. Valéry Roure, membre du Conseil de Fabrique, et M. Ligonesche, recteur de la Confrérie des Pénitents. Les boîtes renfermant les ossements furent retirées du petit caveau situé devant l'autel de saint Régis, où elles avaient été déposées en 1829, et de nouveau placées après la reconnaissance officielle du 30 août 1867, ainsi qu'il est mentionné au procès-verbal conservé à la cure d'Aubenas. Les deux boîtes furent transportées à la sacristie, et après que les sceaux eurent été reconnus intacts, ouvertes en présence des témoins ci-dessus mentionnés.

M. le docteur Thailhand procéda à la reconnaissance des ossements comme il l'avait déjà fait en 1867. Dans la boîte renfermant les ossements du P. Salès, il reconnut six fragments de côtes, une vertèbre partagée en deux, l'extrémité inférieure d'un radius, l'extrémité supérieure d'un tibia, trois petits fragments d'os difficiles à reconnaître.

Dans la boîte renfermant les ossements du Frère Saultemouche, il reconnut une clavicule, un os du métacarpe, deux fragments d'os méconnaissables.

Après l'examen, ces ossements furent replacés dans les mêmes boîtes, à l'exception des fragments suivants, qui furent remis au R. P. Provincial des Jésuites, à savoir : pour le P. Salès, deux fragments de côtes et la vertèbre partagée en deux ; pour le Frère Saultemouche, l'os du métacarpe et un des deux os méconnaissables.

Les boîtes furent ensuite portées à la cure, liées par un fil de fer et scellées du sceau de la paroisse, en présence de M. le Curé et du P. Provincial des Jésuites, puis reportées dans la chapelle du Collège.

Dans l'après-midi du dimanche 26 juin, elles furent portées processionnellement à l'église paroissiale et déposées dans le chœur de la chapelle de Saint-Clair, du côté de l'épitre.

Fait en double à Aubenas, le 26 juin 1898.

Suivent les signatures.

TABLE DES MATIÈRES

APPENDICE

NOTES

DOCUMENTS

A. M. D.

VALENCE — IMPRIMERIE VALENTINOISE — 9-06.